U0945246

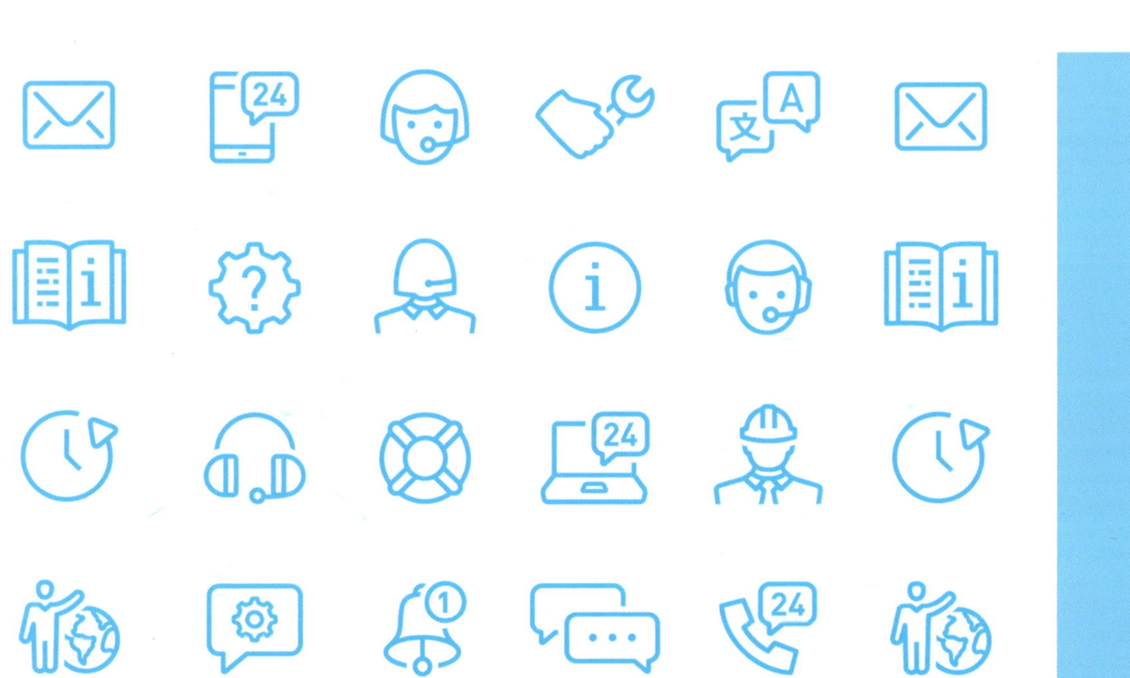

高职高专经管类精品课程
“十三五”规划教材

（第二版）

模拟导游实训教程

主　编　李菊香
副主编　王泽巍

MONI
DAOYOU
SHIXUN
JIAOCHENG

厦门大学出版社 XIAMEN UNIVERSITY PRESS
国家一级出版社
全国百佳图书出版单位

图书在版编目（CIP）数据

模拟导游实训教程 / 李菊香主编. -- 2 版. -- 厦门：厦门大学出版社，2020.8（2023.8 重印）
高职高专经管类精品课程“十三五”规划教材
ISBN 978-7-5615-7834-6

Ⅰ. ①模… Ⅱ. ①李… Ⅲ. ①导游-高等职业教育-教材 Ⅳ. ①F590.633

中国版本图书馆CIP数据核字(2020)第144664号

出 版 人　郑文礼
责任编辑　江珏玙
封面设计　李嘉彬
技术编辑　朱　楷

出版发行　厦门大学出版社
社　　址　厦门市软件园二期望海路 39 号
邮政编码　361008
总　　机　0592-2181111　0592-2181406(传真)
营销中心　0592-2184458　0592-2181365
网　　址　http://www.xmupress.com
邮　　箱　xmup@xmupress.com
印　　刷　厦门市竞成印刷有限公司

开本　787 mm×1 092 mm　1/16
印张　16.5
插页　2
字数　412 千字
版次　2012 年 8 月第 1 版　2020 年 8 月第 2 版
印次　2023 年 8 月第 2 次印刷
定价　42.00 元

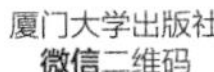
厦门大学出版社
微信二维码

厦门大学出版社
微博二维码

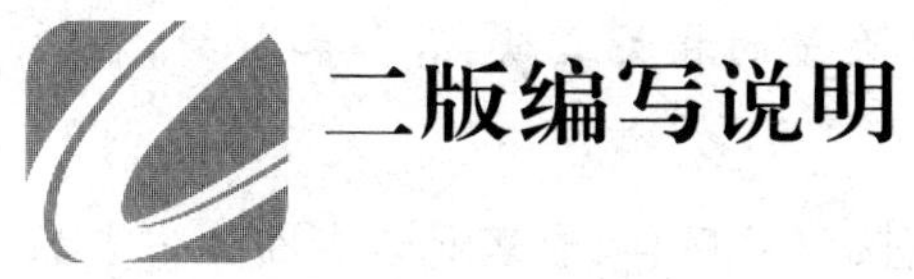

二版编写说明

旅游业是世界经济发展的阳光产业。党的二十大报告提出，坚持以文塑旅、以旅彰文，推进文化和旅游深度融合发展。党的二十大报告将文化建设摆在突出位置，对文化和旅游工作作出重要部署，充分体现了以习近平同志为核心的党中央对文化建设和旅游发展的高度重视。这令文化和旅游业界倍感振奋，备受鼓舞。旅游业要坚持高质量发展，推进旅游为民、发挥旅游带动作用，大力发展大众旅游、智慧旅游、绿色旅游、文明旅游；要坚持以文塑旅、以旅彰文，推动文化和旅游在更广范围、更深层次、更高水平上深度融合。为了应对旅游市场的需求，旅游院校开设了一系列相关的旅游课程。其中“模拟导游”就是旅游管理专业的职业核心课程之一，也是学生参加全国导游员资格考试前的实战演练。本教材编写注重从导游员的具体操作入手，侧重于导游服务的程序和方法，加强其服务规范性和技能性训练，提高带团能力和服务水平。通过技能实训、知识链接、案例分析等形式，对导游工作程序，接待计划的制订和落实，接团服务，沿途导游讲解服务，入店服务，商定日程，旅游沿途活动设计与组织，自然景观和人文景观导游，特殊团队的导游服务，突发事件的处理，购物、餐饮、娱乐服务，送团服务等内容进行介绍。学生通过学习，可以掌握导游的基本程序、方法、技巧，熟悉导游过程中的所有环节，为将来的实地导游奠定基础。

本教材在编写过程中，注重体现以下特色：

1.操作性强。本教材以导游工作全过程任务为主线，安排各个实训项目为课程主导内容，详细并且规范地编写实训教学的各个步骤，使学生掌握导游服务的规范程序和导游方法，完全贴近旅游团的实际运作特点。

2.涉及面广。本教材充分反映当前旅游团队的多样化接待特点及旅游团的活动内容，在过程中体现完整、在类型上体现全面、在服务中体现细节，力争使每一个学生都能掌握每一个环节。

3.讲求实用。本教材注重实景训练，在每一个项目的实训当中，紧密结合福建省及漳州市的旅游景区景点进行实地或模拟的演练。教材以导游实际工作为主线，在相关知识链接中，附了适量的示例和导游词，便于学生举一反三，并运用到实际工作中去。

本教材由福建省漳州职业技术学院李菊香任主编，福建省漳州职业技术学院王泽巍任副主编。具体编写分工如下：学习情境一至三、学习情境四任务一至任务六由李菊香编写，学习情境四任务七至任务十、学习情境五至九由王泽巍编写。在编写工作中，得到福建省教育厅、漳州职业技术学院、漳州康辉旅行社、漳州天马旅行社和厦门大学出版社的大力支持，在此表示衷心的感谢。本书参考和借鉴了大量的相关文献、著作和教材，在此谨向各位专家学者一并表示感谢。

本教材难免有不足和差错之处，恳请各相关高职院校的同仁、专家和读者在使用本教材的过程中给予关注，并将意见及时反馈给我们，以臻完善。

编　者

2023年8月

目　录

学习情境一

导游工作程序

学习目标

1.认知旅行社，了解旅行社基本业务
2.认识导游工作，理解导游工作的工作流程
3.掌握提供导游服务的原则和导游人员应具备的素质要求
4.能运用导游服务知识分析导游服务案例

任务一　认知旅行社及基本业务

技能实训

实训项目	认知旅行社及基本业务
实训要求	了解旅行社相关概念、分类、设立和经营业务等
实训地点	教室或模拟旅行社实训室
实训材料	多媒体设备、旅行社或模拟环境
实训内容与步骤	一、实训准备 1.学生分若干小组； 2.学生分组分批到旅行社进行调查。 二、实训开始 1.学生分组通过所查阅和调查的相关资料，表述对旅行社的认识； 2.总结得出旅行社的概念、分类、设立的条件程序和经营业务范围； 3.教师对学生的发言进行讲评并归纳总结。 三、实训结束

实训考核

组别：＿＿＿＿＿＿　姓名：＿＿＿＿＿＿　时间：＿＿＿＿＿＿

项　目	应　得　分	实际得分
理论知识查阅	30	
调查结果分析	40	
实训态度	30	
合　计	100	

考核时间：　　年　　月　　日　　考评教师(签名)：

知识链接

旅行社、饭店、交通是旅游业的三大支柱，其中旅行社处于核心地位，将旅游六要素“吃、住、行、游、购、娱”有机结合起来，使旅游接待服务过程顺利、完整，从而达到旅游者旅游需求的最大化。

一、旅行社的概念和定义

根据国务院公布的《旅行社条例》规定：旅行社是指从事招徕、组织、接待旅游者等活动，为旅游者提供相关旅游服务，开展国内旅游业务、入境旅游业务或者出境旅游业务的企业法人。

旅行社按照旅游行政主管部门批准的经营范围开展国内旅游业务、入境旅游业务、出境旅游业务和边境旅游业务。

国内旅游业务，是指旅行社招徕、组织和接待中国内地居民在境内旅游的业务。

入境旅游业务，是指旅行社招徕、组织、接待外国旅游者来我国旅游，香港特别行政区、澳门特别行政区旅游者来内地旅游，台湾地区居民来大陆旅游，以及招徕、组织、接待在中国内地的外国人，在内地的香港特别行政区、澳门特别行政区居民和在大陆的台湾地区居民在境内旅游的业务。

出境旅游业务，是指旅行社招徕、组织、接待中国内地居民出国旅游，赴香港特别行政区、澳门特别行政区和台湾地区旅游，以及招徕、组织、接待在中国内地的外国人、在内地的香港特别行政区、澳门特别行政区居民和在大陆的台湾地区居民出境旅游的业务。

根据 1996 年国家旅游局的《边境旅游暂行管理办法》，边境旅游，是指经批准的旅行社组织和接待我国及毗邻国家的公民，集体从指定的边境口岸出入境，在双方政府商定的区域和期限内进行的旅游活动。

二、旅行社的基本业务

根据 2009 年 4 月公布的《旅行社条例实施细则》规定：旅行社为旅游者提供的相关旅

游服务主要包括:(1)安排交通服务;(2)安排住宿服务;(3)安排餐饮服务;(4)安排观光游览、休闲度假等服务;(5)导游、领队服务;(6)旅游咨询、旅游活动设计服务。

三、旅行社其他业务

(1)接受旅游者的委托,代订交通客票、代订住宿和代办出境、入境、签证手续等;

(2)接受机关、事业单位和社会团体的委托,为其差旅、考察、会议、展览等公务活动,代办交通、住宿、餐饮、会务等事务;

(3)接受企业委托,为其各类商务活动、奖励旅游等,代办交通、住宿、餐饮、会务、观光游览、休闲度假等事务;

(4)其他旅游服务。

前面所列出境、签证手续等服务,应当由具备出境旅游业务经营权的旅行社代办。

以上的业务内容是从旅游法规的角度对旅游业务的范围进行圈定的,而从旅行社经营管理的角度来看,旅行社的业务活动贯穿于旅游者产生旅游动机到旅游活动结束的全过程,旅行社基本业务的开展和进行是旅游者的行为与旅游企业的活动的有机结合。

四、旅行社的主要业务部门及其业务

市场营销部(外联部、市场部)——旅行社营销业务;

计划调度部(计调部)——旅行社计调业务;

接待部(门市营业部、导游部)——旅行社接待任务。

(1)旅行社营销业务:是指旅行社通过各种直接或间接的方式,为了将其产品转移到最终消费者手中而进行的一系列销售活动,包括促销与销售等业务。

(2)旅行社计调业务:计调指的是计划和调度,是完成地接、落实发团计划的总调度、总指挥、总设计。就旅行社而言,计调工作非常重要,计调部门是旅行社工作的核心部门,其包括旅行社产品线路的市场调研、组织、设计、采购等业务。对计调而言,成本领先与质量控制是计调岗位的两大核心。

(3)旅行社接待任务:是旅行社为已经预订了旅游产品的旅游者,到达本地后提供实地旅游服务的一系列工作,包括咨询、门市接待、导游服务、售后服务等业务。

资料库:中国具有一定影响力的旅行社介绍

1.携程

携程是一个在线票务服务公司,创立于1999年,总部在上海。携程旅行网提供国内外六十余万家会员酒店的预订服务,是中国领先的酒店预订服务中心。

携程旅行网已在北京、天津、广州、深圳、成都、杭州、厦门、青岛、沈阳、南京、武汉、南通、三亚等17个城市设立分公司,员工超过25000人。2003年12月,携程旅行网在美国纳斯达克成功上市。

2018年3月21日,携程发布定制师认证体系,国内首张定制师上岗证出炉。2019年10月23日,2019《财富》未来50强榜单公布,携程国际排名第8。2019年12月,携程入选“2019中国品牌强国盛典榜样100品牌”。2019年10月29日,携程宣布英文名称正式更名为“Trip.com Group”。2019年12月18日,人民日报“中国品牌发展指数”100榜单排名第89位。

2.中国旅游集团

中国旅游集团有限公司暨香港中旅(集团)有限公司是中央直接管理的国有重要骨干企业,也是总部在香港的三家中央企业之一。集团的前身是爱国银行家陈光甫先生于1928年设立的中国旅行社香港分社。经过90余年的发展,集团形成了由旅行服务、旅游投资和运营、旅游零售、酒店运营、旅游金融、战略创新孵化六大业务组成的产业布局,网络遍布内地、港澳和海外近30个国家和地区。集团旗下汇聚了港中旅、国旅、中旅、中免等众多知名旅游品牌,是目前中国最大的旅游央企。截至2019年年底,集团员工人数4.3万人,总资产近1300亿元,全资或控股企业584家,每年接待游客超过6000万人次。

3.中青旅

中青旅(CYTS)是中青旅控股股份有限公司的简称,成立于1997年11月26日,是以共青团中央直属企业中国青旅集团公司为主发起人,通过募集方式设立的股份有限公司。是中国旅行社协会会长单位、国家旅游标准化示范单位、全国旅游服务质量标杆单位、中国质量奖提名奖,“中青旅”亦被国家工商总局评定为“中国驰名商标”。

作为中国旅游行业的领先品牌和综合运营商,中青旅坚持以创新为发展的根本推动力,不断推进旅游价值链的整合与延伸,在观光旅游、度假旅游、会奖旅游、差旅管理、景区开发、酒店运营等领域具有一定竞争优势。中青旅旗下拥有中青旅会展、乌镇、山水酒店、遨游网、百变自由行等一系列国内知名旅游企业和产品品牌,在北京、上海、东京、温哥华、香港、广州、天津、南京、杭州、深圳等海内外三十余个核心城市设有分支机构。

4.同程艺龙

同程艺龙是同程旅游集团旗下的同程网络与艺龙旅行网在2017年12月29日共同成立的公司,新公司将整合双方大交通、酒店等优势资源,打造更为领先的旅行服务平台。2020年4月22日,同程艺龙正式对外宣布品牌升级,启用对外服务品牌——同程旅行,并同步更新了企业logo和品牌口号“再出发,就同程”。升级后,同程旅行将更加聚焦年轻、时尚、个性的消费群体,提供便捷、聪明、安全的出行服务。

5. 众信旅游

北京众信国际旅行社股份有限公司(简称“众信旅游”)是经国家旅游局、北京市工商行政管理局批准设立的具有独立法人资格的股份制企业,特许经营中国公民出境、入境、国内旅游业务。公司坚持实施“批发零售一体、线上线下结合”的发展战略,一方面巩固扩大出境游批发业务,建立了基本覆盖全国的旅行社代理商网络,已拥有2000多家代理商;另一方面,积极拓展出境游零售业务,建立了众信旅游网站和呼叫中心。公司商务会奖业务近年来得到了快速发展,已经拥有多家世界500强和国内外知名企业客户及政府、机构等客户,赢得了客户的认可和信任,在业内树立了众信商务会奖(U－MICE)专业的品牌地位。

6.飞猪旅行

飞猪旅行是为淘宝会员提供机票、酒店、旅游线路等商品的综合性旅游出行网络交易服务平台,包括网站及客户端。原为阿里旅行,后改名为“飞猪旅行”。“飞猪”是面向年轻消费者的休闲度假品牌,与面向企业差旅服务的阿里商旅一起构成阿里巴巴旗下的旅行业务单元,让消费者获得更自由、更具想象力的旅程。

7.凯撒旅游

凯撒旅游创始于1993年，经过20多年的稳健发展，相继在伦敦、巴黎、汉堡、洛杉矶等全球核心城市设有分支机构，在中国北京、广州、上海、成都以及沈阳等口岸城市和核心商业城市设有30余家分公司。源自欧洲的凯撒旅游沿袭了国际成熟旅游市场的先进理念，充分发挥海外优势，成长为中国出境旅游市场独树一帜的商业品牌，并成为中国领先的出境旅游服务商。凭借完善的服务体系、严谨的企业作风、时尚的品牌形象，凯撒旅游成功跻身于中国百强国际旅行社之列，连续多次获评“中国出境游十大批发商”。

8.春秋旅游

春秋旅游成立于1981年，业务涉及旅游、航空、酒店预订、机票、会议、展览、商务、因私出入境、体育赛事等行业，是国际会议协会(ICCA)在中国旅行社中最早的会员，是第53、54、55届世界小姐大赛组委会指定接待单位，是世界顶级赛事F1赛车中国站的境内外门票代理，被授予上海市旅行社中唯一著名商标企业。是中国第一家全资创办航空公司的旅行社。

9.驴妈妈旅游网

驴妈妈旅游网创立于2008年，总部位于上海，是中国知名综合性旅游网站、白领喜爱的旅游品牌、轻度假代表品牌、中国景区门票在线预订模式的开创者，提供景区门票、度假酒店、周边游、定制游、国内游、出境游、大交通等预订服务。其母公司景域驴妈妈集团被评为“中国旅游集团20强”、“贸易型总部企业”。驴妈妈在景区门票、周边游、邮轮等品类处于行业领先地位。2018年，驴妈妈荣登2018中国互联网百强榜。2019年，驴妈妈入选全球独角兽企业500强、中国旅游集团20强。2020年1月，驴妈妈荣获上海市嘉定区优秀企业表彰“高质量发展特别奖。

10.中国康辉旅行社集团有限责任公司

中国康辉旅行社集团有限责任公司(原中国康辉旅行社总社)创建于1984年，历经三十几年的发展，已成为全国大型旅行社集团企业之一，是北京“首旅集团”旗下专业化旅行社集团公司，总部设在北京，在国内拥有控股分公司近200家。康辉原隶属于国家残联，是国家特许的经营中国公民出境旅游的组团社，经营范围包括入境旅游、出境旅游、国内旅游及会奖商务、差旅管理等全方位的旅游服务。康辉旅游集团以振兴和发展中国民族旅游业、服务于社会日益增长的精神文化需求为己任。

案例·分析

一家新旅行社成立的前后

背景与情境：2016年5月，曾经在某国际旅行社担任部门经理的王玉涵从该旅行社辞职，打算成立一家新的旅行社。为此，她找到了过去的同事韩明强和罗莉莉，商量筹办新的旅行社事宜。经过协商和策划，三人很快便着手新的旅行社的申办工作。经过一段时间的努力，新旅行社于当年9月底申办成功，并开始营业。

在申办期间，王玉涵等人主要做了以下几项工作：

(1)确定出资比例

王玉涵等人经过商量,确定了出资金额及比例。其中,王玉涵出资 15 万元,占 50%;韩明强和罗莉莉各出资 7.5 万元,分别占 25%。

(2)选择营业场所

具有丰富的旅行社工作经验的王玉涵深知,旅行社营业场所的选择,对于旅行社业务的顺利开展具有重要的影响,绝不可掉以轻心。因此,三人先后对天津市区的 5 个地点进行了考察,最后选择了靠近商业区的永安道一间临街门脸房。该房的室内面积为 38 平方米,位于交通干线上,坐落在十字路口面向车流和人流的街角,作为旅行社的营业场所比较合适。确定后,王玉涵立即同业主进行租赁谈判。经过将近 1 个月的艰苦谈判,双方最终达成了为期 2 年的租赁协议。

(3)购置营业设施

确定营业场所后,王玉涵便开始营业设施。首先,她从京东商城购买了 1 部传真机、3 台微型计算机和 1 台笔记本电脑,又到国美电器城购买了 1 台复印机。然后,她又到天津市河西区电信电话局申请了 2 部直线电话。最后,她为旅行社购置了办公桌椅及一些文具。这样,旅行社开办初期所需的营业设施已经准备就绪。

(4)确定分工及招聘员工

在营业场所和营业设施基本准备就绪后,王玉涵等人进行了工作分工。王玉涵担任旅行社的总经理兼任市场开发部经理,负责旅行社的全面经营管理工作;韩明强担任副总经理兼计调经理,负责旅行社的业务流程及其操作;罗莉莉担任副总经理兼营业部经理,负责门市部及地接工作。

在员工招聘方面,经过一段时间的努力,她们招聘到 5 名业务人员和 1 名具有助理会计师资格的专职财会人员。另外,她们还与天津市导游服务中心建立了合作关系,以便在需要时通过该中心临时聘用导游员和领队。

(5)办理验资手续

王玉涵让财会人员小马到会计师事务所办理验资手续。小马先将 30 万元汇入会计师事务所制定的银行账户上,再由会计师事务所进行验资。小马在接到会计师事务所的通知后,交纳验资的费用,并领取验资证明。

(6)办理申办手续

与此同时,按照《旅行社条例》的相关规定,王玉涵积极准备申办材料。准备就绪后,她携带着填好的旅行社设立申请书、可行性研究报告、旅行社章程、旅行社负责人的履历和任职资格证明、验资证明、营业场所的租赁协议、购买营业设施设备的各种发票等材料及交纳旅行社质量保证金的承诺书,于 2016 年 7 月初来到天津市旅游局,申请营业许可证。8 月中旬,天津市旅游局质量规范与管理处通知她,领取旅行社业务经营许可证。领到营业许可证后,王玉涵到天津市河西区工商行政管理局办理注册登记,领取了营业执照。9 月中旬,王玉涵委托财会人员小马到天津市河西区地方税务局办理了开业税务登记,申请税务登记证。在完成税务登记后,王玉涵派办公室人员小刘到刻字店刻制旅行社的公章,并委托财会人员小马在银行开立账户。2016 年 9 月 28 日,旅行社正式挂牌成立。

案例·启示

广东中旅股份在全国率先进行的业务流程重组

在传统的营运模式下，旅行社国内游、出境游、入境游等各个部门往往是一个个“五脏俱全”的“小旅行社”，各个部门内部资源无法整合，信息流通不畅，无法实现规模效益。

广东中旅股份在全国率先变革的业务新流程的一个最大改变就是，公司横向分为采购策划中心、营销中心、团队操控中心和财务结算中心四大环节。采购策划中心负责对地接社、酒店、机票、车辆、景点等要素统一采购，集中支付，以量的优势降低采购成本；职能是资源采购、产品策划。营销中心的职能是成型产品的销售，通过统一销售，取得市场竞争优势；营销中心有三种业务：零售（针对散客）、包团（针对团队）、批发（针对同业）。团队操控中心的职能是参团客人信息汇总，业务分：组团、签证、订房。财务结算中心负责监控所有业务的收支信息。

广东中旅股份新的业务流程特点：

（1）将分散在各部门甚至各个员工手中的资源集中为旅行社的资源，在旅行社的大平台上运作。

（2）计算机管理系统处于四大环节的中心位置，信息化是基础。

（3）财务管理被提高到前所未有的高度，而财务管理正是现代企业的重要管理手段。

新旧流程的对比表

旧流程	新流程	目的
一个人或几个人包揽流程中的所有环节	没有人可以控制流程中的所有环节	一人包打天下到请求团队合作，实现专业化分工
大多数人做同样的工作，各做各的，互不交叉	员工专注于流程中的某一个环节	减少重复劳动，提高效率
各专业公司分割资源	在统一的平台上资源共享	整合资源，谋求规模效益
采购和销售各环节以及财务电脑系统不一致	采购、销售、操控以及财务电脑系统统一	减少数据重复录入
基点是方便操作、方便管理	基点是方便客户	顾客至上的管理理念
事后管理、结算财务	预结算管理，全程实时监控	财务前移
管理的重点是控制人、控制资源	管理的重点是控制流程和机制	降低管理的道德风险，机制保证好的采购被采纳，公平分配，公平的升职机会

任务作业

（1）实地参观，将学生分为若干组，利用课余时间到旅行社调查，重点了解旅行社各个部门的业务流程与工作内容。

（2）以班级为单位，组织各小组进行交流，最后提交调查报告。

任务二　导游工作流程认知

技能实训

实训项目	认知导游工作流程
实训要求	让学生掌握导游工作服务程序，并通过旅行社认知加强对导游工作的感性认识
实训地点	教室或模拟导游实训室
实训材料	多媒体设备
实训内容与步骤	一、实训准备 1.与当地知名旅行社联系； 2.请旅行社经理和优秀导游介绍导游工作的特点和流程； 3.把学生分为若干个小组。 二、实训开始 1.分组进行导游部参观，观察计调工作和导游接受任务的工作过程； 2.听取负责人介绍情况，主要包括导游人员素质、导游服务技能和企业对导游人员的职业要求； 3.听取优秀导游的情况介绍，主要包括导游工作内容、工作程序及导游自身的体验和感想； 4.对导游工作进行现场咨询、了解； 5.对导游工作提出问题； 6.小组总结。 三、实训结束

实训考核

组别：＿＿＿＿＿＿　　姓名：＿＿＿＿＿＿　　时间：＿＿＿＿＿＿

项　　目	应　得　分	实际得分
现场咨询、了解	25	
提出的问题	25	
小组总结情况	25	
实训态度	25	
合　计	100	

考核时间：　　　年　　月　　日　　　考评教师(签名)：

知识链接

一、导游工作流程

《导游人员管理条例》规定：导游人员是指取得导游证，接受旅行社委派，为旅游者提供向导、讲解及相关旅游服务的人员。按照旅行社经营业务范围来划分，导游人员分为海外领队、全程陪同导游人员(全陪)、地方陪同导游人员(地陪)。

导游人员是旅行社接待服务环节的实施者，在导游服务中具有主导作用，导游人员代表旅行社执行旅游接待计划，帮助旅游者顺利完成旅游各项活动，处理旅游期间出现的各种问题。导游工作流程是导游人员从接受旅行社下达的旅游团接待任务起，到旅游团旅游结束并做完善后工作为止的工作流程，是导游服务标准化的具体实施过程，为导游人员的服务操作提供可遵循的依据。不同业务类型的导游人员的工作流程也有所区别。

(一)全陪工作流程

全陪作为组团社的代表，自始至终参与和监督整个旅游接待计划的落实，协调领队、地陪、司机等接待人员的协作关系。

1.接团前准备工作

(1)熟悉旅游接待计划。向计调了解旅游团的基本情况：领队、客人的单位和总人数，是否有小孩等；了解该次行程安排中的注意事项、旅游团的特殊要求，并做好记录，以求旅游接待服务更具针对性。

(2)与地接社的地陪联系。掌握地陪的联系方式，与地陪核对行程计划的安排，确认首站的接团地点、时间，互通情况。

(3)与客人的领队联系。与客人确认出发的人数、集合时间和集合地点，提醒客人带好证件，强调旅游注意事项。

(4)与旅游车队的司机联系。与司机联系，确认车型、出发时间及集合地点。

(5)材料和资料的准备。携带必要的证件和材料，包括身份证、导游证、派团单、团款等。

2.接团中的服务工作

(1)与司机一同提前半小时到集合地点接团,待人数到齐后前往旅游目的地。

(2)与地陪交接旅游团,协助地陪落实旅游接待计划。

(3)向计调反馈行程中团队的旅游计划落实情况。

(4)离站前,与地陪核对清单,交接团款。

3.返程的末站服务工作

(1)送客人到约定的下车地点。

(2)提醒客人带好随身物品。

(3)征求客人的意见和建议。

4.行程结束后的善后工作

向计调说明旅游团的整个进展情况和旅游团的账目,若有必要,可同计调一起去拜访客人。

(二)地陪工作流程

地陪作为地接社的代表,是整个旅游接待计划的具体实施者,其工作流程与全陪相似。

1.接团前准备工作

(1)熟悉旅游接待计划。向计调了解旅游团的基本情况:组团社、全陪、旅游团等信息,以及该次旅游行程安排中的注意事项,并做好记录。

(2)与组团社的全陪联系。掌握全陪的联系方式,与全陪核对行程计划的安排,确认首站的接团地点、时间,互通情况。

(3)与旅游车队的司机联系。若组团社不是自带车的,地陪要与本社合作的旅游车队的司机联系,确认车型、出发时间及接团地点。

(4)材料和资料的准备。携带必要的证件和材料,包括身份证、导游证、派团单、团款等。

2.接团中的服务工作

(1)与司机一同提前半小时到约定地点接团。

(2)与全陪核实旅游团团况,落实旅游接待计划,协调好与领队、全陪的关系。

(3)向计调反馈团队旅游接待计划的落实情况。

(4)送团前,与全陪核对清单,交接团款和发票事宜。

(5)送团时,提醒客人带好证件和资料,征求客人的意见和建议,若该团是火车团和飞机团,要协助客人办理行李托运或登机手续。

3.行程结束后的善后工作

向计调说明旅游团的整个进展情况和旅游团的账目,向组团社询问客人的反馈意见。

(三)海外领队工作流程

1.出团前准备

(1)了解旅行团情况。了解旅游团成员的职业、姓名、性别、年龄及旅游团中的重点旅游者、需特殊照顾的对象和旅游团的特殊要求。

(2)核对各种票据、表格和旅行证件。核对旅游者护照和团队名单以及护照内签证、机票及行程,检查全团的预防注射情况,准备多份境外住店分配名单。

(3)物质准备。准备好领队证及已核对好的票据、证件和各种表格,准备好机场税及团队费用,准备好社旗、社牌、胸牌、行李标签等,准备好国内外重要联系单位的电话号码、名片等。

(4)开好出国前的说明会。在办理好护照、签证、机票等有关手续后,领队要召集本团队旅游者开一次"出国旅游者说明会",内容包括:旅游行程说明(包括出境、入境手续与注意事项,以及出游目的地的旅游日程);介绍旅游目的地国家(地区)的基本情况及风俗习惯;提出要求,讲清注意事项;落实有关分房、交款、特殊要求等事项。

2.团队陪同服务

(1)办理中国出境手续。

(2)办理国外入境手续。

(3)境外旅游服务。抵达目的地后,领队应立即与当地接待社的导游人员接洽,清点行李与团员人数,安排团队入住饭店。

(4)指导购物。

(5)维护旅游团内部的团结,协调旅游者之间的关系,妥善处理矛盾。

(6)保管证件和机票等。

(7)带领全团旅游者办理旅游目的地国家(地区)的离境手续和中国入境手续。

3.后续工作

领队在请旅游者填写"征求意见表"后,将表格收回;要详细填写"领队小结",整理反馈材料;与有关方面结清账目,归还物品;协助旅行社领导处理遗留问题。

二、导游工作程序的特点

严格按照程序要求来开展工作,是导游工作与其他旅游服务工作的一个重要区别所在。导游工作程序具有三个方面的特点。

(一)规范性

规范化服务与个性化服务相结合,是导游工作的基本原则之一。

个性化服务是指在国家或行业规定的标准之外,根据顾客的个别要求,有针对性地提供的、富有人情味的服务。在现代社会中,人的个性得到充分发展,对个性化服务的要求也越来越强烈。

个性化服务可以通过服务人员的独立操作和个人能力来完成,但如果没有规范化服务作为保证,就很容易陷入自作主张、无的放矢的误区。

"不以规矩,不能成方圆。"导游服务程序就是在《导游服务质量》等国家和行业标准的指导之下,对导游人员的工作流程作出具体规定,从而确保规范化服务得以实现。

(二)科学性

导游服务程序并非主观臆想的结果,而是在大量的导游工作经验基础之上,通过科学的分析和总结而归纳、提炼出来的,已经得到了实践的验证,具有突出的科学性。

导游工作程序中规定了导游员自我介绍的基本要素,这与一般人际交往中的自我介绍不完全一致。原因就在于游客与导游员接触时间较短，如果不能迅速在游客脑海中留下亲切、友好、可靠、负责的个人形象，就将影响到游客对于导游员的信赖程度，从而不利于后续工作的开展。这也是心理学中“第一印象”原理的具体反映。

导游工作程序的科学性，首先表现在时间顺序合理，即严格按照旅游活动的时间进展安排各项导游服务的先后次序，形成一条完整的导游服务生产线；其次表现在顺应游客心理，即根据游客心理的由生到熟、由浅入深、由紧张到放松的发展规律来开展工作，满足游客在不同阶段的心理需求；再次表现在符合旅游活动综合性的特点，旅游活动的六要素“食、宿、行、游、购、娱”覆盖面极广，导游员必须合理地加以组合，导游工作程序就是通过对这六个方面工作的组织安排，从而达到全面满足旅游者需求的目的。

（三）可测性

虽然与物质产品相比较，任何服务产品都具有不可感知性（或称为“无形性”），缺少物理指标来加以衡量，但导游服务程序为导游员的工作提供了一定的测定指标，从而构建了导游服务质量的评估体系，成为评价导游员工作水平的重要标尺。

根据美国市场营销学会（AMA）的研究，服务产品具有与物质产品不同的五个特性：不可感知性、不可分离性、差异性、不可储存性和缺乏所有权。

三、导游服务的原则

（一）游客至上原则

“宾客至上”是服务行业的座右铭，它不仅是宣传招徕的口号，也是服务行业的服务宗旨、行为指南，是服务工作处理问题的出发点。在旅游服务中，它体现为“游客至上”。

（1）“游客至上”意味着“游客第一”。客源是旅行社赖以生存的条件，没有游客，导游服务的价值就无法体现。作为导游员，只有充分认识到这一点，才能真心实意地为游客服务。

（2）“游客至上”的原则要求导游人员尊重游客、全心全意为游客服务。

（3）“游客至上”的原则要求导游人员在处理某些问题时要以游客的利益为重，不能过多地强调自己的困难，更不能以个人的情绪和喜好来对待和左右游客，而应尽可能地满足游客合理而可能的要求。

（二）维护旅游者合法权利的原则

作为旅行社委派的代表，导游人员处在旅游接待的第一线，必须不折不扣地按照有关标准或约定向旅游者提供导游服务，将维护旅游者的合法权益作为自己的服务准则，并根据这一准则对其他旅游服务的供给进行监督，处理旅游过程中的有关问题，维护旅游者的合法权利。

世界旅游组织颁布的《旅游权利法案》和中华人民共和国国家旅游局颁布的《旅行社管理条例实施细则》都对旅游者的权益保护作出了明确规定，主要有：旅游自由权，旅游服务自主选择权，旅游获知权，旅游公平交易权，依约享受旅游服务权，人身和财物安全权，医疗、救助权，求偿权和寻求法律救援权。

（三）合理而可能的原则

在旅游过程中随着旅游环境的变化，游客的要求也会多种多样，甚至还会提出一些过

高的要求。导游人员要耐心倾听游客的要求，对合理的又可能办到的要求尽量给予满足，对于不合理的或无法实现的要求，要实事求是、合情合理地耐心解释，使旅游者心悦诚服。

“合理而可能的原则”既是导游服务的原则，也是导游人员处理问题、满足旅游者要求的依据和准绳。

（四）规范化与个性化服务相结合的原则

规范化服务又称标准化服务，它是由国家有关行业主管部门制定并发布的某项服务应达到的统一标准，要求从事该项服务人员必须在规定的时间内按标准进行服务。关于导游服务，国家已发布三个标准，第一个是 1995 年 12 月发布、1996 年 6 月 1 日实施的《导游服务质量》国家标准，第二个是中国国家旅游局 1997 年 3 月 13 日发布、1997 年 7 月 1 日实施的《旅行社国内旅游服务质量要求》行业标准，第三个是 2002 年 7 月 27 日发布实施的《旅行社出境旅游服务质量》行业标准，这三个标准都规定了导游服务的质量要求，提出了导游服务过程中若干问题的处理原则，是指导导游服务工作的权威性文件，也是导游人员向旅游者提供服务的工作指南。

个性化服务也称特殊服务，一般是针对旅游者的个别要求而提供的，它是导游人员在执行两个标准规定的要求和旅行社与旅游者之间的约定基础上，按照旅游者的合理要求而提供服务。

优质的导游服务就是导游人员在规范化服务的基础上实施个性化服务，使游客满意。

（五）平等待客的原则

不论旅游者的国籍、种族、宗教信仰、消费水平如何，导游人员都应该一视同仁，一样热情、友好、礼貌，提供同等的服务，公平公正地处理问题，才能赢得游客的尊重和信赖。

资料库：《导游服务质量》国家标准

《导游服务质量》国家标准是国家技术监督局于 1995 年发布的关于导游服务的推荐性国家标准，也是导游服务走向规范化的重要依据。《导游服务质量》国家标准的内容包括范围、定义、全陪服务、地陪服务、导游人员的基本素质、导游服务质量的监督与检查、附录若干问题的处理原则等七个部分。

案例·分析

案例 1：假导游带团之后

珠海市有家旅行社发了一个三十多人的团队往昆明，当时地接社因人手紧张，竟派出公司财务人员顶替导游带团。由于路途不熟，景点一问三不知，加上饭店、宾馆“人头不熟”，特别是将昆明去西双版纳的飞机换成汽车，游客没玩好、吃好，一路颠簸，不该花的冤钱花了不少，回来一肚子气向珠海这家旅行社发泄，使得发团社的声誉蒙受很大损失。

某旅行社委托王某担任一旅游团的导游。在中途某城市，王某看望其亲戚，私下委托另一导游李某替其带团。但李某并不很熟悉所经游览点的情况，言辞拙劣、言语不清，而且导游过程中服务也非常差，令旅客们大为扫兴。返回后，旅游团向旅行社索赔。但旅行社以王某应为责任承担者而拒不赔偿，旅游团递诉至旅游行政管理部门。经查，导游李某未取得导游资格证书。

分析：

(1)假导游不可以带团。例1中的公司财务人员和例2中的代理导游李某均为假导游，根据我国《导游人员管理条例》的规定：导游承担着为旅游者组织安排旅行和游览事项，提供向导、讲解和旅途服务的任务，必须取得专门执业资格——持有导游资格证书，否则是不可以带团的。作为旅行社的管理者及导游人员，这是一个基本原则。不管业务多么繁忙、人手如何紧张，只有合格的导游才可以带团是不容置疑的。因为我们不仅要对每一个游客负责，也应该对自己的职业或行业有一个基本的尊重，具备最起码的职业道德。如果认为只要路熟就可以带团，只要口才好就可以带团，甚至只要去过几次旅游景点就可以带团，其结果只能是砸企业的牌子，砸自己的饭碗。

(2)没有充分准备的导游不可以带团。上述两例中，退一步说，假如此二人都有执业资格，持有有效的导游资格证书，也是不可以带团或独立带团的，因为他们没有准备。例1中的财务人员"路途不熟，景点一问三不知"，且"饭店、宾馆'人头不熟'"；例2中的李某"并不很熟悉所经游览点的情况"，且"言辞拙劣"，这样的导游出去带团，只会是"水桶原理"中那块最短的木板，破坏整个企业的形象。推而广之，演员是需要反复排练的，教师是需要精心备课的，不少口若悬河的演说家在讲演之前都有一个苦苦推敲、潜心诵读的过程；我们旅行社的导游，也必须在带团之前认认真真地准备好，做到了如指掌，并设计好相关的备用方案，凭想当然仓促上阵是不行的。

(3)导游在带团期间不得私自将旅游团转给或托给他人。导游员是代表旅行社与旅游团发生关系的，整个导游过程是在执行职务，而这种关系和这个执行职务的过程都是因有旅行社的授权而生效的。因此，导游私自将团转给或托给他人，是一种越权行为，是企业管理规范所不允许的。与其相类似，旅游团及其游客在旅游期间是与旅行社形成甲、乙方关系，而不是与某个导游形成这种关系。整个旅游过程中引发的投诉事件，应由旅行社首先负责，这个责任是无论如何也推卸不了的。

案例2：一问三不知的导游员

小王是××旅行社新招聘的导游员，对所在城市游览点的导游词已经背得滚瓜烂熟，对自己的工作充满信心。

一天，他带领游客去游览岳王庙。在正殿，小王讲解道："这天花板上绘的是松鹤图，共有372只仙鹤，在苍松翠柏之间飞翔，寓意岳飞精忠报国精神万古长青。"一位游客听了后，就问小王："为什么是372只仙鹤，而不是371只或是373只？这有什么讲究吗？"小王倒是很爽快，回答说："这个我不清楚，应该没什么讲究吧！"

来到碑廊区，小王指着墙上"尽忠报国"四个字，说这是明代书法家洪珠所写。团中一位年轻人不解地问小王："为什么前面正殿墙上写的是'精忠报国'，而这儿却写成'尽忠报国'呢？"小王考虑了一会儿，支支吾吾道："这两个字没什么区别，反正它们都是赞扬岳飞的。"那游客还想些说什么，小王却喊到："走了，走了，我们去看看岳飞墓。"

到了墓区，小王指着墓道旁的石翁讲解："这三对石人代表了岳飞生前的仪卫。"游客们没有听懂，要求小王解释一下"仪卫"是什么，小王犯难地说："仪卫吗，就是为岳飞守坟的。"游客反问道："放几个石人在这儿守坟有什么用呢？"小王说："这个，我不知道。"

分析：

导游员是做什么的？能带路，能讲解，远远不够。导游员应是游客的老师，游客的朋友，游客的楷模……所谓老师就要能做到韩愈《师说》中所说的："传道、授业、解惑。"导游工作是一项与人打交道的工作，中国人、外国人，老年人、年轻人，男人、女人，各种各样的人，会提出各种各样的问题。有人说："导游，导游，上知天文，下知地理，无所不晓。"又有人说："在导游员的'词典'里，是找不到'不'这个词的。"可见，对导游员知识面的要求有多高。当然，导游员不可能做到行行通，成为一个全能人物。但多看书，好学习，不懂就问，使自己具备广泛的知识面，却是导游工作对导游员的一项特殊要求。愿我们导游员不要做本案例中的小王。

案例 3：全陪该不该买票？

八月的一天，千岛湖××旅行社的导游员小张接待了 G 省中国旅行社所组的一 20＋1 人的马来西亚团。在游千岛湖之前，小张照常规先去售票处购买了 20 张游客的游览票。上船后，千岛湖管理部门的工作人员上来检查(自"千岛湖事件"后，当地旅游管理部门对游船的管理十分严格，在全湖范围内实行卫星监控，并在湖上设置多个检查站，每条游船必须在经过严格检查后方可放行)。导游员也不例外，必须出示导游证。然而全陪却无法出示导游证。管理人员照章行事坚决要求全陪买游览票，但全陪执意拒绝，理由是：从来没有碰到过要全陪买门票的。双方你来我往，公说公有理，婆说婆有理，时间也因此被耽搁了二十多分钟。地陪小张看到要全陪买票已没有可能，最后自己掏钱去补了一张，游船终于被放行。

分析：

《导游人员管理实施办法》中规定：带团时，导游员必须佩戴胸卡并携带《导游人员资格证书》。作为组团社的 G 省中国旅行社完全应该明白无证导游不能上岗的规定，然而这家旅行社却无视法规，让无证导游担任全陪，这样做显然违背了国家的有关法规条文。作为千岛湖管理部门要求全陪出示证件，在全陪没有证件的情况下要求购买游览票纯属照章行事。全陪拒绝补买门票既违反当地旅游管理部门的规定，又影响旅游团的正常游览，这样做实在不应该。作为地陪，碰到此类事件时，应委婉劝说全陪买票，在劝说无效的情况下，可以替全陪买票，同时可以保留收据或让全陪签字证明，以便在向组团社结账时作为依据。

案例 4：旅游者权益

某旅行社组织一旅游团在 H 城市购物大厦购物时，其中一游客王某被商场售货人员叫住，称其偷拿了该柜台内的金戒指，王某矢口否认，售货人员便要强行搜身，而该旅游团的导游为防止引起事端，也要求王某接受检查。搜查完毕，一无所获，商场保安人员强行扣留游客达两小时以上，导游也未就此事据理力争，而一味埋怨王某惹是生非。后经查实，戒指实际上掉落在柜台下的角落。事后，该游客就此事件要求依法处理，经过多方协商，导游被旅行社处以公开向游客道歉、公开检查，并扣罚当月奖金。当地法院裁决，商场向游客公开道歉，赔偿王某精神损失费 2 000 元，并根据《消费者权益保护法》第五十条对商场罚款 1 万元。

分析：

法律以其最高的威严还游客以尊严，捍卫了人权。关于本例中的导游，有三条可评点。

(1)导游应该明白:公民人身不可侵犯。在基本的大是大非上,导游的基本判断不能错。我国《消费者权益保护法》第二十五条规定:“经营者不得对消费者进行侮辱、诽谤,不得搜查消费者的身体及携带的物品,不得侵犯消费者的人身自由。”导游如果对这一点一无所知,不知商场强行搜身和扣人是否合法,甚至还认为是合法的,那就大错特错了。

(2)导游应当主动维护游客的正当权益。本例中,导游一开始就要求游客接受检查,而后也未能据理力争,维护游客权益,应该说是犯了一个立足点的错误,或者说一直摆错了自己的位置。由于摆错了位置,所以对游客没有同情之心,没有保护之举,反而怨其“惹是生非”。导游忘记了自己应当主动维护游客正当权益这一职责,游客在异地他乡、人地两生的境遇中蒙受不白之冤,反遭导游责难,这确实令人气愤。

(3)导游应采取果断措施控制事态发展,保证旅游活动的正常进行。本例中,不仅当事游客的旅游活动被干扰,旅游团其他人肯定也受到影响。遇到此情况,或面临导游个人无法调解的纠纷,应采取果断措施,直接求助于权威部门或执勤警察,控制事态发展;不能做一个旁观者,任其发展。因为事态的失控或无序发展必然会影响导游履行自己的职责。

案例·启示

导游员小陈,初次带团时没有按照导游工作流程认真核对送团时间,导致发生误机事故,致使游客在本地滞留,组团社从此不再与该地接社合作,给旅行社造成了重大损失。

因而,学习导游工作流程有利于新上岗的导游员迅速熟悉导游工作的要求,尽快掌握服务标准和技能。

任务作业

上午8时,某旅行团全体成员已在汽车上就座,准备离开饭店前往车站。该团的地陪导游小陈从饭店外匆匆赶来,上车后清点人数,又向全陪了解了团队的行李情况(全陪告诉他该团行李一共20件,并已与领队、饭店行李员交接过了),小陈就开始致欢送词:“各位团友早上好!我们团18人都已到齐了,现在我们将去火车站。今天早上我们将乘坐9:30的××次火车去X市。感谢大家对我工作的理解和合作。现在我为大家演唱一首歌曲,祝大家一路顺风,旅途愉快!(唱歌)火车站到了,现在请下车。”

请运用导游工作规范程序知识,分析地陪小陈在这一段工作中的不足之处。

任务三　导游员职业素质训练

技能实训

实训项目一　导游形象的设计与训练

实训项目	导游形象的设计与训练
实训要求	能在导游服务工作中始终保持与工作相适宜的良好的仪容仪表
实训地点	形体实训室
实训材料	多媒体设备、形体训练镜、相关物品
实训内容与步骤	一、实训准备 学生分若干小组。 二、实训开始 1.仪容保持： (1)讲究卫生； (2)化妆。 2.仪表修饰： (1)服装； (2)饰物。 3.仪态训练： (1)站姿； (2)坐姿； (3)行走姿态； (4)目光； (5)手势。 4.教师对学生的训练结果进行点评并纠正。 三、实训结束

实训项目二　导游服务规范及常用工具的使用

实训项目	导游服务规范及常用工具的使用
实训要求	1.能正确佩戴导游证和导游胸卡 2.能在导游服务工作中正确使用导游旗、导游话筒等工具 3.能正确清点人数和引导游客上下车
实训地点	模拟导游实训室

<table>
<tr><td>实训材料</td><td>多媒体设备、导游证、导游胸卡、导游旗、导游话筒</td></tr>
<tr><td>实训内容
与步骤</td><td>一、实训准备
学生分若干小组
二、实训开始
1.佩戴导游证和胸卡
2.导游旗的持法
(1)直举势
小臂自然上举，与大臂约成90度；手握旗杆，旗杆直立。
(2)斜举势
手臂自然弯曲举起旗杆斜靠在同侧肩部，旗子高度以方便游客看清为宜。
3.话筒的使用训练
事先调整好话筒音量，手臂自然抬起，大小臂约90度，话筒与口部保持约5厘米的距离，保证音量在适当范围内能听清为宜，不能遮住口部和面部。反复练习，体验音量和音质。
4.清点人数训练
用目光默数，右手自然垂直朝下，以弯曲的手指辅助记数。清点人数不能发出声音，不能用手或导游旗来回比划。
5.引导游客上下车
乘坐旅游车时，导游员应第一个下车，最后一个上车，面带微笑站在车门靠车头的一侧，协助游客上下车。
6.教师对学生的训练结果进行点评并纠正。
三、实训结束</td></tr>
</table>

实训考核

实训考核一　导游形象的设计与训练

组别：＿＿＿＿＿＿　姓名：＿＿＿＿＿＿　时间：＿＿＿＿＿＿

项　目	应　得　分	实际得分
发型、头发修饰及清洁程度	20	
个人清洁习惯(手、指甲、口)	20	
服饰(得体、干净)	10	
站姿、坐姿和行走姿态	20	
讲解时的目光和手势的使用	20	
实训态度	10	
合　计	100	

考核时间：　　年　　月　　日　　考评教师(签名)：

实训考核二　导游服务规范及常用工具的使用

组别：＿＿＿＿＿＿　姓名：＿＿＿＿＿＿　时间：＿＿＿＿＿＿

项　　目	应　得　分	实际得分
导游证和胸卡的佩戴	20	
导游旗的使用	20	
话筒的使用	20	
人数的清点	20	
引导上下车方法	20	
合　计	100	

考核时间：　　　年　　月　　日　　　　考评教师(签名)：

知识链接

导游员形象要求一览表

项目	要　　求	注　意　事　项
服装	着装整洁大方得体，穿着打扮要与时间、地点、场合相适应。迎送客人或其他正式场合，应穿工作服或指定服装；一般游览场合，可着休闲装；要保持所穿服装的整洁。	忌正式场合不着正装；服装不宜肮脏有污渍；忌领口、袖口肮脏；忌男导游夏天穿短裤、拖鞋，女导游穿超短裙或穿丝袜露出袜沿；女导游带团时不宜穿高跟鞋。
饰物	除手表、结婚戒指外，不佩戴其他饰物。室外佩戴墨镜时，要选择浅色墨镜，让游客看清眼睛为宜。	一般不宜佩戴耳环、手镯、脚链、别针等饰物，在室外带团不宜戴深色墨镜。
卫生	1.头发需保持清洁和整齐，要经常洗头；男导游发鬓不过耳，每天要刮胡须；女导游要束起长发或留短发。 2.保持手部清洁，手指甲经常修剪清洗。 3.保持口腔清洁、无异味。 4.注意脚部卫生，选择舒适合脚的鞋子，并注意保持清洁，每天用热水或冷、热水交替浸泡，减轻疲劳。	头发不宜油腻且有头皮屑，发型不宜过分前卫或怪异；不吃容易造成口腔异味的食物，不当着游客的面吃口香糖；不留长指甲，不涂指甲油。
化妆	女导游可化淡妆	不宜浓妆艳抹，不宜当众化妆。

项目	要　　求	注　意　事　项
站姿	双脚直立，肩膀平直，胸部挺起，腹部收缩，头抬起，双手平放身体两侧或两手相叠放于腹部。	不宜一腿直一腿弯曲歪着身子，不宜摇晃身体、摇头晃脑，不宜手插裤子口袋或叉腰、双臂交叉。
走姿	要求轻巧、稳重、大方、自然。上身需自然挺拔，收腹挺胸，身体重心随着步伐前移；手臂放松，手指弯曲；脚步轻快，两臂自然摆动；目光平稳，注意观察游客动向。	不宜摇头晃肩、步履蹒跚，不要把手插在裤子口袋，不要不顾游客动向闷头赶路。
坐姿	入座时，男导游应上身正直，微微分开双腿而坐，以一拳距离为宜；女导游保持上身正直，腰背可微靠椅背，双腿并拢。	不宜跷二郎腿或坐下后腿脚不停抖动。
目光	一般应正视，视线平行接触游客，表示理性、平等，给游客自信、坦诚、认真、亲切之感。在讲解时用环视观察游客的反应。	避免仰视或俯视游客，避免正视时间过长，避免眼神飘忽不定。
手势	1.握手：握手时要立正，上身微向前倾，目视对方，面带微笑，摘帽、摘手套。 2.指示手势：五指并拢并伸直，掌心倾斜朝上，目光应与手指方向一致。	切忌握手时戴着手套、帽子或把一只手插在裤子口袋，不能用左手握手，不能交叉握手。注意握手的顺序：男女之间，女方先伸手；长晚辈之间，长辈先伸手；宾主之间，主人先伸手；上下级之间，上级先伸手。握手力度不宜过大，时间不宜过长。 指示时不宜只伸出一根食指。

资料库：怎样对自己的导游水平、技巧、艺术进行自测？

根据世界著名的伦敦旅游局（London Tourist Board）现场考核导游的十余种方法和我国导游需要提高的具体情况，总结了20条，可供导游员们进行自测时参考。

这20条可分为三部分，前7条是讲规范，着重检查自己的基本水平；中间6条是测导游技巧的；最后7条，是讲导游艺术全面提高的。

1.声音的可闻度，即你的导游声音，无论在车上，或在景区、景点，大家是否都能听见。

2.语音、语调有无变化，即声音有无节奏感，是否有抑、扬、顿、挫，有无美感。

3.讲话用词是否准确。

4.持麦克风的方式是否得当，声音经麦克风是否失真、是否清晰。

5.出发时是否清点人数，清点方式是否得当；能否将今日要游览的项目和注意事项告诉旅游者。

6.导游所提供的材料，特别是数据，是否准确可靠，与实际情况有无出处。

7.衣着是否整洁，证件、标志是否展示，能否给旅游者一种“训练有素”、“专业人员”之感。

8.市容讲解时，导游选择的讲解点是否得当，选“景”和讲“情”有否内在联系。

9.对景点的文化内涵、育人作用，揭示得是否恰到好处。

10.用语可接受程度；是否用旅游者经常用的、容易理解的，而又喜闻乐见的语言。

11.游览车上所讲内容和车外所见景物有无内在的逻辑关系。

12.导游讲解时，是否一直面对旅游者，并适度地运用体态语言。

13.导游讲解时，是否面带笑容、声音悦耳，使旅游者产生愉快之感。

14.导游时是否运用导游的语言艺术，旅游者听后有无美感，语言是否具有生动、形象、富有表现力、口头语言这四大特色。

15.导游所用知识和信息是否平衡，即旅游团内各成员（涉及各专业）所关心的知识和信息是否都有所提供。

16.导游能否引起兴趣，言谈有无旅游者可接受的幽默感，讲解时旅游者是否都在听。

17.导游语言艺术可否达到“言之有理”、“言之有据”、“言之有物”、“言之有情”、“言之有趣”、“言之有神”、“言之有礼”和“言之有喻”。

18.导游词是否有“针对性”，导游艺术和方法能否“运用而又无形”。

19.外语讲解是否清楚、准确、流畅，“达”、“雅”是否有时代感，海外导游内容能否同国内情况对比进行。

20.每接一团是否发“征求意见表”，旅游者满意率可否达90%以上。

学习情境二

接待计划的制订和落实

学习目标

1.熟悉掌握接待计划的格式与内容
2.准确掌握接待计划和各项服务内容

任务一　制订旅游接待计划

技能实训

实训项目	研究和制订旅游接待计划
实训要求	1.熟练掌握制订旅游接待计划的格式、方法、方式 2.准确掌握接待旅游计划的各项服务内容
实训地点	教室或模拟旅行社实训室
实训材料	多媒体、旅游接待计划单、旅游行程或线路等
实训内容与步骤	一、实训准备 学生分组，分发计划单、旅游行程单。 二、实训开始 认真阅读接待计划和有关资料，详细准确地了解旅游团的服务项目和要求，并对相关要点做记录。 1.计划签发单位(即组团社)、联络人姓名和电话号码。 2.客源地组团社名称、旅游团名称、代号、国别、语言、收费标准和领队姓名。 3.组成人员情况：人数、性别、姓名、职业、宗教信仰。 4.全程旅游路线、入出境地点。 5.所乘交通工具情况：抵达和离开本地时所乘飞机(火车、轮船)的班次、时间和机场(车站、码头)名称。 6.掌握交通票据情况：该团去下一站的交通票是否按计划订妥，有无变更以及更改后的落实情况；有无返程票；有无国内段国际机票；出境票的票种(是 OK 票还是 OPEN 票)。 7.掌握特殊要求和注意事项：住房、用车、游览、用餐等方面有否特殊要求，有否要求有各方面负责人出面迎送、宴请、会面等礼遇，有否老弱病残等需要特殊服务的客人，有无需要办理通行证地区的参观游览项目。 三、实训结束

实训考核

组别：＿＿＿＿＿＿　　姓名：＿＿＿＿＿＿　　时间：＿＿＿＿＿＿

项　　目	应　得　分	实际得分
旅游行程或线路的制定	35	
旅行接待单的填写	35	
实训态度	30	
合　计	100	

考核时间：　　　年　　月　　日　　　　考评教师(签名)：

知识链接

旅游接待计划是组团社委托各地方接待社组织落实旅游团活动的契约性安排，是整个旅游团操作运行的关键，是导游员了解该团基本情况和安排活动日程的主要依据。因而，制订出合理完善的旅游接待计划是接待业务的核心。

旅行社制订旅游接待计划是由计调来完成的，大致可分为以下几个步骤：

一、向组团社报价

向组团社确认预排行程的基本情况，包括给客人的行程报价、往返时间、交通工作、是否购物等。

根据组团社预报计划，地接社计调要向合作的旅游企业单位核实和询价：包括飞机/火车/轮船票的时间、班次、价格，旅游车队的车况，酒店、餐厅、景点等，核实价位，达成协议。

核算成本，向组团社报价，并向组团社发行程单。

二、等待组团社的传真确认

三、制订接团计划

当接到组团社的传真确认件后，计调要开始详细落实行程单里的安排细节。

(1)用车：根据团队人数，与车队落实车况，收发与车队的传真确认件。

(2)住宿：根据团队人数，与酒店订房，收发与酒店的传真确认件。

(3)用餐：根据团队人数，与餐厅订餐。

(4)与组团社确认：以传真方式向组团社确认团队接待计划，并要求对方盖章确认，若有变动，需及时联系沟通。

(5)委派导游：选择适合该团队的导游人员，给予派团单和行程单、质量反馈单及团款，并交代注意事项。

四、团队质量跟踪

计调要与导游人员保持密切联系，随时关注团队行程，遇到问题及时沟通解决，防止事态蔓延。

五、结清账目，归档整理

团队行程结束后，向导游人员审核报账单据，与组团社按照协议价结算团款，并将资料存放归档。

案例·示范

漳州赴潮汕南澳两天休闲游

一、行程

天数	日期	行　　程	餐	住宿
D1	2020年7月9日	07:30漳州万达嘉华酒店门口集合，乘车出发前往汕头，享用午餐。观光市容：林百欣国际会展中心、海滨路、人民广场、汕头大学外观等(车览约30分钟)。→前往被《国家地理杂志》评选为“广东最美的岛屿”——【南澳岛】(车程1.5小时)，车游海上巨龙——【南澳大桥】，领略海上奇观，南澳大桥是一座跨海大桥，于2009年1月20日开建，起点于澄海区莱芜，终点于南澳长山尾苦路坪接入环岛公路，全长11.08公里，其中桥梁长9261m、道路长1819m，按二级公路标准建设，桥面全宽12米、净宽11米，全线采用设计速度80公里/小时的二级公路标准，路基宽度12米，桥梁净宽11米；采用塔、墩、梁固结体系，其优点是抗风性能强，抗震、防撞性能好，项目总投资为12亿元。车游新南澳外滩——【前江湾海滨路】，堪称“维多利亚港”之美。后游览【南澳新貌环岛景观带之青澳湾】，环岛景观带是以68公里环岛路为主线，选择最佳景观点和串珠状的休息观景台点，进行系统性基础设施改造和旅游设施配套。把海岛生态游、休闲游、特色游进行整合，给游客的海岛旅游提供了一个全新的体验。漫步于中国最美海岸线——【青澳湾天然沙滩泳场】(游览约90分钟)，青澳湾为广东省两个A级海滨天然浴场之一，素有“东方夏威夷”之称。国家领导人、外国客商、文人墨客对美丽的青澳湾赞不绝口，称之为“泳者天池”。后游览【自然之门】粤东南澳北回归线标志塔的设计，注入了自然与生命的概念。矗立于青澳湾畔的这座建筑，最内敛之处就是对中国古文化易学的图说，日、月、天、地、人、气、神，无一不统一在“自然之门”之中。→晚餐后入住酒店。	中晚餐	潮州

续表

天数	日期	行　　程	餐	住宿
D2	2020年7月10日	8:00早餐后出岛参观因"治潮八月,遂使江山易姓"之唐宋八大家之首——【韩愈之韩文公祠】(游览约40分钟,逢周一闭馆),前往特产中心(停留约40分钟)自由选购特产,后前往潮州古城风景区,参观【开元寺】(游览约40分钟),此乃唐玄宗赐建之皇家寺院,古朴典雅、庄严肃穆,里面收藏众多历代文物,有"潮州文物宝库"之称。→悠游【明清牌坊街】(游览约40分钟),观赏西关骑楼及数十座独一无二、全国之最的石牌坊,探访古民居壁画一条街【甲第巷】,零距离感受潮汕地区"四点金"、"驷马拖车"、"下山虎"等各类典型的民居建筑风格,欣赏潮汕达官贵人的府邸建筑。外观世界上第一座启闭式古桥——【宋代广济桥】(不上桥,上桥费用自理50/人);漫步滨江长廊,观全国规模最大的滨江古城,"广济门"、"上水门"、"下水门"等城楼点缀其间,登上古城墙观滨江全景,领略古代守城将军的感觉,青山、绿水、古城、老榕交相辉映,构成一幅绝妙的"山外青山楼外楼"的古城图(游览约20分钟),享用午餐(潮式风味宴),后乘车返回。结束愉快旅程!	早中餐	

二、服务标准

1.交通:往返旅游专车接送。

2.用餐:含一早三正(250元/桌)。

3.门票:行程所列大门票。

4.导游:优秀导游服务。

5.保险:全程旅行社责任险。

6.不减少景点的前提下,景点游览顺序可能做合理调整。如遇不可抗拒因素造成滞留及延长行程所产生费用由客人自理。

7.住宿:潮州市区,单房差80元。

任务作业

制订一份人数30人,行程为南靖田螺坑土楼群、塔下村、裕昌楼一日游的详细旅游接待计划和服务标准。

任务二　熟悉和落实旅游接待计划

技能实训

实训项目	熟悉和落实旅游接待计划
实训要求	1.掌握落实各项接待项目的内容 2.掌握落实工作的方法
实训地点	教室或模拟旅行社实训室
实训材料	多媒体、旅游接待计划单、旅游行程或线路等
实训内容与步骤	一、实训准备 学生分组角色扮演演车队负责人、司机、酒店总台工作人员、地陪、餐馆工作人员、景点工作人员，准备旅游接待计划单、旅游行程或线路等材料。 二、实训开始 1.落实旅行车辆：呼叫车队负责人，确认旅游车车型、车牌号和司机姓名；接大型旅游团时，要在车上贴编号或醒目的标记；呼叫司机，确定与其接头的地点，告知日程和具体时间。 2.掌握联系电话：备齐并随身携带有关旅游接待部门和人员的联系方式。 3.落实住房和餐饮：熟悉旅游团下榻的饭店情况；和酒店核实旅游团的住房数、级别、是否含早餐等；和餐厅确认该团日程表上安排的每一个用餐情况，如团号、人数、餐饮标准、日期、特殊要求等。 4.落实行李运输安排情况。 5.落实景区景点参观安排。 6.落实娱乐、购物安排。 三、实训结束

实训考核

组别：__________　姓名：__________　时间：__________

项　　目	应　得　分	实际得分
餐厅和餐标落实	15	
住宿落实	15	
交通工具落实	15	

续表

项　　目	应　得　分	实际得分
景区景点落实	15	
娱乐、购物的安排	15	
导游出团准备工作	25	
合　　计	100	

考核时间：　　　年　　月　　日　　　　考评教师(签名)：

知识链接

计调制订出旅游接待计划之后，导游人员需要熟悉和落实该计划的安排，这是导游出团的关键。

一、熟悉接待计划

组团旅行社与地接旅行社之间达成接待协议后，会将接待活动的安排以计划表、日程表或任务书等形式下发给导游员，这就是导游员的工作依据——接待计划。导游员要根据接待计划的内容，逐项分析、了解和掌握有关信息，有针对性地进行准备。

(一)了解旅游团概况

(1)牢记旅游团的团号，以便确定接站无误。

(2)了解客源国或客源地区，学习客源国或客源地区的地域文化，掌握客源国语言或客源地区基本方言特点，练习某些日常用语和专有名词的口头表达方式。

(3)记录组团社的名称、联系人的姓名或电话。

(4)记录领队和全陪的姓名及联系方式，必要时制作接站牌。

(二)了解旅游团成员情况

(1)掌握旅游团的人数及成年、未成年和导游服务人员的构成比例，核实饭店、车辆、餐馆等的订房、订座、订餐等是否吻合。

(2)若有可能的话，了解游客的职业和阶层，掌握不同职业和阶层游客的特点，准备个性化服务。

(3)若有可能的话，了解游客的性别比例、年龄差距及内部关系，预测活动时间和顺序上的安排。

(4)如有可能的话，了解游客的出生日期，通报旅行社或酒店准备生日礼品和生日蛋糕。

(5)如有可能的话，了解游客的宗教信仰和兴趣爱好，有针对性地准备讲解内容。

(三)了解旅游路线和交通情况

(1)了解旅游团在本境的活动路线，以便在活动类型、张弛节奏和本地特色等方面协调安排。

(2)了解旅游团抵达本境的交通方式、时刻、班次和交通集散地。

(3)了解旅游团离开本境的交通方式、时刻、班次和交通集散地,如果需本社代办离境交通,则及时与旅行社票务部门联系落实。

(四)了解特服要求和服务标准

(1)了解团队中有无需要特别服务的老、幼、病、残的人员,准备轮椅、拐杖、婴儿车和氧气袋等特殊物品。

(2)了解住宿服务标准,熟悉各个下榻饭店单间、标间、套间和加床的情况,掌握饭店的联系方式。

(3)了解餐饮服务标准,熟悉各次用餐,包括中早、西早、酒水、风味餐和饮食禁忌的情况,掌握各个用餐点的联系方式。

(4)了解游览服务标准,熟悉约定景点、娱乐活动、自费项目和讲解要求的情况,掌握各景点和活动点的联系方式。

(5)了解用车服务标准,熟悉车型、座位数和行李服务的情况,掌握各部旅游车司机的联系方式。

(五)了解接待标准和费用开支情况

(1)了解本次接待是综合服务还是单项服务,团队接待等级及收费标准。

(2)了解费用开支的方式与数额,准备好相应的空白结算单据和现金团款。

(3)了解团队中特殊成员的费用收取标准,如未成年人、70 岁以上的老人、持有残废证的残疾人、革命复员军人、领队和全陪等,根据不同景区的规定和国家有关规定确定收费项目和数额。

二、做好准备工作

(一)物质准备

上团前,按照该团游客人数领取导游图、门票结算单和费用,带好接待计划、导游证、导游旗、扩音器、接站牌等必要物品。

(二)知识准备

根据旅游团的计划和旅游团的性质和特点准备相应知识。如:带专业旅游团所需的专业知识,新开放的游览点或特殊游览点的知识等,对当前的热门话题、国内外重大新闻、游客可能感兴趣的话题等都应做好相应的知识准备。

(三)心理准备

导游人员在接团前的心理准备主要有两个方面:

1.准备面临艰苦复杂的工作

在做准备工作时,导游人员不仅要考虑按正规的程序要求为游客提供热情的服务,还要考虑如何对特殊游客提供服务,以及在接待工作中发生问题和事故时如何去面对、去处理。

2.准备承受抱怨和投诉

由于导游人员接待对象的复杂性,有时可能遇到下述情况:导游人员已尽其所能热情

周到地为旅游团服务，但还会有一些游客挑剔、抱怨、指责导游人员的工作，甚至提出投诉。对于这种情况，导游人员也要有足够的心理准备，冷静、沉着地面对。只有对导游工作有着执着的爱，才会无怨无悔地为游客服务。

（四）形象准备

导游人员自身美不是个人行为，在宣传旅游目的地、传播中华文明方面起着重要作用，也有助于在游客心目中树立导游人员的良好形象。因此，地陪在上团前要做好仪容、仪表方面（即服饰、发型和化妆等）的准备。尤其是炎炎夏日，更要打扮得体。

（1）导游人员的着装要符合导游人员的身份，要方便导游服务工作。

（2）衣着要整洁、整齐、大方、自然，佩戴首饰要适度，不浓妆艳抹。

三、落实接待事宜

旅行社的工作带有很强的不确定性，导游员所获得的接待计划是“预计”的活动过程。能否将“预计”变成“现实”，除了依靠在以后的工作过程中灵活处理各种突发情况之外，确保预订的各项服务的落实也是一项重要的前提条件。

（一）落实车辆安排

联系司机，确定与其接头的地点，告知行程和具体时间；导游员提前与旅游车队调度员和司机取得联系，确保对方已经接到用车通知。如果是初次打交道的司机和旅游车，最好提前到实地验车，与司机互相认识。

（二）核实餐标及用餐点的安排

联系餐厅工作人员，核实旅游团的餐标及团餐的安排情况。导游员提前与预定用餐点取得联系，确保对方已经做好开餐准备，并将旅游团的某些特殊餐饮要求告知对方以便提前准备。

（三）确认住宿安排

联系酒店总台工作人员，确认团队的住房数。导游员提前与预定下榻饭店取得联系，了解对方的开房安排，获取游客房间的楼层和房号分布情况，如果游客有特殊住宿要求应提前告知对方。

（四）向财务领取团款、发票事宜

向计调了解团队各单项费用，掌握所有付费项目的结算方式与旅行社协议价格，提前计算出各项支出，最好以《费用明细表》的形式将其记录下来，并在以后的工作过程中随时检验。

案例 · 分析

案例 1：不懂中外文化差异的导游员

一次，恰逢旅游旺季，××旅行社英语导游短缺，于是从××外国学院请来一名口语不错的在校生充当临时导游，接待一个泰国团，该导游服务热情周到，在带团初期一切状况良好，但后来却发生了一件不愉快的事而招致客人投诉。原因是团内有一对年轻夫妇的小孩子长得十分可爱，导游忍不住在男孩的头上摸了一下，这种在中国看来最平常不过的举动，却触犯了泰国人“重头轻脚”的禁忌，男孩的父母当即脸就沉下来，只是没有当场发作，但导游却不懂得察言观色，后来又忍不住摸了一下小孩的头，这下男孩的父母再也控制不住当场与导游吵了起来，导致最后的投诉。

分析：

导游接团之前要了解旅游团成员的情况，并做好相关知识的准备。导游处于接待工作的最前线，在各种文化的差异中工作，应尽可能地了解中外文化之间的差异，以适应各种旅游者的要求。案例中的导游没有做好准备工作就开始了带团工作，结果导致工作失误，给旅行社带来损失。

案例 2：糊里糊涂的导游

导游员小张在接到旅游团后，发现自己忘记带旅游接待计划单，事先自己又没有熟悉旅游接待计划，心想按领队的计划不会错。第二天小张才发现领队手中计划表上第一天的游览点与自己旅游接待计划单上所确定的游览景点不一致，领队的计划表上多了个景点。此时小张想在后面两天的游览中减少一个点，但领队和游客坚决不同意，小张只好按原计划进行。游览结束后，小张回旅行社报账时被经理狠狠批评了一顿，并责令他赔偿这个景点的门票费用。

分析：

导游员上团前首先要熟悉接待计划，其次一定要做好物质准备，按照该团游客人数领取导游图、门票结算单和费用，带好接待计划、导游证、导游旗、扩音器、接站牌等必要物品。本案例中，导游员小张上团前的准备工作没有做好，结果导致旅行社利益受损。

任务作业

根据上次任务作业制订出的土楼一日游接待计划，情景模拟，落实旅游接待计划。

案例·示范

旅游团接团计划单范例

×××旅行社派团单

旅行社名称(盖章)：　　　　　　　　编号：T－××××－××－×××××

<table>
<tr><td>组团社</td><td></td><td>团号</td><td colspan="2"></td><td>游客来源地</td><td></td><td>人数</td><td colspan="2"></td></tr>
<tr><td rowspan="2">抵离
时间</td><td colspan="9">月　　日　　　　时乘班机　　　　次车船从　　　　抵</td></tr>
<tr><td colspan="9">月　　日　　　　时乘班机　　　　次车船离　　　　赴</td></tr>
<tr><td rowspan="2">住宿
安排</td><td colspan="2">酒店名称：</td><td rowspan="2">客人房
间　数</td><td colspan="2">单人房　　　间</td><td rowspan="2">用车
安排</td><td colspan="3">车型及车座：</td></tr>
<tr><td colspan="2">房间数：</td><td colspan="2">双人房　　　间</td><td colspan="3">车号：</td></tr>
<tr><td rowspan="2">日期</td><td colspan="2" rowspan="2">行程安排</td><td colspan="5">用餐标准：　早：　午：　晚：</td><td colspan="2" rowspan="2">购物点</td></tr>
<tr><td colspan="5">用餐地点：</td></tr>
<tr><td>月　　日</td><td colspan="2"></td><td colspan="2">早：</td><td colspan="2">午：</td><td>晚：</td><td colspan="2"></td></tr>
<tr><td>月　　日</td><td colspan="2"></td><td colspan="2">早：</td><td colspan="2">午：</td><td>晚：</td><td colspan="2"></td></tr>
<tr><td>月　　日</td><td colspan="2"></td><td colspan="2">早：</td><td colspan="2">午：</td><td>晚：</td><td colspan="2"></td></tr>
<tr><td>月　　日</td><td colspan="2"></td><td colspan="2">早：</td><td colspan="2">午：</td><td>晚：</td><td colspan="2"></td></tr>
<tr><td>月　　日</td><td colspan="2"></td><td colspan="2">早：</td><td colspan="2">午：</td><td>晚：</td><td colspan="2"></td></tr>
<tr><td>月　　日</td><td colspan="2"></td><td colspan="2">早：</td><td colspan="2">午：</td><td>晚：</td><td colspan="2"></td></tr>
<tr><td>备　注</td><td colspan="9"></td></tr>
<tr><td>计调员</td><td></td><td>地陪导游</td><td></td><td>接待部门</td><td></td><td>全陪导游</td><td colspan="3"></td></tr>
</table>

学习情境三

导游服务规程

学习目标

1.学会认找旅游团
2.学会致欢迎辞
3.学会做首次沿途导游
4.学会办理住店手续等入店服务程序
5.学会与领队、全陪商定日程的技能
6.能撰写市容导游词并能做沿途讲解
7.学会在旅游途中活跃车厢气氛

任务一　导游接团服务

技能实训

实训项目一　认找旅游团

实训项目	认找旅游团
实训要求	掌握接团过程中认找不同类型旅游团队的方法和技巧
实训地点	机场(或模拟机场)
实训材料	接站牌、组团社徽标或导游旗、讲解扩音器
实训内容与步骤	一、实训准备 1.学生分组扮演不同类型的团队与导游。 2.接站牌的制作： (1)要写清团名团号、领队或全陪姓名； (2)接小型旅游团或无领队、全陪的旅游团时要写上客人的姓名。

续表

实训内容与步骤	二、实训开始 1.核对时间：要求做到“三核实”，即核对计划时间、时刻表时间和实际到达时间。 2.联系司机：导游员与旅游车司机取得联系，约定会合时间和地点，遵循“30分钟要求”提前前往接站地。 3.持接站牌等候：持接站牌站立在机场出站口醒目的位置，热情迎候旅游团，便于领队、全陪或客人前来联系。 4.主动认找：由学生分组扮演几组不同团号的游客，团队资料由受测学生随机抽取；受测学生通过旅游者的衣着、组团社徽记等分析、判断并上前委婉询问，主动认找；问清团队的团号、组团社名称、领队及全陪或客人的姓名。 5.核实相关事项：核实交通工具、组团社和接待社名称、全陪或领队姓名、联系方式、团队人数等。 6.带领团队集合登车：清点人数、清点行李、提醒游客带好随身物品、带领团队登车、再次清点人数、提醒游客再次检查各自行李物品和重要证件。 三、实训结束

实训项目二　首站沿途导游

地陪必须做好首次沿途导游，以满足旅游者的好奇心和求知欲，这也是显示导游员知识、导游技能和工作能力的大好机会。精彩成功的首次沿途导游会使旅游者产生信任感和满足感，从而在游客中树立良好的第一印象。

实训项目	首站沿途导游
实训要求	熟练掌握导游服务程序，能做首站沿途导游，能够积极调动游客的情绪
实训地点	机场——漳州大酒店沿路（或模拟导游实训室）
实训材料	1.标准旅游车，旅游车用麦克风 2.导游旗
实训内容与步骤	一、实训准备 学生分组扮演旅游团与导游。 二、实训开始 1.致欢迎辞 (1)要求保持微笑，保持良好的站姿，手持话筒要离开嘴边10公分，语音语调要柔和； (2)欢迎辞内容要包括以下几点：代表所在接待社、本人及司机欢迎客人； 介绍自己的姓名、所属单位，介绍司机，表示提供服务的诚挚愿望，预祝旅游愉快顺利。 2.介绍旅游行程 有重点地介绍旅游者在本地的旅游行程，突出地方特色。 3.沿途风光导游 (1)讲解内容要简明扼要，语言节奏要明快、清晰；

续表

实训内容与步骤	(2)景物取舍得当,随机应变,见人说人,见物说物,与旅游者的欣赏同步。 4.风情介绍 介绍福建漳州的概况、气候条件、人口、行政区划分、社会生活、文化传统、土特产品、历史沿革等,市容市貌、发展概况及沿途重要建筑物和街道介绍。 5.介绍入住酒店(漳州大酒店) 地陪应向旅游者介绍该团所住饭店的基本情况,包括酒店的名称、位置、距机场(车站、码头)的距离、星级、规模、主要设施和设备及其使用方法、入住手续等(这部分内容地陪可根据路途距离和时间长短酌情删减或在"入店服务"时向旅游者介绍)。 三、实训结束

实训考核

实训考核一　认找旅游团

组别:__________　姓名:__________　时间:__________

项　　目	应　得　分	实际得分
接站牌的制作	20	
确认时间	10	
前往接站地时间安排	10	
旅游团队认找	20	
清点人数和集合登车	20	
实训态度	20	
合　　计	100	

考核时间:　年　月　日　　考评教师(签名):

实训考核二　首站沿途导游

组别:__________　姓名:__________　时间:__________

项　　目	应　得　分	实际得分
物质准备	10	
致欢迎辞	10	
沿途风光导游	20	
风情介绍	20	
入住酒店介绍	20	
实训态度	20	
合　　计	100	

考核时间:　年　月　日　　考评教师(签名):

知识链接

接团工作是指导游员前往交通集散地(机场、车站、码头)等地迎接旅游团的工作阶段。导游员与游客直接接触始于迎接,这时候导游员的工作会影响到游客的评价,从而决定游客是否继续信任和支持导游员的后续工作,因此这是导游工作程序中非常重要的一个环节。

一、迎接准备

(一)形象准备

在"先入为主"的第一印象心理作用之下,游客对第一次出现在他们面前的导游员的形象会比较关注。

资料库:"第一印象"

社会心理学的大量研究表明,人们的"第一印象"鲜明、深刻而牢固,会形成一种固定的看法,影响甚至决定着今后的交往关系。怎样才能树立一个良好的第一印象呢?心理学的研究告诉我们,决定第一印象形成的因素主要有两个:对方的外部特征的直接印象和有关对方的间接信息的间接印象。

导游员出现在游客面前的形象至少要符合四点要求:灿烂的微笑、得体的服装、恰当的仪态、醒目的位置。

(二)确认时间

导游员接团前要确认旅游团所乘班次的准确抵达时间,通常要求做到"三核实",即核对计划时间、时刻表时间和实际到达时间。

(三)前往接站地

导游员与旅游车司机、旅游团行李员(如果有的话)取得联系,约定会合时间和地点,遵循"30分钟要求"提前前往接站地。

二、接站工作

(一)确认团队

当所接班次抵达,旅客陆续走出时,导游员应站在明显的位置举起接站牌或社旗,通过旅游团的服装、徽标、行李和全陪的社旗等标志迅速找到所要接的团队,与对方领队或全陪接洽,确认旅游团。

(二)核对人数

确认是自己要接的旅游团后,导游员应迅速与领队和全陪核对实际抵达人数,如有不符应查清原因,并通知旅行社和其他相应部门对原计划作出调整。

当游客人数变化时,需要调整酒店房间数、订餐人数、旅游车座位数、景点购票数等方面的安排。

（三）集中清点行李

导游员引导游客将行李集中起来，请游客先行检查，再与领队、全陪共同清点，最后与行李员交接。如果游客的托运行李有延误、破损或遗失情况，导游员应马上协助其与交通承运商联系，办理送达或索赔手续。

（四）集合登车

行李交接无误后，导游员高举社旗，走在游客前方，引导游客前往停车地点。在引导登车时，导游员要：

(1)注意上下车的次序：先下后上；

(2)站在旅游车车门的靠车头一侧引导登车；

(3)协助游客放置行李；

(4)礼貌地清点游客人数。

三、致欢迎辞

（一）欢迎辞的内容

欢迎辞内容应视旅游团的性质及其成员的文化水平、职业、年龄及居住地区等情况而有所不同。一般应在游客放好物品、各自归位、静等片刻后，再开始讲。因为游客新到一地，对周围环境有新奇感，左顾右盼，精神不易集中，讲解效果不好。因此地陪要掌握时机，等大家情绪稳定下来后再讲解。欢迎辞要求有激情、有特点、有新意、有吸引力，能把游客吸引到你的身上来，给游客留下深刻印象。一般须具备欢迎辞的一些基本要素。

(1)问候语：各位来宾、各位朋友，大家好；

(2)欢迎语：代表所在旅行社、本人及司机欢迎游客光临本地；

(3)介绍语：介绍自己的姓名及所属单位，介绍司机；

(4)希望语：表示提供服务的诚挚愿望；

(5)祝愿语：预祝旅游愉快顺利；

(6)根据情况介绍当地天气、介绍行程安排及注意事项，说明从接站地到下榻饭店的行车时间，告知客人自己的联系方式和旅游车的车牌号码等。

（二）欢迎辞的风格

(1)规范式：即用简洁的语言表达出基本要素的欢迎辞风格，适用于较严肃、正规的团队接待，能够表现出导游员稳重的优势，但亲切感较弱，不够生动。

(2)聊天式：即以自然、平和的语调表达出来，内容较丰富的欢迎辞风格，适用于休闲度假旅游团，易于被大多数游客接受，但有可能让游客产生漫不经心的错觉。

(3)调侃式：即以轻松、活泼的语调，针对游客的背景或接团时的情境等，借题发挥的欢迎辞风格，适用于青年旅游团，能够迅速与游客拉近心理距离，放松紧张情绪，但有可能让游客产生不可靠、太浮躁的错觉。

(4)抒情式：即感情充沛、富有感染力的欢迎辞风格，适用于以老年人和女性为主的旅游团，有助于提高游客的游兴，让游客领略到导游员的气质，但有可能让游客产生“无病呻吟”、矫揉造作的错觉。

(5)安慰式：即温柔体贴、充满爱心的欢迎辞风格，适用于游客情绪低落时，可以让游

客消除不快，对导游员心生感激之情，但在不了解实情时忌用，且安慰话语要符合游客的思维习惯，运用起来有一定的难度。

总之，不同的导游员可以创立不同的欢迎辞风格，只要能够适用于导游员致欢迎辞时的情境，能够让游客感受到导游员的欢迎之情，就是恰当的欢迎辞风格，切忌模仿别人、生搬硬套。

案例·示范

欢迎辞示例

1.尊敬的各位领导，旅途一路辛苦了！

首先我代表×××旅行社对大家的到来表示热烈的欢迎，欢迎大家来到著名的花果之乡漳州。我是咱们这个团此次漳州之旅的导游，我叫张燕，大家叫我“小张”或“小燕子”都可以。为我们开车的是李师傅，他已经有十几年的驾龄，驾驶旅游车的技术十分娴熟。我和李师傅非常愿意为大家提供满意的服务，旅途中大家如果有什么需要我们办的事情，请尽管提出来，我们将竭力为大家办好。衷心希望各位领导漳州之行愉快、顺利。

2.各位来宾、各位朋友：

大家好！大家辛苦了！首先让我代表××旅行社、尤其是我们漳州四百多万人民欢迎各位来我们漳州观光游览！我姓周，是××旅行社的导游，大家叫我“周导”好了，我希望能像我的名一样能为大家提供“周到”的服务；这位是我们的司机刘师傅，今明两天就由刘师傅和我为大家提供服务，我们感到非常荣幸！大家在漳州可以把两颗心交给我们，一颗心——“放心”交给刘师傅，他的车技相当娴熟，大家尽可能放心坐他的车；一颗心——“开心”就交给“周导”我好了！一路上大家有什么问题、有什么要求就尽管提出，我们将尽力满足；最后希望大家在漳州能玩得开心！吃得满意！住得舒适！谢谢各位！

3.各位团友：

大家好！首先我代表×××旅行社为大家的到来表示热烈的欢迎，大家来到福建，那么我就要用地道的福建口音“福音”带领大家一同领略“福天，福地，福建游”。我先自我介绍一下，我叫伍晓琴，大家可以叫我晓伍或者是晓琴。虽然没有“晓风扶柳醉摇琴”这么诗情画意，但是我会用我热情而真挚的服务让大家在旅途中感受到温暖，在游览中玩得开心、吃得放心、住得安心。我身边的这位是咱们的司机李师傅，李师傅在福建旅游界是有名的“三好先生”，车技好、人好、服务态度好！我们俩将互相配合，竭诚为大家服务！

四、调整时间

如果导游员是在入境旅游团的入境首站地迎接游客，应当注意中国北京时间与客源国时间之间的时差，提醒游客调整时间。

资料库:北京时间与中国主要客源国时间的时差表

城市名称	与北京的时差	城市名称	与北京的时差
中国北京	−0 小时	新西兰惠灵顿	+4 小时
俄罗斯莫斯科	−5 小时	澳大利亚悉尼	+2 小时
埃及开罗	−6 小时	日本东京	+1 小时
土耳其安卡拉	−6 小时	韩国汉城	+1 小时
南非开普敦	−6 小时	朝鲜平壤	+1 小时
德国法兰克福	−7 小时	中国香港	+0 小时
法国巴黎	−7 小时	中国澳门	+0 小时
意大利罗马	−7 小时	中国台北	+0 小时
瑞士日内瓦	−7 小时	菲律宾马尼拉	+0 小时
英国伦敦	−8 小时	新加坡城	−0.5 小时
巴西里约热内卢	−11 小时	印尼雅加达	−0.5 小时
美国纽约	−13 小时	泰国曼谷	−1 小时
美国洛杉矶	−16 小时	印度新德里	−2.5 小时
美国夏威夷	−18 小时	伊朗德黑兰	−4.5 小时

五、首次沿途导游

从接到游客到抵达下榻饭店或首个游览点,一般需要一定的时间。如果发现游客比较疲劳,导游员在致完欢迎辞后可以安排游客稍作休息。在其他情况下,导游员要利用这段时间进行沿途导游讲解,即提供首次沿途导游服务。游客初来一地感到好奇、新鲜,什么都想问,什么都想知道,地陪应把握时机,选择游客最感兴趣、最急于了解的事物进行介绍,以满足游客的好奇心和求知欲。所以地陪必须做好首次沿途导游,首次沿途导游是显示导游人员知识、导游技能和工作能力的大好机会,精彩成功的首次沿途导游会使游客产生信任感和满足感,从而在他们的心目中树立起导游人员的良好印象。

首次沿途导游的主要内容包括三个方面:风光导游、风情介绍和下榻饭店介绍。

(一)风光导游

由于车辆行驶速度较快,导游员对沿途的风光讲解不可能如同景点讲解那么详细而具体,只能是择其要者进行简洁精炼的介绍。

选择沿途讲解内容要遵循以下三个原则:

(1)客观性:尽量讲解游客能够从车窗外直接见到、听到、感受到的景物。

(2)选择性:尽量讲解具有标志性、突出性、特色性的景物。

(3)灵活性:尽量讲解游客感兴趣、观赏角度较好的景物。

案例·分析

旅游团队从厦门机场抵达漳州旅游，进入漳州境内沿途导游讲解时，应当以哪些景观作为主要风光介绍的内容？

分析提示：

根据客观性原则可以介绍：迎宾路（笔直宽敞的主干道）、人民广场（平整的绿地和陈元光雕塑）、胜利广场（城市公园和绿地）。

根据选择性原则可以介绍：云洞岩（国家AAAA景区，城市公园）、龙文塔、九龙江（福建第二大河）。

根据灵活性原则可介绍：万达、凯德广场（大型购物商场）、女排纪念馆（拼搏精神的代表）、《龙江颂》的原型地等等。

（二）风情介绍

在讲解沿途风光景观的同时，导游员应当将本地的概况、民俗和物产等穿插其中，使游客对本地有一个初步全面的认识。风情介绍不能与风光导游完全割裂开来，应当有机地结合在一起，其要点是：(1)借题发挥；(2)收放自如；(3)做好铺垫。

地陪在介绍风光风情时，讲解的内容要简明扼要，语言节奏要明快、清晰，景物要取舍得当，随机应变，见人说人，见景说景，与游客的观赏同步，如可以谈谈旅游地的饮食习惯、旅游地的气候及旅游地的土特产品等。

总之，沿途导游贵在灵活，地陪应把握时机、反应敏锐。

案例·示范

漳州大酒店的介绍

各位游客，今天我们入住的是漳州大酒店。漳州大酒店是漳州市旅游投资集团旗下的骨干企业。酒店于1991年开业，2007年荣膺四星级旅游涉外酒店，2017年2月重新装修，主打欧式风格，2017年11月新装面客。

漳州大酒店坐落在中国的“田园都市，生态之城”——漳州市的核心区域，毗邻市区胜利公园，交通便捷，设施齐全，作为四星级旅游涉外酒店，是旅游、会议以及商务的绝佳之选。

酒店由十六层主楼和七层附属楼组成，拥有设计精美、格调高雅的中高档客房178间（套）。24小时免费宽带上网，智能化酒店管理系统，为您提供温馨、便捷、安全的服务。

大家进入酒店房间后，请认真检查一下房间中所提供的物品是否齐全，设备是否处于完好状态，如果有什么问题，请及时与我联络，我就在酒店的大堂等候大家。

好，漳州大酒店到了，请大家带好自己的行李物品下车。

（三）介绍下榻饭店

旅游车即将抵达饭店时，导游员要向游客介绍所入住饭店的情况。介绍时，除了基本的名称、星级、规模、位置和交通状况外，还可视时间长短补充关于饭店的设施设备、服务项目、历史地位、服务特色和注意事项等相关信息。

案例·示范

漳州大酒店的介绍

各位游客，今天我们入住的是漳州大酒店。漳州大酒店是漳州片仔癀集团公司投资兴办，漳州地区内外装修最豪华，设备设施最齐全、管理最到位的四星级旅游涉外酒店。

漳州大酒店坐落在全国著名的花果鱼米之乡漳州市区中心繁华地带，毗邻胜利公园，临近长途汽车站，交通十分便利。

酒店由十六层主楼和七层附属楼组成，拥有设计精美、格调高雅的中高档客房178间(套)。24小时免费宽带上网，智能化酒店管理系统，为您提供温馨、便捷、安全的服务。

大家进入酒店房间后，请认真检查一下房间中所提供的物品是否齐全、设备是否处于完好状态，如果有什么问题，请及时与我联络，我就在酒店的大堂等候大家。

好，漳州大酒店到了，请大家带好自己的行李物品下车。

案例·分析

患得患失，导游之大忌

小王每次接团前都会感到焦虑不安，总担心客人会不会挑剔、全陪是不是难相处、司机配不配合等。这天他接到通知去接一个团，把客人带上了车，忘了点清人数就通知司机开车，同车的客人叫道："人还没上齐呢！怎么这样不负责任。"司机也埋怨他，小王感到无地自容。与此同时，气喘吁吁的全陪赶了过来，气愤地说道："你想把我扔了不成！"小王更紧张了，连道歉都说不出来。车子再次启动，本来这时导游员要面向旅游者，微笑地代表所属旅行社向旅游团全体旅游者致欢迎辞(包括自我介绍以及介绍在场的其他工作人员，表示愿意提供诚挚的服务，并预祝旅游者旅游愉快顺利等)，可他在焦急之下哭丧着脸结结巴巴地不知说些什么。接下来本应帮助旅游者调整好时间差，之后便进行沿途导游(其内容包括：本地区的概况、地理位置、气候特征、历史沿革、土特产品、注意事项等)，可他在患得患失和严重怯场的情况下说得颠三倒四一团糟，在抵达景点时，下车前本要告诉旅游者集合时间、地点以及旅游车牌号码和有关事项等，竟又未做详细交代，致使走失1名客人，终致客人投诉并要求换导游。

分析：产生怯场，是很多新工作的导游员常有的心理反应。小王本不该出现这么多失误，皆因怯场和紧张而一错再错。接团怯场怎么办？导游员产生怯场心理一般有五种情况：一是新导游员；二是带团时间不长、经验缺乏者；三是该旅游景点没去过怕出"洋相"；四是觉得旅游者要求高、难伺候；五是由于导游员本身的心理原因等。从以上种种原因来看，其中一个重要原因就是导游员头脑中存在着"患得患失"的思想，而要克服怯场心理，主要还得靠导游员自己。

导游员要想战胜困难、克服怯场心理，首先自己要充满信心，要相信自己是完全可以

带好旅游团的。其次，自己也应重视导游工作的操作程序及规范，事先对接待计划和接待方案要有充分的准备，做到心中有底，对可能出现的服务缺陷也应有个估计，以及如何预防和处理等。最后，导游员为了避免紧张心理，在迎接旅游者之前要尽量放松自己，多活动自己的身体，使由怯场引起的心理紧张程度降低。

任务作业

以自己家乡为旅游接待地，设计一段首站沿途导游词（含自我介绍、旅游地概况介绍及机场或火车站到旅游地酒店行车路线的沿途导游讲解）。

任务二　入店服务

技能实训

实训项目	入店服务
实训要求	能引领游客进入酒店，办好入住手续，并完成相关服务；掌握具体工作细节，掌握特殊要求处理。
实训地点	校园模拟酒店
实训材料	房卡、钥匙，以及配合模拟情景时所需的客人行李
实训内容与步骤	一、实训准备 学生分组扮演旅游团与地陪、全陪、领队、行李员、前厅接待员，制作旅游团队成员名单，分房统计表。 二、实训开始 1.地陪引领旅游团进入饭店 地陪安排游客在沙发休息，引导全陪和领队来到接待台。 2.全陪办理入住手续 （1）积极主动地协助领队办理旅游团的住店手续； （2）请领队分配住房，但全陪要掌握住房分配名单，并与领队互通各自房号以便联系； （3）热情引导游旅游者进入房间； （4）如地陪不住饭店，全陪要负起全责，照顾好旅游团； （5）掌握饭店总服务台的电话号码和与地陪紧急联系的办法。 3.告知联系办法 地陪要掌握领、全陪和团员的房号，若自己住在饭店则将房号与电话号码告知全陪与领队；若不住饭店，则告知联系电话，由全陪负责照顾好旅游团。

续表

实训内容与步骤	4.介绍饭店设施 引导客人进入房间，并介绍饭店内的设施设备及注意事项，并处理进房后的各种问题。 5.宣布当日或次日的活动安排 宣布当日或次日的活动安排应在旅游者进入房间之前，注意讲清集合时间和地点。 6.确定叫早时间 与领队、全部旅游团成员商定第二天的叫早时间，并通知总服务台或楼层服务台或总机。 7.带领客人吃好第一餐 主动引导客人到餐厅用第一餐，向餐厅服务员询问本团的桌次，并安排客人入座。 8.点评 指导老师进行点评，纠正模拟过程中存在的问题，指出入店服务中应注意的事项。 三、实训结束

实训考核

组别：__________ 姓名：__________ 时间：__________

项　　目	应　得　分	实际得分
按规定时间完成工作	20	
操作规范性、正确性	20	
引导的方式	20	
态度（语音语调）	20	
仪容、仪表	20	
合　　计	100	

考核时间：　　年　　月　　日　　　　考评师（签名）：

知识链接

入店服务指导游员带领游客抵达下榻饭店后，为游客办妥相关手续，引导游客进入饭店并解决其间出现的问题的服务过程。能否让游客尽早进入房间并取得行李，是检验导游人员工作能力的一个标志。相关知识点和服务流程如下：

一、协助提供行李员服务

通知饭店行李员接送游客行李。

二、办理住店手续

安顿好游客后，导游员引领领队和全陪前往酒店前台办理住店登记手续。首先，应核对团队订房单，介绍全陪和领队；其次，地陪协助全陪和领队填写登记表并复印三份，接待员交付房卡；再次，地陪请领队和全陪分发房间钥匙或房卡，要注意询问是否寄存贵重物品；最后，地陪介绍饭店主要设施设备，引导游客进入客梯。

三、照顾行李进房

地陪、全陪和领队与行李员核对行李单和行李件数，地陪将复印好的游客房单交给行李员，协助行李员将行李送达每位游客房间。

四、处理有关问题

在入住饭店的过程中，游客可能会遇到一些问题，导游员应及时协助与饭店有关部门联系，予以解决。

五、落实店内用餐

通常旅游团抵达本境后的第一餐都会安排在饭店内，导游员应提前与饭店餐厅联系订妥，并通知领队和全陪用餐时间、地点，请其通知游客。要注意介绍用餐餐厅的位置及到达的方式和行走路线，介绍餐厅特色、餐厅的设施情况及等级。

六、安排叫早服务

如果在旅游团抵达本境的当日没有安排游览活动，导游员在结束当天活动离开饭店之前，应与领队和全陪商定次日的叫早时间及用早餐时间，并请领队和全陪通知游客，导游员通知饭店总台或楼层服务台。

案例 · 分析

地陪导游小方接待某旅游团入住酒店时，游客甲提出客房设施问题，小方了解情况后与接待员联系，请酒店工程部门派员解决，并抚慰游客情绪；游客乙提出调换客房，小方了解情况后与全陪、领队联系，尽量在团队内部解决，实在不行则与接待员联系，协助换房；游客丙提出身体不舒服，小方地陪了解情况后与接待员、全陪和领队联系，请酒店医务人员前来诊治；游客丁提出行李误送，小方了解情况后与行李员联系，找到误送行李，抚慰游客情绪。

分析：

游客入住饭店时的问题可以归纳为三种类型：

第一，饭店房间和服务问题，如空调不制冷、洗手间没有热水、台灯不亮、电视机没有信号、行李未及时送达等，可通知饭店工程部人员前来维修或饭店前台调查解决，如无法维修则立即换房并向游客致歉；

第二，游客不会使用酒店设施，如不会使用密码门钥、不会拨打房间电话、不会操作床头控制柜等，可耐心为游客示范，直至其学会使用为止；

第三，游客有个性化需求，如要求更换其他朝向的房间、要求更换其他号码的房间、要求更换同一房间的住客等，可向领队和全陪通报，请其在团队内部协调解决。

任务三　商定日程

技能实训

实训项目	商定活动日程
实训要求	1.掌握导游集体商定活动日程时各自的职能 2.掌握商定活动日程的程序和方法
实训地点	学校模拟酒店
实训材料	旅行社组团、地接行程单
实训内容与步骤	一、实训准备 1.学生按顺序分别扮演领队、全陪、地陪； 2.熟悉旅游接待计划； 3.设计旅游活动日程变更情景。 二、实训开始 1.掌握商定活动日程中的基本原则 (1)严格按双方旅游合同办事； (2)组团社向客人出售的旅游产品内容一定要保证实现； (3)团内客人强烈要求的非计划内项目可努力争取实现； (4)对超计划或地陪擅自增加的不健康项目应予以拒绝。 2.核对、商定日程 (1)核对旅游团离开的时间； (2)核对游览的景点和娱乐、购物等旅游活动项目安排； (3)核对旅游服务接待的标准； (4)核对团队中特殊要求的落实情况； (5)核对团队离开时的票据落实情况。 3.情景表演，根据不同的情景设计，商讨活动日程安排，要体现导游集体相互协作的原则 (1)提出小的修改意见或增加新的游览项目时： 及时向旅行社有关部门反映，对“合理又可能”满足的项目，应尽力予以安排；需要加收费用的项目，地陪要事先向领队或游客讲明，按有关规定收取费用；对确有困难而无法满足的要求，地陪要详细解释、耐心说服。

续表

实训内容与步骤	(2)提出的要求与原日程不符且又涉及接待规格时： 一般应予婉言拒绝，并说明地接社不便单方面不执行合同；如确有特殊理由，并且由领队提出时，地陪必须请示旅行社有关部门，视情况而定。 (3)领队(或全陪)手中的旅行计划与地陪的接待计划有部分出入时： 要及时报告旅行社，查明原因，分清责任；若是接待方的责任，地陪应实事求是地说明情况，并向领队和全体游客赔礼道歉。 4.案例分析 三、实训结束

实训考核

组别：________　　姓名：________　　时间：________

项　　目	应　得　分	实际得分
核对商定日程	20	
情景设计	20	
可能出现的问题的处理	20	
协调合作各方面关系的能力	20	
实训态度	20	
合　　计	100	

考核时间：　　年　　月　　日　　　　　　考评师(签名)：

知识链接

商定日程是旅游团抵达后的一项重要工作，是两国(地)导游员合作的正式开始。经过协商核对，双方对旅游团在本地的活动安排达成一致，以后就将据此开展后续的导游服务。

一、商定日程的重要性

在旅游团开始旅游活动之前，组团旅行社和接待旅行社已经就旅游团的活动安排达成了协议，并以接待计划表的形式分别下达给所委派的导游员。在旅游团抵达本境后，导游员要与领队、全陪等对照分析各自接到的接待计划表，确保对活动日程的安排没有异议。商定日程的重要性主要体现在：

(1)商定日程体现了导游员对领队、全陪的尊重。

(2)商定日程是导游员实施接待计划的必要准备。

(3)商定日程有利于双方导游员之间的沟通，对未尽事宜达成新的共识。

二、商定活动日程中的基本原则

(1)严格按双方旅游合同办事;

(2)组团社向客人出售的旅游产品内容一定要保证实现;

(3)团内客人强烈要求的非计划内项目可努力争取实现;

(4)对超计划或地陪擅自增加的不健康项目应予以拒绝。

三、核对日程

在旅游团抵达后,地陪应抓紧时间尽早进行核对、商定日程的工作,这是与领队、全陪合作的开始,并使本团游客心中有数。如果团队抵达后是直接去游览点的,核对商定团队行程的时间、地点一般可选择在机场或行车途中;如果团队是先前往饭店的,一般可选择在饭店入住手续安排好后的一个时间,地点宜在公共场所,如饭店大厅等。

核对日程的内容一般包括:

(1)各自手中的团队计划有无出入;

(2)每天日程安排的具体内容;

(3)特殊活动的安排情况;

(4)向领队征求对地接社安排的详细日程的意见;

(5)离开本地时的交通工具、班次及时间;

(6)领队、全陪有无新的要求;

(7)征求领队对自费项目的安排意见。

资料库:商定日程的重要性

地陪在接受旅行社下达的接待任务时,旅行社的计调部门已将该团的参观游览内容明确规定在旅游协议书上,并已安排好该团的活动日程,其中包括:每天上、下午安排去哪个参观游览的景点,午、晚餐安排在哪家餐厅用餐,晚间活动的内容等。即便如此,地陪也必须与领队、全陪进行核对、商定日程的工作(若无领队和全陪,地陪应与全体游客进行这项工作)。地陪必须认识到,游客提前支付了一笔费用参加旅游团,也就是购买了旅行社产品,作为消费者有权审查产品是否合格。日程安排是旅行社产品的一个重要部分,因此他们有权审核该团的活动计划和具体安排,也有权提出修改意见。导游人员与游客商定日程,既是对游客的尊重,也是一种礼遇。领队希望得到他国导游人员的尊重和协助,商定日程并宣布活动日程是领队的职权。某些专业旅游团除参观游览活动外,还有其他特定的任务(如参观工厂、学校、幼儿园、居委会等),因此商定日程显得更为重要。

四、修改日程

在核对日程时,如果发现与计划不一致的情况时,要依据"合理而可能"的原则分别作出处理。

(一)不涉及接待标准变化的修改意见或新要求

对这类情况的处理:

(1)不需要增加费用且对原活动日程不产生太大影响时,可表示同意;

(2)需要增加费用时,必须先说明,按规定收取费用;

(3)影响原活动日程或满足有难度时,要婉拒并耐心解释。

(二)日程和接待标准变化的要求

对这类情况的处理:

(1)耐心解释,说明情况,指出其可能带来的不良后果;

(2)婉言拒绝,并说明导游员不便单方面不执行合同;

(3)如有特殊理由,导游员要向接待旅行社请示。

(三)双方导游员的接待计划不吻合

对这类情况的处理:

(1)报告接待旅行社,查明原因,分清责任;

(2)如是接待旅行社的责任,应实事求是地说明情况,赔礼道歉,执行正确的接待计划;

(3)如是组团旅行社的责任,应报告接待旅行社,在双方都能够接受的基础上商定调整日程。

(四)个别旅游者提出变更计划要求

对这类情况的处理:

(1)问明情况;

(2)强调原则上一般应按合同进行,并解释变更计划的困难(如时间问题、费用问题、安全问题、与购物的冲突等);

(3)请全陪和领队出面协调;

(4)提出折中方案;

(5)如确有大的变更要求,应上报旅行社,并与全陪协商后同意其更改行程;

(6)做好其他客人的思想工作,确保不影响整个团队的计划。

案例·分析

小张担任一东南亚旅游团的地陪。旅游团到了饭店后,小张就和领队商谈日程安排。在商谈过程中,小张发现领队手中计划表上的游览点与自己接待任务书上所确定的游览景点不一致,领队的计划表上多了两个景点,且坚持要按他手上的景点来安排行程。为了让领队和游客没有意见,小张答应了。在游览结束后,领队和游客较满意。但小张回旅行社报账时却被经理狠狠批评了一顿,并责令他赔偿这两个景点的门票费用。

分析:

旅行社所下达任务单上游览景点与游客手中计划书上景点不符,这种情况的出现,基本上有两种原因:一为双方在洽谈过程中发生误会;二乃对方旅行社为掩盖其扣游客费用而采取“瞒天过海”的一种手段。导游员碰到这类问题时,必须弄清真相,不然,或者会给旅行社带来损失,或者会导致游客有意见。本案例中,导游员小张就是因自作主张随意答应了游客的要求,结果导致旅行社利益受损,吃力不讨好。

导游员碰到这类问题,处理的步骤是:首先,及时与旅行社联系,请旅行社负责人指示应按哪份计划实施接待;如确认按我方旅行社计划单上所规定景点游览,则除了重点游览、讲解规定景点外，应尽量能让游客看到没有安排的那些个景点，并做必要的指点、讲解；其次，如果游客愿意自费游览不能安排的景点，在收取费用后，应予满足。

四、调整日程

由于各方面不可抗拒因素或不可预料因素的影响，有时导游员在核定日程时不得不对原定计划进行调整，处理这种情况时同样要遵照“合理而可能”的原则来处理。

(1)天气变化：导游员应耐心向游客解释，调整原活动日程。

(2)道路变化：导游员应密切关注交通方面的信息，提前更改行车路线；如实在无法调整，应耐心向游客解释，调整原活动日程。

(3)节庆活动：导游员应密切关注本地新闻，如该节庆活动对游客有吸引力且不存在安全隐患，可征求游客和接待旅行社意见后组织游客参与；如该节庆活动吸引力不强或存在安全隐患，应及时向接待旅行社、领队和全陪通报并调整原活动日程。

(4)交通工具变化：若原定的交通工具因某些原因无法使用，导游员应及时安排游客改换其他交通方式离开本地；如不能如期离开，应通报接待旅行社票务人员预订下班交通票证，并妥善安排好滞留期间的食宿和游览事宜。因此产生的费用应向游客说明，由旅行社之间协商解决或请游客补交费用。

(5)接待单位问题：导游员应向游客说明情况，调整原活动日程。

(6)下一目的地问题：导游员应及时向接待旅行社、领队和全陪通报，延长在本地的活动日程，改订其他交通班次。

(7)游客意见：分析游客所提出的意见，属于责任事故的应及时致歉，造成损失要请示旅行社予以补偿；如属于非责任事故应耐心解释，合理疏导游客情绪；如有必要应调整原活动日程。

旅游团开始参观游览之前，地陪应与领队、全陪商定本地日程安排，并及时通知到每一位游客。

案例·分析

计划有变，难倒地陪

案例 1

案情：导游接团中，最怕的是地陪、全陪、领队各自手中的计划有出入，大家各执一词。作为地陪，根据行程计划，各方面都已提前预订，要改动是很困难的。小李带团中就遇到一次。那次小李接待一个南昌、九江、庐山和景德镇五晚六天团，按小李手中的计划安排是第一天，南昌接团，赴九江，游周瑜点将台、浔阳楼、九江长江大桥，宿九江，次日赴庐山。可全陪和领队手中的行程却是：第一天南昌接团后赴庐山，游庐山部分景点并住宿庐山，以后的行程与地陪的行程也有不少出入，这下可急坏了小李，只得停下来打电话回社里核对，问题出在计调的失误，只得让小李请求领队全陪和旅游者谅解还是先游九江，之后的行程尽量调整，总之保证所有的景点都游到等。经小李花了不少工夫总算才取得对方同意，继续行程。

分析：临时改变行程，主要原因是各旅行社之间在接待计划上出现问题。责任虽然不

在导游员身上，但面对旅游者，导游工作不能“冷场”，而应采取积极的态度去解决这一矛盾。发生上述情况时，导游员(特别是地陪)要尽快向自己所属的旅行社汇报，并取得下一步的执行计划。若是地接社的责任，地陪则应代表旅行社向全陪、领队说明情况和赔礼道歉。若地陪一时无法得到旅行社明确指示，旅游者准备出游时，那地陪可采用寻找“共同点”的做法，即按地陪、全陪、领队各自手中的计划都有的景点或相同的内容进行游览，等到旅行社有了明确的指示后再执行其他方面的活动内容和旅游者享受的标准。但从目前的情况来看，导游员基本上采取尊重组团社的意见，同时向旅行社汇报的做法。

还有，导游员在核对和商定日程时，应采取积极配合、相互尊重的合作态度，以免出现僵持的局面。

案例 2

案情：天有不测风云，谁也没料到，旅游团才到九寨沟，天上就下起了鹅毛大雪，银装素裹的九寨沟更美了，旅游者们都很兴奋。可是，等到该返回的时候，他们被告知大雪封山，可能要一两天后才能通车，且还要视天气而定，旅游者们全都怔住了，愉快的心情立即被焦急不安所代替，导游和大家都在想，下面的行程怎么办？返程的机票怎么办？还有回去后耽搁的事情怎么办？

分析：旅游团队因遇大风、下雪或雾天等不可抗力因素，不得不延长在一地的停留时间。此时，旅游者会产生焦虑和不耐烦等心理状态，作为导游员应更加努力地为旅游者服务，并做好在延长期内的各项工作。时间延长，虽然责任不在导游员，但是，作为旅游团队的领队、全陪和地陪都应以最快的速度向自己所属的旅行社汇报，说明原因，做好退房、退餐和退车等手续，提醒旅行社有关接待部门，以便通知下一步及早变更旅游接待计划，提前做好各项准备工作。在此期间，导游员还要安抚好客人，特别是地陪要尽“主人”的职责把善后工作做好。除了要继续保持与地接社的联系外，还要按照旅行社的指示和要求去做，重新落实新的旅游接待计划，比如住房、用餐和车辆安排等。

值得一提的是：如果是旅行社在接待中的失误，那么，导游员就须加倍努力，全力弥补，若计划有困难，就适当调整活动时间，做到不再出错。另外，要重新安排好在延长停留期内的参观游览活动，适当延长在旅游景点中的时间以及增加新的旅游景点和娱乐项目，尽量使旅游者玩得高兴，让他们忘掉那些不愉快的事情。这样做或许会把旅游者的不满降到最低程度。

案例・分析

旅游产品的生产与销售应相符

案例：西安某旅行社在国庆节期间组团前往宁夏沙湖，这个团为标准团。事先其领队曾对游客讲过旅游地的地陪人员紧张，旅游服务水平还不高，请大家有所准备。该团到达宁夏后，行程安排得比较紧，地陪在没有跟大家商量，也没有和领队、全陪核对的情况下，便向大家宣布行程，致使其中一个旅游项目没有宣布，引起游客不满。当晚又在没有了解准确到站时间及换车车次的情况下，就向游客宣布，游客提出质疑，且对到站时间及提前离开表示极为不满，当晚便与地陪发生争执。经全陪调查，原定列车已被取消，这次列车准确到站时间改为早 6:50(原以为凌晨 4 点)。尽管如此，因为地陪的表现及在与游客争执中语言欠妥，致使游客返回后对此地陪提出投诉。

分析：

1.第一，地陪没有按导游工作程序进行，车、票及景点应先与全陪、领队核实后再向游客宣布；第二，没有做好本职工作，例如车票具体时间及车次变化等情况，应在调查询问清楚后再告诉领队和全陪，由他们向游客说明情况；第三，导游人员不应与游客当面争执，更不能出言不逊伤害游客。

2.旅游日程安排好坏、合理与否，直接关系到整个旅行社产品的质量，换言之，当旅行社推出自己所设计的旅游线路，加上合理的日程安排，旅游者认为此线路具有吸引力，才有参加此行之意。在旅游线路日程安排上应注意劳逸结合，尽量避免重复经过同一旅游点，点面距离适中，择点适量，旅游点顺序合理、特色各异。

3.旅游产品的生产是需众多的相关部门相互协调配合完成的，其中旅游目的地的地接社的选择正确与否，是保证产品生产与销售质量一致性的根本保证，地接社必须遵守合同，讲究信誉，这样才能保证旅行社的利益和游客的利益不受侵害。地接社的声誉决定旅游者对他的信任程度，从而直接影响组团社的销售能力，而地接社的偿付能力又是双方合作的经济保障。

任务作业

在游览漳州南靖土楼世界文化遗产时，旅游团有三位客人提出要到华安大地土楼风景区游览，地陪导游员小崔向他们做了解释，但这三位客人一再坚持要求变更旅游，导游员小崔面对个别旅游者提出的要求该如何处理？

任务四　导游参观游览及沿途导游服务

技能实训

实训项目一　出发前准备工作

实训项目	出发前准备工作
实训要求	1.掌握出发前准备工作的内容和要求 2.掌握出发前准备工作的规程
实训地点	旅游车或模拟导游实训室
实训材料	导游旗、话筒、扬声器、导游证等

续表

<table>
<tr><td>实训内容与步骤</td><td>一、实训准备
学生分组扮演司机、地陪和游客。
二、实训开始
1.准备导游旗、话筒、导游证及必要的票证。
2.与司机交流，督促司机做好各项准备工作。
3.核实餐饮服务落实情况。
4.出发前迎候游客：
地陪须提前10分钟到达集合地点迎候客人：
(1)以负责的工作态度给游客留下良好的印象；
(2)地陪利用这段时间听取游客意见和建议；
(3)以充足的时间提前检查、做好各项准备工作。
5.核实、清点实到人数：
(1)发现有游客未到，地陪应向领队或其他旅游者问明原因，设法及时找到；
(2)旅游者愿意留在饭店，不愿随团活动，地陪要问清情况并妥善安排，必要时报告饭店有关部门。
6.提醒注意事项：
地陪在早餐时向旅游者预报当天天气和游览点的地形、社区环境、行走路线的长短等情况，提醒游客带好衣服雨具、遮阳帽等，提醒集合时间、地点。
7.集合登车：
旅游者陆续到达后，清点实到人数并请旅游者及时上车。地陪站在车门一侧，招呼大家上车，扶助老弱者登车，开车前要再次清点确认人数。
三、实训结束</td></tr>
</table>

实训项目二　途中导游

<table>
<tr><td>实训项目</td><td>沿途导游</td></tr>
<tr><td>实训要求</td><td>能撰写沿途导游词并做沿途导游</td></tr>
<tr><td>实训地点</td><td>模拟现场</td></tr>
<tr><td>实训内容与步骤</td><td>一、实训准备
学生分两组顺序扮演游客和导游：
1.掌握旅游团队的具体游览行程和行车路线；
2.熟悉所走路线可能见到的景观；
3.准备几个沿途讲解的话题；
4.设计好沿途可能出现的问题。
二、实训开始
1.重申当天的行程安排，包括下午、晚餐的时间和地点，向旅游者报告到达游览参观途中所需的时间，通报天气情况，视情况介绍当日国内外重要新闻；
2.开始讲解准备好的话题；
3.根据所路过的景观进行介绍；
4.途中遇到的问题的处理；</td></tr>
</table>

续表

实训内容与步骤	5.对将要游览的景点景区做概括性介绍； 6.参观前及下车前的提醒工作。 三、实训结束

实训考核三　返程服务

实训项目	返程服务
实训要求	掌握返程服务工作的内容和规程
实训地点	模拟导游实训室
实训内容与步骤	一、实训准备 1.学生分组扮演游客和导游； 2.设计返程途中场景； 3.准备好返程沿途导游词。 二、实训开始 1.集合登车：导游及时组织旅游者上车，清点人数，提醒游客检查随身携带的物品。 2.沿途风光导游：导游应适当讲解沿途风光，要简洁精练、主题突出。 3.回顾当天活动：简要回顾当天参观、游览的内容，可补充讲解当天游览的内容。 4.回答游客的问题。 5.宣布次日活动日程：下车前地陪预报晚间和次日的活动安排、出发时间、集合地点等。 6.下车：导游在车内提醒旅游者带好随身物品，然后先下车，在车门一侧照顾旅游者下车。 三、实训结束

实训考核

实训考核一　出发前准备工作

组别：＿＿＿＿＿＿　姓名：＿＿＿＿＿＿　时间：＿＿＿＿＿＿

项　　目	应　得　分	实际得分
提前到达酒店	20	
迎候旅游者并打招呼	20	
带领集体登车	20	
处理可能出现的问题	20	
提醒注意事项和清点人数	20	
合　　计	100	

考核时间：　　　年　　月　　日　　　　　　考评师(签名)：

实训考核二　途中导游

组别：＿＿＿＿＿　姓名：＿＿＿＿＿　时间：＿＿＿＿＿

项　　目	应　得　分	实际得分
开车前的清点人数工作	10	
重申行程安排工作	10	
沿途风光导游	20	
准备的话题	20	
遇到问题的处理	20	
抵达景点前的提醒工作	10	
实训态度	10	
合　　计	100	

考核时间：　年　　月　　日　　　　考评师(签名)：

实训考核三　返程服务

组别：＿＿＿＿＿　姓名：＿＿＿＿＿　时间：＿＿＿＿＿

项　　目	应　得　分	实际得分
场景设计	20	
集合登车工作	20	
沿途风光导游工作	20	
回顾总结工作	20	
下车提醒工作	20	
合　　计	100	

考核时间：　　　年　　月　　日　　　　考评师(签名)：

知识链接

参观游览活动是旅游产品消费的主要内容，是游客期望的旅游活动的核心部分，也是导游服务工作的中心环节。因此，地陪在带团参观游览前应认真准备、精心安排，在参观游览过程中应热情服务、生动讲解。

地陪在参观游览服务中应做的工作有以下几个方面：

一、出发前的服务

(1)准备好小旗、导游证和必要的票证。

(2)督促司机做好各项准备工作。

(3)核实团队用餐情况。

(4)出发前，地陪应至少提前10分钟到达集合地点。

(5)核实实到人数。若发现有游客未到，地陪应向全陪、领队或其他游客问明原因，并设法及时找到；若有的游客愿意留在饭店或不随团活动，地陪要问清情况并妥善安排，必要时报告饭店有关部门。

(6)提醒注意事项。出发前，地陪应向游客预报当日的天气、游览景点的地形特点、行走路线的长短等情况，必要时提醒游客带好衣服、雨具、换上舒适方便的鞋。这些看起来是小事，但会使游客感到地陪服务很周到细致，也可以减少或避免游客生病、扭伤、摔伤等问题的发生。

(7)准时集合登车。早餐时向游客问候，提醒集合时间和地点；游客陆续到达后，清点实到人数并请游客及时上车，地陪应站在车门一侧，一面招呼大家上车，一面扶助老弱者登车；开车前，要再次清点人数。

二、途中导游

(1)重申当日活动安排。开车后，地陪要向游客重申当日活动安排，包括午、晚餐的时间地点，向游客报告到达游览点途中所需时间，视情况介绍当日国内外重要新闻。

(2)风光导游。在前往景点的途中，地陪应向游客介绍本地的风土人情、自然景观，回答游客提出的问题。

(3)介绍游览景点。抵达景点前，地陪应向游客介绍该景点的概况，尤其是景点的历史价值和特色。讲解要简明扼要，目的是为了满足游客事先想了解有关知识的心理，激起其游览景点的欲望，也可节省到目的地后的讲解时间。

(4)活跃气氛。如旅途长，可以讨论一些游客感兴趣的国内外问题，或做主持人组织适当的娱乐活动等来活跃气氛。

案例·分析

案情：又是8月旅游旺季，各景点游人如织、人山人海。导游员小陈心里充满了紧张和不安。在这种特殊的环境中要带好旅游团确实不容易。为了确保旅游团“走得进、拉得出”、不掉队、不埋怨、不误机，他可谓用心良苦，他先是想方设法避开景点人流高峰时间，但行程十分吃紧不容他这么做，他只好集中精力防止旅游者走散，采取把景点介绍、应该注意的问题、必要的措施等向旅游者交代清楚，总算没出什么问题。

分析：导游员要采取超常规做法才能完成带团任务。导游员小陈不愧是很有经验的。一般来说，导游员最好设法避开景点人流高峰时间。若实在无法避开，在旅游景点游人如织、人山人海的情况下，导游员要把讲解好景点和防止旅游者走散作为工作的重点。

在抵达旅游景点的途中，导游员首先要把景点介绍、应该注意的问题、必要的措施，特别是紧急应变的方法等向旅游者交代清楚。同时，还强调遵守时间和领会注意事项，确实做到“人人清楚，个个明白”。在旅游车上介绍景点时，最好采用详细述说法，此举目的是弥补在景点讲解时的不足。

其次，旅游车到达景点后，导游员要再次向旅游者交代清楚停车地点、车牌号、车型、集合时间以及下一个游览景点的名称，同时也要和旅游者对好钟表时间。若旅游者有统一的胸卡或旅游帽等，导游员要提醒他们戴好，并告诉他们保管好自己的随身物品等。

三、返程中的工作

从景点、参观点返回饭店的途中，地陪可视具体情况做以下工作：

(1)回顾当天活动。回顾当天参观、游览的内容，回答游客的提问，如在参观游览中有漏讲的内容可作补充讲解。

(2)风光导游。如不从原路返回饭店，地陪应该对沿途风光进行导游讲解。

(3)宣布次日活动日程。返回饭店下车前，地陪要预报晚上或次日的活动日程、出发时间、集合地点等。提醒游客带好随身物品。地陪要先下车，照顾游客下车，再向他们告别。

(4)提醒注意事项。如当天回到饭店较早或晚上无集体活动安排，地陪应考虑到游客会外出自由活动，所以要在下车前提醒游客注意：如要外出，最好要结伴同行，带上饭店的地址和电话号码，尽量乘出租车前往。

(5)安排叫早服务。如该团需要叫早服务，地陪应在结束当天活动、离开饭店之前安排。

四、导游结算单据范例

________旅行社

借款单

借款人：	部门	
借款事由：		
借款金额(大写)　　币：　仟　佰　拾　元　角　分￥：____		

审批：　　　　　　　　　　　　借款人盖章

________旅行社

领款凭证

兹向出纳领取____________________(款项内容)
人民币　　万　仟　佰　拾　元　角　分　￥：____
审批：______　经办：______　领款人：______(盖章)

任务作业

撰写你所在地区两个旅游点之间的沿途风光导游词。

任务五　旅游沿途活动设计

技能实训

实训项目	旅游沿途活动设计与组织
实训要求	让学生掌握在旅游沿途如何活跃车厢气氛，掌握3～5个在旅游车上做的游戏，学唱3～5首歌曲，特别是地方特色的歌曲。
实训地点	旅游车或模拟导游实训室
实训材料	歌曲、绕口令等光盘材料
实训内容与步骤	一、实训准备 学生分组安排各自扮演的角色。 二、实训开始 1.学生按小组介绍旅行途中活动的类型和方法； 2.分组依次按角色表演，并轮流练习； 3.学唱几首歌曲，学做旅游车上游戏； 4.评选最佳活动组织者，并评价其特色。 三、实训结束

实训考核

组别：＿＿＿＿＿＿　姓名：＿＿＿＿＿＿　时间：＿＿＿＿＿＿

项　　目	应　得　分	实际得分
迎接客人	25	
活动前的准备工作	25	
活动类型及活跃程度	25	
实训态度（语音语调）	25	
合　　计	100	

考核时间：　　　年　　月　　日　　　　　考评师（签名）：

知识链接

为了让游客保持良好的精神状态，保持旅途愉快顺利，导游应经常提醒游客注意休息，保持较好的体力。另外，还可以适当开展一些车厢活动，通过活动，分散游客的注意力，减少游客长途乘车的心理疲劳。

一、旅游途中组织开展活动应注意的问题

(1)尊重游客，勿拿游客的身体缺陷开玩笑；

(2)尊重客人所在地的民俗习惯、民族宗教习惯，所进行的活动不能触及其民族民俗宗教习惯；

(3)拒绝黄色笑话，杜绝黄色幽默和黑色幽默；

(4)选择有健康意义的活动内容；

(5)注意引导游客活动时行为举止的文明。

二、旅游沿途活动设计和组织范例

车厢活动一般以口头表达、文字语言游戏为主。

(1)讲故事。故事内容可以是有关游览城市的历史典故、名人轶事、民间传说等。

案例·示范

1. 漳州水仙花的传说

水仙花清幽淡雅，具有一种超凡脱俗的气质，于是人们赋予了它一个凄美动人的故事，这既反映出人们对水仙的喜爱，把它比喻成天上的仙女，也反映出一切美好的事物都是在同恶的事物的斗争中产生的。真善美永远能够战胜假丑恶，这也充分体现出了人们的美好愿望。关于水仙花的故事还有一种传说。

漳州的南乡有一个仙湖，湖边住着兄妹两人，哥哥叫金盏，妹妹叫百叶。兄妹俩勤勤恳恳地耕种着湖边父母留下的几亩田地。他们在湖边栽种了柑橘、文旦、丹荔、龙眼、枇杷等果树，一年四季花香果甜，五谷丰登。凭借这仙湖，旱涝都不怕。这一带村里的人家，也都靠仙湖的水来灌溉，上下南乡万亩良田，成了漳郡的花果乡、米粮川。人民安居乐业，过着幸福的生活。

有一天，忽然天崩地裂般地一声巨响，不知从哪儿飞来一座圆山，严严实实地压在仙湖上面。仙湖被圆山压没了，从此，水源断绝了，年年闹干旱。土地龟裂了，果树枯死了，庄稼颗粒无收，人们只好靠吃草根、啃树皮活命。

有一天晚上，金盏和百叶同时梦见一位银白须髯，身穿宽大黄袍的老人，站在月光底下，和蔼地对他们说："仙湖何处寻？西去九九峰。劈开白鹤岭，引来龙潭水。"说罢，变成一只丹顶白鹤，长唳一声，冲天飞去。两人醒来后，都说出梦中老人的启示。金盏说："我想，这是仙人来指点我们。我要去劈开白鹤岭，引来龙潭水。"百叶说："哥哥，我也去！我

们一起去把龙潭水引回来，让乡亲们都过好日子。”金盏劝了很久，百叶才答应留下来看家。临走时，金盏就拉着妹妹的手叮咛道：“妹妹呀，你记住，明年的今天，我要是没把水引来。你就要踏着我的脚印，来白鹤岭接替我劈山引水。”

自从金盏走后，百叶天天登上圆山顶眺望。不知过了多少天，金盏哥哥还是没有半点消息。等到约定的这一天，她拭干眼泪，告别乡亲，决心去找金盏。

于是，百叶日夜不停不歇地向前走去。终于来到白鹤岭下。白鹤岭高通天门，白云绕山腰，猿猴也爬不到顶。百叶心想：“金盏哥哥能登上，我也要登上。为了乡亲们，粉身碎骨也心甘。”百叶抓住悬藤，贴着峭壁，奋不顾身地攀登，终于攀上了白鹤栖息的洞口。百叶兴奋地跑进隧洞，朦胧中看见金盏哥哥高大的身躯，挺直地站在石壁前面，一手抡锤，一手持凿，好像正在凿壁。百叶伤心地哭了很久很久，想起南乡的苦旱，想到乡亲们日夜盼水的苦情，想起哥哥临走的嘱咐，她强忍悲痛，擦干了泪水，接过哥哥手中攥着的锤子和凿子，就开起山来。百叶拼命地凿呀，凿呀，气力一天天地消耗殆尽，她的身体也一天天瘦弱难支，可她还是毫不气馁地凿呀、凿呀。终于，有一天，她使尽了最后的气力，昏倒在地上。不知过了多久，她才慢慢甦醒过来。忽然，她清晰地听见石壁那边有淙淙的流水声，便兴奋地挣扎着站起来，把耳朵贴近石壁听：“啊，水！”她惊喜地叫起来：“龙潭水，就在隔壁！”她使出全身气力，连人带锤猛地向石壁砸去。只听得“轰隆隆”一声惊天动地的巨响，泉水冲出石壁，哗啦啦地涌进隧洞，紧接着一声天崩地裂的巨响，白鹤岭被激流冲成两半，湍急的洪流托起金盏、百叶的身体，顺着瀑布，冲下万丈悬崖，直向山下奔流而去。

奔腾的泉水，流经九十九道弯，流到了南乡圆山下，使干裂的土地又长出了绿油油的庄稼，枯黄的果树又结满了香甜的果子，逃荒的乡亲们欢天喜地地返回家园，却不见金盏和百叶兄妹俩。

圆山脚下变了样，忽然开满了美妙而神奇的香花。一种单瓣的花，像六棱的白玉盘，托着一盏金黄色的酒杯，这不就是金盏吗？还有一种重瓣的，好像姑娘那染织的裙子，浅黄淡白，这不是百叶吗？这兄妹俩，为造福乡亲，舍身引来龙潭水，死后变成鲜花美化家园。南乡村民就称这花为“水仙花”。从此，金盏和百叶兄妹那感人肺腑的传说，就在人们中世代传颂。

2. 黄鹤楼的传说

传说古时一位辛姓老板，在山里开了家小酒馆。某天，一个道士前来喝酒，临去要结账时，辛老板执意不收钱。道士过意不去，便用橘皮在墙上画了一只鹤，然后告诉他，如有客人来，只要朝鹤拍几下手，鹤就会从墙上下来舞蹈。辛老板依言为之，果然吸引大批酒客，每天都生意兴隆。十年后，那道士又来到小酒馆，朝鹤吹奏铁笛。鹤闻乐声，从墙上跃下，伴随节拍舞蹈，末了道士即跨上鹤背，乘鹤离去。辛老板为了纪念这段奇遇，便在江畔建楼，并取名“黄鹤楼”。

(2)讲民风民俗、宗教知识。提醒游客尊重民族习惯，增加游客的兴趣。

(3)讲趣闻。一方面吸引游客的注意力，另一方面可以增长知识。

(4)讲笑话。活跃车厢气氛，大家轻松愉快。

例1：语文课上，老师讲完“缘木求鱼”这个成语后，请同学再想一个意思相近的成语。小明答：“杀鸡取卵。”老师纠正：“错了，缘木求鱼指的是方向、方法不对而达不到目的。”小明坦然答道：“老师，我杀的是公鸡！”

例 2:经典故事赏析

一天,唐伯虎对门人家做寿,该家子女为抬高自家声誉特派人硬是把唐伯虎拉去助兴。唐伯虎内心十分不悦,但想借赴宴机会戏弄他们一番。果然不出所料,宴间众多亲朋好友请唐伯虎书写对联助兴。唐伯虎二话没说提笔就写:“这个婆娘不是人。”家人见状个个怒发冲冠,正想发作,唐伯虎不慌不忙地写下第二句:“九天仙女下凡尘。”刚收笔,众人发出一阵赞叹声,几个小辈还带头鼓起掌来,唐伯虎望着这热烈的场面,又给他们当头一棒,提笔写下第三句:“儿孙个个都是贼。”霎时间周围气氛变得紧张起来,儿孙们个个摩拳擦掌准备动手,只见唐伯虎写字如飞,第四句一气呵成:“偷得蟠桃献双亲。”众人见了眉开眼笑拍手称好。唐伯虎利用手中一支笔使得众人忽冷忽热、忽怒忽喜,既为百姓出了一口恶气,又着实将他们戏弄了一番,称得上是名副其实的明朝江南才子。

在某种意义上说,导游员就是故事员,导游员故事讲得好与坏直接影响整个带团效果。故事,导游员个个会讲,但效果并不是个个都好,要讲好故事首先要看对象,如果不了解旅游者的文化水平和兴趣爱好,那么再好再生动的故事也只能是“对牛弹琴”,也有可能旅游者听后一笑了之或者似懂非懂,“丈二和尚摸不着头脑”。这样不仅达不到预期效果,反而给旅游者带来理解上的困难。

(5)猜谜语、歇后语、脑筋急转弯。提高大家的兴趣,也可自娱自乐。

资料库:中外地名谜语(见表 3-1)

表 3-1 中外地名谜语示例一览表

谜　语	谜底	谜　语	谜底	谜　语	谜底
一路平安	旅顺	夸夸其谈	海口	逆水行舟(福建地名)	上杭
风平浪静	宁波	千里戈壁	长沙	春笋(台湾地名)	新竹
日近黄昏	洛阳	带枪的人	武汉	平安之地(江苏地名)	泰州
八月飘香香满园	桂林	船出长江口	上海	日照清流涌(山西地名)	阳泉
努力炼钢	大冶	银河渡口	天津	终年积雪(吉林地名)	长白
拆信	开封	久雨初晴	贵阳	桃李梅(北京地名)	三棵树
大家都笑你	齐齐哈尔	两个胖子	合肥	鸡蛋心(河南地名)	内黄
珍珠港	蚌埠	双喜临门	重庆	分明在湖上(台湾地名)	日月潭
东西北三面堵塞	南通	春水碧如蓝	青海	请走正门(山西地名)	偏关
海中绿洲	青岛	江淮河汉	四川	一江春水向东流(云南地名)	通海
金银铜铁	无锡	黄河解冻	江苏	初次见面(广东地名)	新会
空中码头	连云港	东南北	西藏	水陆要塞(河北地名)	山海关
泰山之南	岳阳	宝树丛丛	吉林	航空信(江苏地名)	高邮

续表

谜 语	谜底	谜 语	谜底	谜 语	谜底
见脸不见发	包头	白日依山尽	沈阳	此(青海地名)	柴达木
持久和平	长安	东西南北无战争(东北地名)	四平	结束战争(广东地名)	和平
鹰击长空	高雄	太平洋(浙江地名)	宁海	两条河(云南地名)	双江
谈天的都市	聊城	君子之交(台湾地名)	淡水	终年无浊水(山东地名)	长清
基本一样	大同	停火(贵州地名)	息烽	长生不老(黑龙江地名)	延寿
掩耳盗铃	蒙自	骆驼背(湖南地名)	双峰	捷报传来(山西地名)	闻喜
日月星	三明	我做(江西地名)	余干	飞流直下三千尺(河北地名)	陡河
客人(广西地名)	来宾	豁然开朗(湖北地名)	大悟	增添收入(国家名)	加纳
垦荒(辽宁地名)	开原	向往光明(黑龙江地名)	爱辉	举头望明月(首都名)	仰光
虚度年华(安徽地名)	无为	全面整顿(云南地名)	大理	故宫(亚洲国家地名)	名古屋
从此太平无事(石狮地名)	永宁	突飞猛进(云南地名)	腾冲	只有男子的城市(亚洲国家地名)	汉城
灰尘吹来(国家名)	埃及	中秋月(广东地名)	高明	天明再会(国家名)	约旦
好汉(国家名)	瑞士	得奖(河南地名)	获嘉	今天(国家名)	日本
乱开支(亚洲国家地名)	孟买	喜事在即(福建地名)	将乐	初见成效(国家名)	刚果
赛跑至终点(亚洲国家地名)	冲绳	祖先种过的地(福建地名)	古田	左右皆是(国家名)	中非
四夕(非洲地名)	开罗	四季如春(泉州地名)	永春	悬崖勒马(国家名)	危地马拉
希望你参加劳动(欧洲地名)	巴尔干	加水便可盖图章(国家名)	印尼	昔日的四川(国家名)	古巴
爱看斗牛(非洲地名)	好望角	争分夺秒(国家名)	比利时	到了关口(首都名)	达卡
天宫(亚洲国家地名)	神户	相(亚洲国家地名)	箱根	搜罗良驹(欧洲地名)	罗马

(6)学绕口令,宣传地方方言,说好普通话。

例如:“走一步,扭一扭,见到一棵柳树搂一搂”,“走两步,扭两扭,见到两棵柳树搂两搂”……,以此类推,如果客人多的话,到十六步时返回从一开始。

要求是客人必须用普通话讲,前面一个人说完,后面的人要紧跟着讲,并且不允许停顿,导游也要参加,谁说不下来,就要表演一个节目!

这个游戏看客人的表现,导游一定要在气氛比较活跃的时候做,效果才会好,比如讲完一个笑话之后。

(7)戏曲、歌曲卡拉 OK,可调动游客的积极性,缓解疲劳。

学唱闽南歌曲《天黑黑》：

天黑黑要落雨，阿公仔举锄头要掘芋。掘呀掘、掘仔掘，掘着一尾旋留鼓，依呀夏都真正趣味。阿公要煮咸，阿嬷要煮淡，二个相打弄破鼎，依呀夏都隆冬罄东枪，娃哈哈，娃哈哈。

(8)文字接龙

由导游说个词语，然后接该词的最后一个字的读音讲第二个词语，一直说到回到原来这个词语为止。例如：漳州—周到—到处—处暑—暑期—奇怪—拐杖—漳州。开始游戏前要约定好，不得等候思考，否则罚表演节目。

任务作业

根据自身特点，学习并排练一个能活跃旅途气氛的小节目。

学习情境四

景观讲解服务

学习目标

1.理解导游讲解需要的自然景观与人文景观的常识

2.掌握自然景观和人文景观的讲解基本要领

3.能灵活运用不同的讲解方法,进行自然与人文综合景点的导游讲解

4.能模拟地陪、景区景点讲解员身份,为游客提供生动、形象、富有个性的综合景观导游讲解服务

任务一　自然景观审美引导及讲解

技能实训

实训项目	自然景观游览内容安排及旅游路线设计
实训要求	1.掌握正确观赏自然景观的方法并能进行讲解 2.科学设计游览顺序路线,合理安排游览项目
实训地点	教室或模拟导游实训室
实训材料	1.多媒体设备 2.导游词卡片 3.旅游景区背景材料
实训内容与步骤	一、实训准备 把学生分为若干个小组。 二、实训开始 1.认真阅读旅游接待计划,了解游览活动内容及日程安排; 2.学生了解和熟悉旅游景区背景资料; 3.分析自然景观特色和分布; 4.根据上述内容,设计游览路线,安排游览内容; 5.写成书面文字。 三、实训结束

实训考核

组别：__________　　姓名：__________　　时间：__________

项　　目	应　得　分	实际得分
线路设计的合理性	40	
线路设计的完整性	30	
线路设计的可操作性	30	
合　　计	100	

考核时间：　　　　年　　月　　日　　　　考评师(签名)：

知识链接

一、自然景观的概念及特点

(一)自然景观的概念

自然景观是指由具有一定美学、科学价值并具有旅游吸引功能和游览观赏价值的自然旅游资源所构成的自然风光景象,也就是指大自然自身形成的自然风景。如银光闪闪的河川、千姿百态的地貌、晶莹潋滟的湖泉、波涛万顷的海洋、光怪陆离的洞穴、幽雅静谧的森林、珍奇逗人的动物和温暖宜人的气候等。

山、水、气、光、动物、植物等自然要素的巧妙结合,构成了千变万化的景象和环境。人们对自然景观的观赏,主要通过人的视觉、听觉、嗅觉、味觉、触觉等途径的直接感受,进而产生联想,并通过理念的感知印象和综合分析,产生美感并获得精神上与物质上的享受。普通游客往往用"游山玩水"替代"旅游",这也说明山、水在游客心目中的地位。

导游员在导游过程中,要全面调动自己和游客的各种感觉器官,用特殊的导游语言,启发游客产生联想,进而获得精神上的享受。

(二)自然景观的特点

自然景观在旅游过程中主要表现为旅游者所见到的山水风景、气候天象奇观、动植物等直观景象,自然景观与人文景观相比,具有以下几个特点:

1.天然赋存性

从发生学的角度上看,一切自然景观都是大自然长期发展变化的产物,是大自然的鬼斧神工雕造而成的,具有天然赋存的特点,即天赋性,因而它是旅游的第一环境。

通过对自然景观天然赋存特点的介绍,提醒人们注意保护生态环境和自然景观。

2.地域性

自然景观是由各种自然要素相互作用而形成的自然环境,它具有明显的地域性特征,如我国风景的"北雄南秀"的特征反映了南北自然景观的总体差异。

根据这一特点，导游人员在导游过程中要注意景观的地域对比，灵活运用导游讲解方法，吸引游客的注意力。

3.科学性

自然景观各个要素之间所具有的各种复杂多样的因果关系和相互联系的特点，反映在自然景观的各个方面。因而自然景观的具体成因、特点和分布，都是有科学道理的。

导游员讲解自然景观时，要讲究科学性和知识性，并注意措词的准确和语言的生动。

4.综合美

从旅游审美的角度上看，一切自然景观都具有自然属性特征的美。在自然景观美中，单一的自然景物，由于构景因素单调，一般来说，它的美是单调的；大多数自然景观美都是由多种构景因素组成的，它们相互配合，融为一体，并与周围环境相协调，所以体现出综合美的特点。

导游人员在导游过程中，应注意知识的融合，用画家和文学家的眼光去审视自然景观，分清层次，引导游客"审读"和"享受"自然景观之美。

5.吸引价值的差异性

自然景观虽是大自然本身的产物，然而"千座山脉难以尽奇，万条江河难以尽秀"，只有具备能引起人们美感属性的自然景观，只有能使观赏者获得美的那部分景观，才是自然美的代表，才具有自然景观美。另一方面，自然景观之所以能成为人们审美的对象，是与社会的发展水平和人们的综合素质分不开的。两个人同游一处美景，一个人能看到它的美，另一个人却看不到它的美，这是由于两个人的综合素质差异造成的。

一个导游员，如果自己不具备基本的专业水平、思想水平、文化水平和审美水平，那么无论什么自然景观也难以被发现并欣赏到它的美。所以自然景观并不是和人类文明无关的纯粹的自然物，它在本质上是人类文明发展的表征。因此，只有不断提高自己的专业、思想、文化和审美水平，才能领略到自然景观的隽永，正确引导旅游者发现和欣赏自然美景。

二、自然景观的类型

（一）根据开发利用情况划分

自然景观依据其开发利用情况，可分为两种：

1.原始自然美景观

原始自然美景观指以纯自然美为基本特征的景观，这类景观大都分布在我国的西部和边缘地区。原始自然美之所以原始，是因为它们深藏于崇山峻岭之中，交通不便，人烟稀少，不易被发现，因此历史上人为干扰较少，才使其原始风貌保持至今。像珠穆朗玛峰奇景、东北的林海雪原、四川的稻城亚丁、西藏雅鲁藏布江大峡谷以及边缘地区的自然保护区等，都属于原始自然美景观。

2.人文点缀自然美景观

人文点缀自然美景观指主要分布在我国东部经济较发达地区的自然景观，这类景观大都经过了人类的加工。但这些加工都保持了自然美的原形，只是根据自然景物的特点，合理布局一些人文构筑物。这些人文构筑物，不仅没有破坏自然美，反而使自然美的个性更加突出。如列入《世界遗产名录》的黄山、峨眉山、泰山、武夷山、庐山、青城山等都属于

人文点缀自然美景观。

（二）根据构景要素及景观特征划分

根据构景要素及景观特征，可将自然景观分为四种：

1.地质地貌景观

地质地貌景观包括一些特殊的地貌类型和地质景观，其中对游客吸引力较大的是山岳景观。地质地貌景观是其他类型景观形成的本底，有较高的游览价值，深受游客的欢迎。

2.水体景观

水体景观主要包括地球表面的各种液态及固态水体景观。液态水的景观组合包括江河、湖泊、流泉、飞瀑和海洋，固态水体景观主要指各类冰川。

3.生物景观

生物景观包括动物和植物景观。

4.天象与气候景观

气候往往作为区域景观的背景景观而存在，而天象景观则直接作为游客观赏的对象。同时短暂的天气对游人的出行有较大影响。

三、自然景观赏析

（一）自然景观美所包含的美

1.形式美

自然景观的美，首先表现在形式上，包括视觉美、听觉美、嗅觉美、味觉美等。对自然景观的形体、线条、色彩，观之能令人产生视觉美；对风声、雨声、涛声、瀑布声、流泉声、鸟鸣声等大自然发出的各种自然声响，听之能令人产生听觉美；对植物花卉散发出的各种气味，嗅之能令人感到嗅觉美；对植物果实或某些山林特产，尝之能令人感到味觉美；对自然景观，触之能令人产生十分惬意的触觉美。一句话，能给人以感官上的愉悦、心理上的惬意的任何景观的具体形式，都属于形式美的范畴。

2.文化美

自然景观的美，同时体现在独特的内容上，这就是具体的物象所表现出来的人类文明程度，这种程度越高，物象的审美价值就越高。许多风景区的名称如九华山、张家界、黄山、华山，许多景点的名称如神女峰、老人山、姐妹峰、望夫岩，一些风景区内的历史掌故、传说，如登封嵩阳书院的"汉武帝封将军柏"的传说故事等，无不蕴含着前人的主观理解和审美情感。它们都是人类文化发展的产物，包含着一定的社会生活，因而它们不仅仅在形式上给人以美的愉悦，而且在内容上给人以智的启迪，即文化思想的教育和道德情操的熏染，所以它们同时具有文化美。

3.象征美

自然景观的美可以通过某些物体形象和意境表现出象征意义或象征美。象征是一种寓意或隐喻，如莲花象征高洁，竹子象征刚直、虚心，苍松象征刚强、长寿等等。导游员的任务就是要在认识和掌握自然景观美的基础上，遵循形式美——文化美——象征美的思路去进行审美活动。

（二）自然景观美的赏析

自然景观欣赏是一个渐进的过程。作为导游人员在带领游客游览自然景区时必须注意到景观美的特点，引导游客渐进地对自然景物进行赏析。

自然景观的外在美，对于普通游客来说基本可以通过自己的视觉感受到。但不同的游客由于自身条件的差异，对景观的深层次了解及文化内涵的延伸程度是不同的。从中国古代人们对山的审视及所得到的启迪来看也可以证实这一点。

资料库：古人眼中的山

我国古人好山，但山之于其感受不同。孔子登山发出“仁者乐山，智者乐水”的感叹，孔子之山是陶冶万物的仁者之山，庄周之山是渊默沉浅的善性之山，一代枭雄曹操之山是闪烁着精神光辉之山，陶渊明之山是归隐之山，王维笔下的山是空灵之山。

在旅游过程中，人们不仅希望通过游览积极休息、陶冶情操获得精神的享受和身体的恢复，同时也希望获取一定的科学知识。每一类自然景观所涵盖的科学知识是极为丰富的，这些知识游客通过自己的眼睛是不可能看出来的。例如：山岳的成因、年代，河流的源头、水量，植物的种属与特色，气候与气象的变化及影响因素等。这些就必须通过导游人员来进行有针对性的介绍。

（三）导游人员导览自然景观的基本要求

1.熟悉路线

以自然景观为主体的旅游风景区一般面积都较大，为了不破坏自然景物，游览线路往往较为隐秘，因此导游人员在带领游客游览以自然景观为主体的景区时必须熟悉并掌握最佳游览线路。

游览自然景区（点）时，导游人员自己首先要熟悉景区游览路线，避免走回头路，线路安排不能断径绝路。如果是自己不熟悉的景区，最好自己提前去踩线。带领游客到达景区后，应在导游示意图前讲清行走路径。

2.掌握必要的自然科学知识

由于自然景观的类型丰富，因此，作为导游人员必须相对全面地掌握与自然景观相关的科学常识。

导游人员应掌握的与自然景观关系较为密切的知识主要包括：地质地貌学、水文学、植物动物学、气象气候学、生态学等常识。

3.掌握相关的文学知识

中国古代大量的文学作品都与山水有关。要提升自然景观区域游览的品位，导游人员必须提高自己的文学修养，适时地引入著名的山水诗、词、文，让游客真正体验到中国的山水文化精髓。

4.熟悉相关延伸文化常识

山水在中国往往作为不同景观的本体，在此基础上产生了不同的文化类型。中国有句俗话，“一方水土养育一方人”，“一方人创造一方文化”，在中国自然山水和文化是密不可分的。

5.掌握自然景观的观景方法

在带领游客游览的过程中，要根据不同的景观特点，将静态观赏与动态观赏有机结

合，积极引导游客游览。同时由于自然景观外在美的共同特征，在游览过程中要注意“导”与“游”的有机结合。

在观赏过程中还应注意观赏的距离、角度和时间。

6.灵活运用导游方法

不同的景物、不同的游客要使用不同的导游方法。导游方法多种多样，贵在因时、因地、因人而异，贵在灵活。

任务作业

请你以你熟悉的一个自然景观为例进行线路设计。

任务二　山地景观讲解技能训练

技能实训

实训项目	山地景观讲解技能训练
实训要求	1.撰写学校所在当地某山地的概况导游词及进行导游图的讲解 2.科学设计景区游览顺序路线，合理安排游览项目 3.撰写该景区各景点的导游词及进行生动讲解
实训地点	山地景区或模拟导游实训室
实训材料	1.多媒体设备 2.导游词卡片 3.山地旅游景区背景材料
实训内容与步骤	一、实训准备 把学生分为若干个小组。 二、实训开始 1.了解和熟悉旅游景区背景资料； 3.分析山地自然景观特色和分布； 4.根据上述内容，设计游览路线，安排游览内容； 5.写成书面文字； 6.分组模拟讲解。 三、实训结束

实训考核

组别：____________　　姓名：____________　　时间：____________

项　　目	应　得　分	实际得分
线路设计的合理性	10	
导游词的完整性	10	
导游词的生动性	20	
导游词的实用性	20	
导游词讲解	20	
仪容仪表	20	
合　　计	100	

考核时间：　　　年　　月　　日　　　　考评师(签名)：

知识链接

一、山地景观导游途径

(一)从地质角度导游

明代文学家杨慎曾对我国山地做了概括而又形象的描述:“玲珑剔透,桂林之山也;峥差窳窆,巴蜀之山也;绵延磅礴,河北之山也;俊俏巧丽,江南之山也。”由于不同地区山地岩性和内外引力的作用,我国山地形成了不同的地貌景观。

1.花岗岩地貌

花岗岩是地幔上部的酸性岩浆,侵入地壳内部的破裂层,经冷却凝结后而形成的岩石。花岗岩形成后,受地壳上升运动影响,经抬升可形成高大挺拔的山体,其主峰突出,山岩陡峭险峻,气势宏伟,岩石裸露,沿节理断裂有强烈的风化侵蚀和流水切割,多奇峰、深壑、怪石,球状风化作用突出可形成“石蛋”(最典型的为风动石)。中国花岗岩地貌分布广泛,如黄山、华山、泰山等,而福建及东南沿海等地花岗岩石蛋地貌显著。

案例·示范

花岗岩地貌景观导游——福建省海坛风景区

各位团友,大家好!现在我们来到了国家级重点风景名胜区——平潭海坛天神景区。海坛天神是平潭岛奇石“双绝”之一(另一奇石为石牌洋),位于南海乡塘屿南中村南海中,天神头枕沙滩,足伸南海。身长330米,体宽150米,胸高36米,头长33米,头宽35米,头高31米,脖子长18.3米。海坛天神奇石男性特征显著,因此成为周边渔民为了传宗接

代而顶礼膜拜的对象。海坛天神奇石乃花岗岩球状风化的产物，如此巨大的球状风化造型世所罕见，天下奇绝。

花岗岩地貌景观导游——福建省太姥山风景区

太姥山坐落在东海之滨，山海相依、山绕海转、海抱山流，既是山的海岸，又是海的山城，山观水色交相辉映，构成了"山海大观"的奇妙景色。传说每年东海神仙在山上聚会一次，所以也就有了"海上仙都"的美誉。

太姥山是以花岗岩峰林岩洞为特色，融山、海、川、岛和人文景观为一体的国家重点风景名胜区和世界地质公园，核心观赏面积86平方千米，保护面积200多平方千米，包括太姥山岳、九鲤溪、晴川湾、福瑶列岛四个景区和瑞云畲寨、翠郊古民居两处景点。太姥山的岩石"不重具象重抽象"、"不重形似重神似"、"不重写实重写意"，每一座山峰、每一块岩石都极具观赏价值。人们常用"太姥四绝"来形容其峰险、石奇、洞幽、雾幻。

因地质作用，太姥山于燕山晚期之后，由地壳岩浆上升入侵而形成，其主要成分是钾长花岗岩，是地质史上白垩纪的产物，距今约一亿年的历史，由于太姥山花岗岩节理构造断裂特别发育，加上花岗岩的粒状结构，数万年的风雨侵蚀，岩石风化为浑圆、柱状、板状、球状等各种形态，造就了"金猫扑鼠"、"玉猴照镜"、"二佛谈经"、"金龟爬壁"等360多处千奇百怪的花岗岩象形石，个个造型逼真、神形兼备、惟妙惟肖、涉目成景、步移景换。有诗道："太姥无俗石，个个似神工；谁人意所识，万象在胸中。"

太姥山岩体形成的峰林地貌，是我国东南沿海丘陵地带唯一的花岗岩峰林地貌，也是东亚晶洞花岗岩岩带中的首例峰林地貌景观，形态各异的花岗岩象形石和岩洞数量及类型均堪称全国之最。

2.丹霞地貌

丹霞地貌为第三世纪陆相红色沙砾岩在内外引力作用下发育而成的方山、奇峰、溶洞等特殊地貌。此种地貌最先发现在广东仁化丹霞山，故称为丹霞地貌。沙砾岩结晶大、易风化，但若局部成分有变化，则抗风化力较强，即容易形成中尺度的造型。武夷山、齐云山大部分景区都属于此种地貌。

资料库：丹霞地貌景观导游——福建武夷山风景区

(1)地理位置：在福建省北部、闽江上游，方圆600公里的山岭溪谷地区

(2)景观特点：整个武夷山景区可以说是一个以奇秀深幽为特征的天然山水园。自然风景被概括为"三三六六"："三三"是一条三三九曲的溪水，"六六"是六六三十六座峰峦。九曲溪依山而流，山回溪折，折复绕山，山溪相环，所谓"曲曲山口转，峰峰水抱流"；三十六峰均由红色沙砾层构成，由于单斜山的构造，往往形成一峰多姿，比水平岩层构成的山峰富于变化。武夷山的山与水配合巧妙，其中以九曲溪最为典型，"曲曲备幽奇，别具山水里"。

武夷山开发的历史已很久远。自秦汉以来，各代帝王、名士、学者不断来山祭扫、游览、讲学等，故而寺院、书舍、亭台、楼阁等多达300余处。山麓有汉代古迹遗址、宋代古窑等古迹。三十六峰上摩崖石刻共有700余处。乘竹筏观览九曲风光，沿江可见"空谷传音"、"金鸡晓月"、"太公钓鱼"、"虹桥架壑"、"玉女临汝"等佳景。故而历代赞：武夷山水天下奇，人间仙境在武夷。

(3)武夷山名产："茶中之王"的"大红袍"。

3.岩溶地貌

岩溶地貌又称为喀斯特地貌，是以碳酸岩类岩石（主要是石灰岩）为主的可溶性岩石在以水为主的内外力作用下形成的地貌。地面形成熔岩孤峰、石林、石芽、漏斗等，地下则为地下河与溶洞，是观赏价值极高的地貌形态。桂林阳朔及云南石林是典型代表。

案例 · 示范

岩溶地貌景观导游——福建永安鳞隐石林背景资料

国家重点风景名胜区鳞隐石林位于福建省永安市西北 13 公里处的大湖镇境内，它属于闽西南低山丘陵区，地表侵蚀显著，丘陵起伏，地质构造上处于平缓褶皱的背斜部位。地表出露的地层主要是古生代石炭纪船山灰岩和二叠纪栖霞灰岩。在长期的湿热气候环境作用下，灰岩组成的孤峰残丘矗立在地表上，形成形态各异的石芽、石林景观，并与地下发育的不同形式的溶洞一起构成了独特的喀斯特景观。“喀斯特”名称来源于南斯拉夫喀斯特高原。喀斯特地貌又称岩溶地貌，是岩溶作用产生的各种地貌，如石芽、溶沟、溶斗、峰林、溶洞等。所谓岩溶作用，就是水流对可溶性岩石进行以化学作用（溶解与沉淀）为主要特征，并伴随有机械作用（流水侵蚀和沉积、重力崩塌和堆积）的地质作用。

那么，游览之前先让我们了解一下鳞隐石林岩溶地貌的形成过程吧。约 3 亿年前，本地区还是一片汪洋大海，进行的主要是沉积作用。经过数千万年的沉积，到了约 2.5 亿年前，这里沉积了一套数千米厚的碳酸盐地层。之后，地壳开始抬升，至约 1 亿年前岩层露出水面，进入岩溶期，开始了岩溶作用。影响岩溶作用的主要因素有：水的溶蚀能力，岩石中可溶性矿物的含量、结构，气候条件，地壳运动所造成的构造形迹，地形、植被等。其基本原理是：含有二氧化碳的酸性水对灰岩进行溶解形成重碳酸钙随水流在节理、裂隙、断裂及褶皱隆起的空间内流动，在适合的温压条件下，含有丰富重碳酸根的地下水由于二氧化碳的逸出和水分的蒸发，部分碳酸钙重新沉淀，由此形成各种岩溶地貌。从 1 亿年前开始至今，本地区经过了三个岩溶期终形成现在的面貌。目前景区岩溶地貌正处于其发展的壮年期，其内耸立着石芽、石锥、石柱、石笋 400 余座，最高达 36 米。怪石拟人状物，千姿百态。主要景点有：三鼎岩、望天星、八戒照镜、拉笋峰、猴子抱桃、黑熊护笋、石龟探洞、接吻石、鳞隐书院等 50 余处。

大湖风景，历史上曾有许多记载。《延平府志》中记有：“大湖有山，峭壁峻增，峰峦耸秀……”指的就是这里的石林景观。早在明代，大湖已有“八景”之说。鳞隐石林始建于公元 1729 年（清雍正年间），由大湖太学士赖翘千、赖允升两兄弟开发，历时六年，建有亭、台、楼、阁和鳞隐书院。“鳞隐”取“天故隐其迹”之意，又因石芽表皮呈鱼鳞片状，故而得名。

[三鼎岩]：位于鳞隐石林的外景部分，沿游路前行不远靠右可看到一巨岩。一岩决裂为三石，鼎立于路旁。形成三条岔道，仅容一人进出。据考证，这一巨岩原与左边崖壁为一体，地壳运动使它崩塌，并裂开三道缝隙，水的作用又将三条缝隙不断溶蚀，形成这一景观。从裂岩中邃石的纵向走向就可判断。

[八戒照镜]：这是两块酷似八戒的钟乳石，鼻、嘴、眼俱全。上面那只脚倒挂在洞顶，头悬在空中，眼睛正朝下看，下方是八戒头部的倒影，取名“八戒照镜”。其实，这是由植物苔藓和钟乳形成的“植物灰华”，下方这块“植物灰华”是由上方那块钟乳作垂直下滴而逐

渐形成一条细长的“滴水柱”,就像八戒长长的嘴。这条长长的“滴水柱”虽历经千万年,但仍未接上。相信总有一天,它们会相接的,因为至今滴水柱还在向下滴水。

[剑丛峰]:从八戒照镜继续前行,只见右边一岩峰表面,沟壑斑驳,犹如万把利剑直插云霄,这就是剑丛峰。数千万年前,这里是一个地下溶洞,地下水的强烈作用使溶洞内的石灰石不断朝着水流作用的方向溶蚀,形成了深深的沟痕,地质学叫“溶沟”,后来由于溶洞崩塌,里表呈现在外部就形成了剑丛峰这一自然景观。它对于研究大湖石林地貌形成和发展都有着重要的意义。

[惊人石]:这是由外景进入石林内景的第一石芽,而且是一断裂的石芽,其重心依托石林三面悬空,游人自下拾级而上,仿佛这座石芽就在头顶,摇摇欲坠,故名为“惊人石”。这正如清代诗人所描绘的石林景观:“断峰疑斧劈,曲径似螺旋。”

[接笋峰]:过惊人石就到了石林的内景,果然别有洞天,这里石芽林立,峰顶有圆锥形、圆柱形、圆顶形,形态各异。并有奇花异草、绿树藤蔓覆盖石芽,好似给石芽披上绿装。这就是鳞隐石林三大特点之一的植被丰富。峰林中,有一石芽高峻挺拔,高度达 36 米,自深幽处拔地而起,斜刺青天,其形如笋,故名“接笋峰”。

[飞来叠峰]:鳞隐石林犹如一盆景,曲径通幽,移步换景。现在我们看到了接笋的后面一座峰叫“飞来叠峰”。显然,这也是一高大的石芽,所不同的是石芽是由六块岩石叠起而成。这是因为其内部成分不同,其中含有的一些如硅等成分易于风化。而这些易风化的成分又都分布在石芽的同一层次上,风化后即形成圈状的剥落,这就形成了“飞来叠峰”。

[猴子抱桃]:过冰室沿石阶更上青云,过飞虹桥,就来到“猴子抱仙桃”景点。只见一石芽独立,其峰顶酷似猴子,身旁有一桃子。此景真可谓是大自然的艺术杰作。那猴头五官俱全,神态专注,形象逼真,敢与天下最优秀的雕塑作品相媲美。

[黑熊护笋]:沿石阶而上又来到一个惟妙惟肖的景点:黑熊护笋。这里有两座较小的石芽,其中一座似黑熊,另一座则像颗破土的笋芽,故石芽上有清代留下的石刻“玉笋”二字。黑熊护笋是在长期风化作用下,岩体的层面裂隙及岩性软弱处不断侵蚀扩大,而坚硬的燧石条带则不易风化,致使岩柱表面崎岖不平、凹凸显露所形成。

[观揽台]:凭栏眺望,石芽林立,参差嵯峨。一座座石芽犹如大自然伸出向天的手。每当秋末初冬时晨雾缠绕、若隐若现,好似梦中仙境。其中有一石芽造型奇特,就像一尊观音手抱婴儿,亭亭玉立,取名“观音送子”。

[接吻石]:沿石阶继续前行,直通太平台,便来到了侧景部分。眼前两座石芽一高一低,像是一对热恋情人正目不转睛,旁若无人地接吻,人世间纯洁的爱情,在这里凝固升华,化成千古绝唱。如果说云南路南石林翘首企盼的阿诗玛是一个悲剧的话,这里的接吻石就是一个喜剧。但愿人长久,千里共婵娟。请大家在这留个影,作为纪念吧。

[鳞隐书院]:游览完石林侧景,沿石阶下山就可看到右边一组极富江南园林特色的庭院,这就是鳞隐书院。清雍正时,赖翘千兄弟开发石林,就是在这里建了鳞隐书院,供文人学者读书之用,由于战乱,书院在清末崩毁,仅保留墙基。1987 年景区管理部门在原址上对其进行重建,完成了廊、榭、厅堂等建筑,并根据江南园林古建筑格调配置花、草、鱼、池,供游人小憩,也是风景区的接待场所。

[洪云山石林]:位于鳞隐石林景区西部湖峰坡麓地带,距鳞隐石林约 1.5 公里,面积

约 0.56 平方公里。我国著名地质专家南京大学包浩生教授曾多次带领地质研究生考察洪云山石林，他对此的评价是："这里的石林并不十分高大，但地表怪石林立，有似人形头像，亦有若似飞禽走兽，形态逼真，有'天然动物园'之称。其上部有溶斗洼地，其中布满着多种形态的石芽和石林，仿佛是天然的盆景园。汇集于溶斗洼地内的地表水流，通过灰岩裂隙下渗，自其下部的洪云洞流出，清澈的泉流终年不断，可灌溉农田 400 多亩。洪云洞内的钟乳石等化学溶积物仍在发育之中，色彩缤纷，光耀夺目，颇为迷人。"从专家的评价可以看出，洪云山石林是一处不可多得的自然遗产，具有较高的观赏价值。其主要景点有：桃源活水、岩峡岩、金鸡报晓、老虎扑食、玉兔望月、松鼠伏壁等 30 余处。

游览完怪石嶙峋、千姿百态的石林风光，大家一定感受颇深。永安地处武夷山脉和戴云山脉之间，总面积 2 942 平方公里。在这不大的范围里却发育着两种截然不同的地质地貌，形成了风格迥异的丹霞地貌桃源洞和喀斯特地貌鳞隐石林，构成了永安绚丽的旅游资源。鳞隐石林尽管在规模上与著名的路南石林无法相比，但从其形态结构特征来分析，却属于典型的石林景观，这在国内尚属罕见，不仅是宝贵的旅游资源，更是难得的自然遗产，对喀斯特发育研究有着极为重要的科学价值。

4.火山地貌

火山地貌是火山爆发后残留物质所形成的一种地貌景观。由酸性喷出岩所形成，有流纹带结构的被称为流纹岩地貌，其中以雁荡山最为有名；而由基层喷出岩通过裂隙或中心喷发而形成的是玄武岩地貌，如五大连池。

案例·示范

火山地貌景观导游——福建省漳州滨海火山国家地质公园导游词范例

各位远道而来的朋友，大家好！刚才一路坐车有没欣赏一下沿途的风景呢？对我们漳州的印象怎么样啊？呵呵，先自我介绍一下，我是这里的定点讲解员小肖，今天，就由我带大家揭开滨海火山的神秘面纱。

我们祖国的海滨城市和岛屿很多，为什么这里的海这么吸引游客呢？而且，每位游客游览之后，仍然对它赞叹不绝，记忆犹新。很多游客这么告诉我，说：小肖啊，来过你们这里，才知道什么是葱郁的山，什么是纯净的海。

曾经，我们这片绵延的沙滩、神奇的岛屿，虽然天生丽质，却始终"养在深闺人未识"。直到 2001 年 3 月，漳州滨海火山成为首批中国国家地质公园，她的千般风韵、万种柔情，才为人所知，这片神奇的土地由此引来了许多关注和好奇的目光。漳州滨海火山自然生态风景区衬托在蓝天、碧海、沙滩、绿林之中，集观光旅游、休闲度假、海上娱乐、科普教育等为一体，是一处回归自然、体验生活的综合旅游度假区。同时景区也是我国现有国家地质公园中规模最大、保存最完好、景观最有特色的滨海火山国家地质公园。

漳州滨海火山包括香山、林进屿、南碇岛三大景区和崎沙湾、江口湾、后蔡湾等三个海水浴场，即"一山两岛三海湾"。而现在我们要去的是被誉为"中国最美丽十大海岛"之一的林进屿。林进屿是由火山岩(玄武岩)组成的似椭球形岛屿，岛的东南边有一个形成于 2 000 多万年前的古火山口，东北海滩上则有多达 16 处的火山喷气口群及几千平方米的铆钉状气孔柱群，构成了国内罕见的古火山岛景观。林进屿岛名的由来源于这样的一个

故事：传说明朝末年有个长泰人叫林震，自小父母双亡，跟随哥嫂度日。有一年瘟疫流行，小林震也不幸染疾。无奈，哥嫂只好把他放在这座孤岛上，小林震靠岛上的海螺、动物和野果为生。不久，他的瘟疫竟奇迹般地好了，后来还考取了状元，由于林震和林进在闽南语的发音里都念成林进，后人就把这座岛叫做林进屿，以纪念这位状元。在漳州的塔口庵和长泰县，还有立有“状元坊”，长泰还有状元井的遗迹和皇帝御赐的圣旨。

现在我们已经登陆林进屿了，请大家小心，注意安全。这里的火山地貌景观分为三部分：一是玄武岩石群，二是熔岩湖现象，三是巨型柱状节理。岛上葱郁的山峰，也许你们想象不到在几千万年前发生的火山喷发，看这些玄武岩在海浪的镌刻下，形成千姿百态。感兴趣的朋友可以在这里照照相。现在我们所在的这个海滩上，可以看到 16 个火山口紧密连在一起。火山口中间凹进去，成为圆环的形状。它们大小不一，你们看，这个圆环像不像 VCD 的软盘呢？大家不得不佩服大自然的鬼斧神工吧。据地质专家介绍，这种圆形构造是由于熔岩下的含水层被岩浆加热引起蒸汽爆发而形成的喷气口，就像我们平时烧开水时，盖子上总要留个小孔的道理是一样的。有的专家也称这种状态为“熔岩湖”。好，展现在我们面前的这奇特的景观呢，就是玄武岩的柱状节理。它主要是六边形和多边形的，垂在 20 米到 50 米的悬崖上，远远望去，像不像少女垂直的秀发呢？在林进屿的岛上，还有许多石由于火山喷发而形成的石头，这里的石头排列并不规则，而是千奇百怪、形态各异。所以呀，它又有“神话世界”、“抽象画廊”的美称。请大家尽情地展开你们的想象力，你们看，这块石头像不像马，啊，这块像海豚，各位朋友，你们都可以在这里找一找自己喜欢的动物，一定能找到的。

大家可以在这里尽情地欣赏大海，吹吹海风。累了，饿了，还可以到我们这里的小木屋里坐下来，品一品我们闽南地道的功夫茶，尝一尝我们的海鲜。希望漳州滨海火山国家地质公园能给你们的生活增添几许纯净的快乐。

5.砂岩地貌

砂岩地貌就山体而言，主要是砂岩峰林峡谷地貌。这种地貌发育在纯石英砂岩构成的山区，其形成的古地理环境是滨海海滩的沉积经过挤压胶结而成砂岩，因受地壳上升运动而成陆地，又经过剧烈的地壳上升运动而进一步抬升成丘陵山地，后经过长期冲刷切割，高山不断风化、侵蚀，岩层逐渐崩解剥落，河谷慢慢深切，河流又将被风化而成的泥沙运往遥远的大海，于是便形成一大片石英砂岩峰林和一条条纵横深切的幽谷，故称砂岩峰林峡谷地貌，代表为湖南武陵源。

案例 · 示范

砂岩地貌景观导游——张家界导游词节选

各位朋友，游完张家界国家森林公园，我们现在前往有“中国峰林之王”美称的天子山，天子山因明朝末年，当地土家族领袖向大昆曾率领农民在这座山上起义，自称向王天子得名。天子山的最大特点是峰多、峰高、峰奇，层层叠叠，峰外有峰。我们现在来到的这座山峰叫天子峰，海拔 1 200 多米。它就像一位运筹帷幄、决胜千里之外的统帅，身披铁甲，右手握箭，好像正要指挥千军万马出征。这个形象就是传说中的向王天子，所以当地人们把这座山峰取名为天子峰。

好了，各位游客，现在请大家来看这座山峰，它的形状像一支毛笔，名叫御笔峰。传说这些山峰是由天子的御笔变化而来的，笔架上并排插有四支向王天子曾经用过的“笔”。御笔峰是天子山的骄傲，是武陵人的骄傲。画家来到这里铺开画夹，总是画不够；摄影师来到这里，总要多拍一些镜头。据不完全统计，仅国内，就有30多家画报曾经以御笔峰的照片作为封面。

各位朋友，现在我们从天子山下来，前往武陵源的最后一个景区——索溪峪。根据明末清初编撰的慈利县志记载：索溪峪是“以溪水形状如绳索”而得名。索溪峪是三大景区中最大的一片，它大部分的地质地貌与张家界、天子山相同，属砂岩峰林地貌，但在它的东边有一大片溶洞群，是由石灰岩构成的，属喀斯特地貌，这是前两大景区所没有的。现在让我们进入有地下魔宫之称的黄龙洞。黄龙洞弯弯曲曲向北延伸，大大小小的支洞总长度有十多公里，它就像一株古树错节盘根，散发出去，形成洞外洞、楼外楼、天外天等景观，那么这些景观又是怎样形成的呢？大家知道在这石灰岩分布地带，由于岩石具有可溶性，雨水多，沿构造裂隙溶蚀因而形成石灰岩溶峰和溶洞，所以这里的岩溶地质作用强烈，地表和地下岩溶都很发育。在这里，我们主要欣赏由石笋形成的石钟乳、石琴、石柱、石花等景观，现在我们所在的这块平地是洞内最大的厅堂，也就是六大奇观之一的黄龙宫，面积有一万多平方米，我们头上是一个巨大的窟窿，就像一口悬挂着的倒置的锅。窟窿下面是各种造型的石笋，有的像顶天立地的柱子，有的像直插长空的利剑，各位朋友，发挥我们的想象力，大家看那尊石笋像什么？对啦，这位朋友说得对，它像沙漠里的骆驼，那么这一尊呢？再发挥一下想象，对，像童子拜观音，种种形态都是天然塑成的，大家看这石壁上下垂的石藤如同象牙嵌玉壁，又像长鞭挂龙庭。真是使人眼花缭乱、美不胜收。离开黄龙宫，我们来到石琴厅。这里的石柱有一个特点，如果你用软木棒敲击石柱，它能发出清晰的乐音，同时整个石琴厅都发出共鸣。现在我们来到明珠池旁，大家看这三道从五十米高处的三座蜂窝状的石窟中泻出的瀑布，落入明珠池，溅起层层泡沫，池里浸浴着各色光滑圆溜的石珠，像一颗颗巨大的珍珠闪烁光芒，因此黄龙洞还有“地下明珠”的美称。

（在宝峰湖上船前）好，各位朋友，我们游完黄龙洞仙境，现在来到了有“人间瑶池”之称的宝峰湖。宝峰湖是70年代由人工修建的一座长约2.5公里的多功能水库，是索溪峪景区中一处人工美化了的自然景观，它和周围的山峰以及坝口电站，构成别有洞天的奇景。不知大家是否还记得，写在别有洞天入口的那副对联：“鹰卧瑶池待龟出，神游洞天秉烛来”，它高度概括了宝峰湖四周的主要景观。大家看，湖中那个特色景点叫做“金龟戏水”，湖的北侧那座山峰叫鹰卧寨，它就像一只巨雕，正盯着湖中的“金龟”，好像他随时可以将龟抓去。坝的正面是神游峰，旁边是蜡烛峰，像一支巨蜡伫立在湖边，仿佛天上神仙参观“别有洞天”还要秉烛夜游，大家如果有兴致，可以乘船在湖中漫游，当你坐在船上，环顾四周，千山耸翠，俯视水中，倒影慢移，碧水照得群峰绿，人面桃花水映红，你好像就在一幅翠绿的山水画中漫游。当你划到湖心岛时，你还能看到岛上“十女梳妆”、“金龟戏水”等特色景点，我想天上王母娘娘的瑶池也不过如此。

原中科院院长，世界著名物理学家周光召教授赞美武陵源是“此景未必天上有，人间只应武陵寻”。我们这次武陵源之旅也就要结束了，但愿这次游览给您留下美好的记忆！

6.冰川地貌

冰川地貌主要由冰川的侵蚀和堆积作用形成，前者有冰斗、刃脊、角峰、冰川槽谷等冰

蚀地貌形态;后者有冰碛丘陵、鼓丘、冰砾扇等冰积地貌形态。此外,冰体融化所形成的冰桌、冰兽、冰蘑菇、冰桥等也有较大观赏价值。冰川地貌代表为四川贡嘎山、甘肃祁连山。

案例·示范

冰川地貌景观导游——贡嘎山导游词

贡嘎山景区为国家级风景名胜区,位于甘孜藏族自治州泸定、康定、九龙三县境内,以贡嘎山为中心,由海螺沟、木格错、五须海、贡嘎南坡等景区组成,面积1万平方公里。贡嘎主峰海拔7 556米,誉为"蜀山之王",是四川省内第一高峰。

山体南北长约60公里,东西宽约30公里,地处东经101.8°,北纬29.6°,在四川省康定、泸定、石棉、九龙四县之间。

贡嘎山地区地质构造活动频繁,产生了许多褶皱和断裂。随着山体的抬升,河流东西两坡形成高差近5 000米的峡谷。贡嘎山主峰有四条主山脊:西北山脊、东北山脊、西南山脊、东南山脊。该地区岩层以花岗岩为主,加上长期冰蚀作用,狭窄的山脊犹如倾斜的刀刃,坡壁陡峭,岩石裸露,坡度多大于70度。贡嘎山地区又是横断山系中的高峰集中区,在其附近聚集了20余座海拔6 000米以上的高峰。山区约有冰川45条,面积达290平方公里,主要以山谷冰川为主,悬冰川和冰斗冰川也有分布,长度达10公里以上的冰川有5条,最长的海螺沟冰川是我国著名的冰川公园,拥有一切冰川奇观。其中的大冰瀑布高宽均达1 000米以上,尤为壮观。由于气候的影响,贡嘎山冰川活动剧烈,冰川末端最低伸到海拔2 600米处。在雪线以下,山谷和山坡被茂密的原始森林所覆盖。森林中植物种类繁多,有珍稀植物40余种。同时,也是野生动物的乐园,在这里生活着400余种高山动物和森林动物。山中活动性断裂带上还分布有多处温泉,并建有各种旅游服务设施。

从地质学角度进行导游,要求导游人员全面了解所游览山地的相关地质、地貌学基础知识。此种导游带有科普性质。

(二)按山地景观在旅游业中所起的作用导游

我国的极高山、高山绝大部分分布于兰州—成都—昆明一线以西,而中低山地则绝大部分分布于兰州—成都—昆明一线以东,这是受我国整个地势结构西高东低的影响而形成的。正是由于这一影响,决定了东西部山地对旅游发展的影响,或者说在旅游业中所起的作用具有各自的特性。首先,就极高山而言,主要分布在我国的青藏高原,其中包括世界第一高峰西藏境内的珠穆朗玛峰和世界第二高峰新疆境内的乔戈里峰。这些极高山由于恶劣的气候条件及独特的高原冰雪环境,虽然有着奇异瑰丽的冰雪景观,却也只有让众多普通旅游者望而却步。只有那些具有超人毅力、素质和经验的探险者或登山运动员,才有机会登顶。但这并不说明这些山没有旅游价值。在这一座座高耸入云的山脉中埋藏着无数沧海变桑田的珍贵地质资料,具有很高的科考价值。例如,喜马拉雅山就发现过许多远古的鱼类化石,这对研究整个地球的造山运动,有着重要的史料意义。征服极高山,不仅仅是人类征服自然、超越自我的精神展现,更成为人类认识自然、发展自我的重要途径。

高山旅游在我国近几年的山地旅游中,是发展最为迅速的一部分。这些山地海拔虽然较高,具有一定危险性,但由于各方面条件的改善,安全系数大大增加。加之本身高山气候垂直变化显著，导致高山植被类型垂直变化显著，形成高山景观的垂直变化现象。例如我国的横断山区，形成“一山有四季，十里不同天”的垂直景色。这些山绝大部分时间不但可以欣赏到植被景观，而且可以一览难得的冰川、冰雪景观，如云南丽江的玉龙雪山等。再者，这些山不仅有观光旅游，还有休闲旅游加以补充，大大提高了旅游活动的含金量，如四川的西岭雪山每年冬季都开辟滑雪场，供游人滑雪。

中低山旅游则是我国历来山地旅游的重要部分。除了本身气候条件和攀登难度适宜外，还因为其大部分都处在经济开发较早、人口稠密的东部地区，正所谓“近水楼台先得月”，因而很多中低山自古以来就是中华旅游的胜地，如五岳、黄山、庐山等。

（三）从文化的角度导游

对我国特殊的一些风景名山，特别是宗教名山等，在导游过程中就应该突出其文化特色。从人文因素讲解其内涵，包括用历史文化来丰富自然景物的美的意蕴，用宗教文化升华审美品位，用现代事件增强吸引力。

中国名山遍布神州大地。每一座名山，几乎都与历史文化紧密相连，在拥有天赋的自然美的基础上，加上千百年来人类的开发与维护、文人骚客的诗词歌赋、僧侣高人的驻足留迹，使得自然美在人文的烘托下，绽放出更为绚丽的光彩。因而，导游员在讲解过程中，要充分重视自然与人文内容，才能不落俗套，不会止于浅表。

1.传统文化与名山

中华文明五千年，源远流长，在漫长的历史长河中发生的重大历史事件，涌现出的英雄人物层出不穷，留下的历史文化遗迹更是比比皆是。在建筑、园林、陵墓、书法、传说、诗词歌赋等各个方面记载了中华民族发展的过程。对它们的认识与了解，不仅仅是对山地的真实反映，也是对山地景物的提升。五岳、黄山、庐山无不是在中华历史文化的长时间的熏陶下，由单一的风景名山转化为历史文化名山。文化不但塑造了名山，同时也是我们了解名山的有效手段。比如，诗词歌赋能够帮助人们加深对自然美的欣赏，丰富自然景物的美的意蕴，使人们从单纯的自然风景中体会到一种诗情画意，既有感性的形象美，又有了理性的含蓄美。杜甫的《望岳》使人们不但对泰山形态有所了解，同时又产生了“一览众山小”的大气。再如，苏轼的《题西林壁》，不仅写实，更上升到了哲学的高度，对人的认识具有积极的指导意义。当然，在中国传统文化中，也有许多负面的东西，这些东西不但起不到美化作用，反而会污染景观本色，因此要求我们在讲解时做到取其精华、去其糟粕，去伪存真，以科学的态度去传播知识，宣传我们的历史文化。

2.宗教与名山

自古名山僧占多；山不在高，有仙则灵。在中国众多名山中，隐藏着众多的寺庙。山因为寺而显得更有灵气，寺因山而显得更神秘，形成了中国历代旅游的基本模式——游山玩水，寻古访寺，这一模式至今仍然有很强的存在意义。究其原因，主要有以下两点：

第一，中国的宗教，特别是最具中国特色的佛道两家宗教价值观，对自然环境的保护有积极作用。佛教讲究的不杀生以行善来达到登极乐甚至成佛的目的；而道教讲究的天人合一的观念，“天地于我并生，万物与我为一”则更是一种早期的持续发展思想。而这两大宗教由于其避世、隐居山林的思想，成为中国名山的最主要“占据者”。而中国名山的很多有生命之物，若非他们代代保护，也很难保存至今，如洛阳白马寺的甜石榴、湖北武当山的“紫萧听杉”等。

第二，寺庙建筑大多依山而建，其中包括殿、塑像、堂、壁画等，调动了游人的审美视觉，与自然景观和谐交融，充实了游人对自然景观的审美感受，如恒山的悬空寺，整个寺庙建筑不设地基，全部是在悬崖绝壁上凿洞插梁为基，楼阁内以栈道相连，大大增添了山的"险峻"。再如武当山天柱峰上的金殿，大有高屋建瓴之势，极大地渲染了山的雄伟，再加上寺庙中的塑像、字画，给游人提供思悟的空间，在自然美与人为美中获得审美品位的提升。在讲到名山宗教时，我们应用马克思主义唯物史观来对待，在尊重宗教信仰自由的前提下反对唯心主义和宿命论，用健康的心态来对待宗教传统文化。

3.其他人文因素与名山

在中国人文领域方面，除了传统文化和宗教文化与名山联系很紧密外，还有一些因素也对名山产生重要影响。如中国近代革命、社会主义建设或某些重大事件等。南京的钟山，正因为中山陵的存在，才使得它更加庄严肃穆，人们在观赏山林景色的同时，可以感受和了解中国民主主义革命的伟大先驱孙中山先生的光辉业绩，从而缅怀先烈。了解新中国的成就，可以增强人们对中国共产党和社会主义祖国的热爱，增强民族凝聚力；还能加深国际旅游者对我们的了解，增进双方友谊，促进友好往来。

(四)从美学特证导游

对于普通的山岳，或以游览休闲为主体功能的山地，则应该从美学特征的角度进行导游。山地风景中蕴藏着各式各样的美，这些美表现为丰富的形式。19 世纪著名的现实主义画家库尔贝说过："美的东西是在自然中，而它以最多种多样的现实形式呈现出来。"所以，风景美都是以具体形象展现出来的，自然风景中美的形式主要有：形象美、色彩美、动态美、朦胧美。这些美的形式构成了风景美，而且是风景美的主要特征。

山地景观最显著的特征是形象美异彩纷呈，千姿百态。正是这各种各样的形象吸引着旅游者，使他们获得美的享受。而山地形象美的特征也是极其丰富的，我们可以从雄、奇、幽、秀、险五个方面进行归纳和讲解。

1.雄

雄是一种壮观、壮美、崇高的形象。在自然风景中是广泛存在的。我国很多名山高峻壮观，显出一种雄伟崇高的形象。泰山为五岳之首，素来以雄伟著称，被誉为"泰山天下雄"。泰山位于辽阔的齐鲁腹地，以磅礴之势凌驾于山东的丘陵之上，故显得特别高大雄伟。汉武帝游泰山时赞曰："高美、极美、大美、特美、壮美。"杜甫《望岳》诗中有："会当凌绝顶，一览众山小"的名句。泰山雄伟的形象在五岳中是首屈一指的。泰山之美正是由于它的"宏大"、"雄伟"的形象而显示出来的。这些雄伟、壮观的形象引起人们审美感受的特征是：赞叹、震惊、崇敬、愉悦。

2.秀

秀是自然风景中最常见的一种审美形态。秀的主要特征是柔和、秀丽、优美。四川峨眉山是我国佛教四大名山之一，是著名的旅游胜地。峨眉山山林葱茏、色彩碧翠，山石很少裸露，线条柔和流畅，山明水秀，是我国风景区中典型的秀美形象，自古以来被誉为"峨眉天下秀"。风景中秀美的形象给人以甜美、安逸、舒适的审美享受。游览观赏这样的风景，总是使人感到幸福愉快，使人的性情得到陶冶、情绪得到安慰。

3.奇

有的山体，由于本身独具一格而产生奇特的美感形象。在我国山地中奇特的形象当然首推黄山。黄山有四绝:“奇松、怪石、温泉、云海”。黄山怪石星罗棋布,竞相崛起;奇松千姿百态,苍郁挺拔;烟云似锦如缎,飘荡千山万壑,变幻无穷;加之终年喷涌的温泉,令人拍手称奇!故黄山自古被称为“震旦国中第一奇山”。雁荡山水之奇也是尽人皆知,因构成山水的流纹岩断裂发育经风化而形成了奇特地貌,康有为于1927年游雁荡山后称:“雁荡山水雄伟奇特,甲于全球。”

4.险

险是自然风景中的一种形象特征,对旅游者极富吸引力。旅游者都有一种好奇心,越是险的地方越想攀登,越是奇的风景越想观赏。华山素有“华山天下险”之称,常言说“自古华山一条道”,就是指华山的险峻。鸟瞰华山,犹如天柱拔起,在秦岭山前诸峰之中,四壁陡起,几乎与地面垂直。旅游者需手扶铁索,手脚并用,可谓真正的“爬山”。庐山的仙人洞、黄山的天都峰、九华山的天台、峨眉山的金顶都是我国极其险峻的山峰。

5.幽

幽是一种美,是一种意境,也是一种审美特征。幽具有极其广泛的内涵,幽也是通过具体的形象展现出来的。青城山的风景可以说是我国风景中最优美的了。青城山山林之美的最大特点就体现在一个“幽”字上,所以素有“青城天下幽”的美誉。宏观青城,就像是一个天然陶铸成的“大青瓷瓶”,幽雅古朴。当旅游者沿山间小路上山时,两侧苍松翠竹,碧绿成荫,溪泉清澈见底,潺潺入耳,偶尔传来鸟鸣声,“鸟鸣山更幽”,真有一种幽深莫测的神秘感。这种幽深的意境美,使旅游者感到无限的安逸、舒适、悠闲自得。

当然很多山地,不止有一种形象美的特征,如黄山,既有奇的特征,而其天都峰又有险的特征,奇险交错,更增添了山的韵味。山地景观除了形态美以外,色彩美也是一个重要特点,这些色彩主要是在四季和阴阳交替时由树木花草、烟岚云霞及日月之光构成的。韩拙在《山水纯全集》一书中说“春山艳冶而如笑,夏山苍翠而如滴,秋山明净而如洗,冬山惨淡而如睡”。春山如翡,夏山如翠,秋山如金,冬山如银,便是自然景观的季象变化所呈现出来的色彩美。五彩缤纷的自然色彩给旅游者带来欢乐和幸福,带来赏心悦目的灵感,乃至令人振奋和神往。除上述形象美、色彩美之外,山岳景观还与流水飞瀑、云雾和动植物等要素组合,赋予人们动态、朦胧和听觉上的美感享受,在导游员讲解时也要正确适时引导旅游者感受。

二、山岳景观导游示范

(一)黄山——一座以景观奇特而著称于世的山体

山是以自然奇观为主体吸引物的山体,导游在实际讲解过程中可根据游客的游览情趣,有选择地从不同的角度进行解说。

1. 从地质角度导游

(1)位置:黄山位安徽省的南部,跨越四县——歙县、黟县、太平和修宁。黄山在秦朝(公元前221—207年)时叫做黟山,在公元747年(唐朝天宝六年)时才有这个名字。

(2)成因:1亿多年前的地球地壳运动使得黄山崛起于地面,后来历经第四纪冰川的侵蚀作用,慢慢地就变成了今天这个样子。黄山宏伟、庄严、风光迷人,为著名的风景区。

(3)景观特点:黄山是一个奇迹,在154平方公里的面积上群峰耸立,许多山峰的名字是名如其形,“莲花”、“光明顶”和“天都”是其中最主要的三个,都高达1 800米以上。这

些山峰都是花岗岩体，通常是由竖直接合点连接。侵蚀和断裂促使这些岩石变成巨大的石柱，形成了高峰和深谷。天阴时这些高山隐现在雾霭中，如虚幻一般，天晴时则尽展其威严与壮丽。

2. 从美学特征导游

黄山的颜色和形态随四季的更替而不断变化。春天，盛开的鲜花色彩缤纷，点缀着四处的山坡；夏天，您可以看到青绿的山峰一座连一座，泉水在欢快地汩汩流着；秋天把整个黄山装扮成红、紫相间的世界，正是枫树火红的季节；冬天则把群山变成一个冰与雾的世界，到处是银枝银石。

3. 按山地景观在旅游业中所起的作用导游

自古以来就一直有许多游客来到黄山，探求其神秘、惊叹其美景。人们渐渐地总结出黄山的四大特征和吸引力：奇松、怪石、云海和温泉。其实，黄山上也到处可见花岗岩，尤其是在以下几个景区：温泉、玉屏楼、西海、北海、云谷寺和松谷庵。黄山作为一座著名的中国名山，在以安徽一线为主题的旅游线路中起着画龙点睛的作用，是整个旅游讲解的重点所在。

4. 从文化的角度导游

黄山看起来清新、年轻，但却有着悠久的历史，古代的书籍、诗歌、绘画和雕刻都是很好的证明。李白并非歌颂黄山的唯一的诗人，唐代诗人贾岛（公元 779－843 年）和杜荀鹤（公元 846－907 年）也曾来此吟诗作赋。在唐以后的各个朝代中不断有人游览黄山，在诗中表达他们的赞美之情。明朝伟大的地理学家和旅行家徐霞客（公元 1586－1641 年）专门写了两本关于黄山的游记，清朝的西安派大画家渐江和石涛（公元 1642－1718 年）在身后留下了许多幅关于黄山的画。已经去世的地理学家李四光在其专著《安徽黄山上的第四纪冰川现象》中总结了他个人对黄山的考察成果。一代又一代人的题词随处可见："千姿百态黄山云"、"刺天峰"、"清凉世界"、"奇美"和"独具魅力的风景"，这仅仅是其中的几个而已。这些诗一般的词汇配上优美的书法不仅仅是装饰品，他们本身就是一道迷人风景。

（二）卡瓦格博（梅里雪山主峰）——未被人类征服的山峰

一座人类尚未登顶的山峰，对游客来讲充满了神秘感。对于普通游客，游览主要是远观，导游员的讲解过程尤为重要。在实际导游中，导游员要根据内容的需要灵活运用语言技巧，调动游客的情绪，制造一种特殊的氛围。

（1）位置：梅里雪山位于香格里拉德钦县城，再往城东行数里的飞来寺旁。梅里雪山是云南最壮观的雪山山群，数百里兀立绵延的雪岭雪峰，占去德钦县 34.5％的面积。

（2）成因机理：三纪造山运动及冰蚀作用。

（3）景观特点：梅里雪山主体雪峰的太子十三峰海拔 6 000 米以上，各显其姿，又紧紧相连。主峰卡瓦格博峰海拔 6 740 米，是云南最高的山峰。迪庆藏族人民在梅里雪山山脚下留下了世世代代的生存痕迹，也将深厚的文化意蕴赋予了梅里雪山。

若巧逢天气晴朗，那清远澄净的蓝天，映衬着高洁雄奇的雪峰，卡瓦格博峰白色的锋芒直指苍穹。其左右排列的各个雪峰，都仿佛受其制约着，又仿佛是其麾下的不可分离的一个整体。这个整体显现着奇异多姿的形态，在广阔明净的空间绘出一道白得耀眼的线条。不过，这种在晴空下一览无余的机遇并不是常有的，许多时候，云就罩在雪峰之顶，或系挂于山腰，使其呈现朦胧神秘的形象。这种缥缈的景象使太子十三峰愈发神奇。雪比云白、比云亮，而云只是雪峰含蓄婉约的一种符号。在宗教气氛浓郁的迪庆及周边藏区，藏传佛教的信徒们，历来把这里当朝觐之地。

（三）泰山——名山之祖

泰山是一座以历史的“厚重”和文化的“广博”而著称的名山。人们说登临泰山犹如阅读一部包容中国历史与华夏文化的教科书。同时它又以它的四大自然奇观闻名。这样的山对导游员的导游讲解来说是一种挑战，在导游中要注意“历史文化”与“自然奇景”的有机融合，这就要求导游员具备极高的文化素养，要把人文景观导游的相关知识，如古建筑导游、宗教文化导游、民俗导游、登山探险旅游登的知识运用进来，又要有较好的身体条件。

1.历史沿革

秦汉以来，随着帝王的封禅，儒、释、道教的相继传入，泰山建筑亦陆续营建。这些建筑，始终围绕着“朝天”、“升仙”、“祈福”、“登览”的主题，因山就势，巧妙地利用自然环境，与山石、林木融为一体，成为中国古老名山文化的例证。（封禅是中国古代帝王在泰山举行的一种祭祀天地神的宗教活动，它是泰山特有的一种文化现象。在泰山上筑土为坛以祭天，报天之功称作“封”；在泰山下小山上除地，报地之功称作“禅”。传说先秦有72代君王封禅泰山，正史记载秦、汉、唐、宋皆有帝王封禅，明清两代，改封禅为祭祀。）

2.主要建筑

岱庙位于泰安城区，是泰山封禅祭祀古御道上的一座宏伟壮丽的古代建筑群，占地9.6万平方米。城堞环绕，殿庑嵯峨，门楼高耸，气势非凡。庙以泰山称“岱宗”而得名，主祀泰山神，号称“东岳神府”，主要建筑有正阳门、配天门、仁安门、天贶殿、后寝宫、厚载门、铜亭等。庙内古柏参天，碑碣如林，文物荟萃，游人络绎不绝。

3.主要景点

泰山的主要景点有：王母池、孔子登临处、南天门、碧霞祠、普照寺、十八盘、灵岩寺、齐长城遗址。

王母池位于环山路东首，古称“群玉庵”，又名“瑶池”。三国魏曹植有“东过王母庐，俯观五岳间”的诗句，唐李白则有“朝饮王母池，暝投天门阙”的吟咏，足见建庙历史之久远。王母池临溪而建，殿庑亭阁，参差坐落在三层台基之上，红墙黑瓦掩映于苍松翠柏之中。前院有王母泉，泉水清澈甘冽；后院为七真殿，殿内泥塑神情各异，栩栩如生。

孔子登临处位于一天门北，为四柱三门式跨道石坊。古藤掩映，典雅端庄，额题“孔子登临处”五个大字。公元1560年（明嘉靖三十九年）始建。柱联曰：“素王独步传千古，圣主遥临庆万年”。坊两侧分立两碑，东为明嘉靖间济南府同治翟涛题“登高必自”碑，西为巡抚山东监察御史李复初题“第一山”碑。北侧为两柱单门的“天階”坊。

南天门位于泰山十八盘的尽头，海拔1 460米，古称“天门关”。它建在飞龙岩与翔凤岭之间的低坳处，双峰夹峙，仿佛天门自开。公元1264年（元中统五年）布山道士张志纯创建。门为阁楼式建筑，石砌拱形门洞，额题“南天门”。红墙点缀，黄色琉璃瓦盖顶，气势雄伟。门侧有楹联曰：“门辟九霄仰步三天胜迹，阶崇万级俯临千嶂奇观。”

碧霞祠位于岱顶，是泰山女神碧霞元君祠宇，始建于公元1009年（宋大中祥符二年）。整组建筑巍峨严整，气势恢宏。从远处眺望，白云缭绕，金碧辉煌，宛若天上宫阙。祠以山

门为界，分内外两院，内院正殿供奉碧霞元君铜像，铜瓦覆顶，东西配殿铁瓦覆盖，是一组高山建筑中的杰作。

普照寺位于岱麓凌汉峰下，秀峰环抱，翠柏掩映，亭殿楼阁，气象峥嵘。清人有"门前几曲流水，寺后千寻碧峰，鸟语溪声断续，山光云影玲珑"的赞咏。普照寺取"佛光普照"之意，传为六朝时建，后历代皆有拓修。寺内东院禅舍清幽，西院绿竹千竿，前院钟鼓楼对峙，中院依次有山门、大雄宝殿、摩松楼等建筑，冯玉祥将军曾隐居于此。

十八盘是泰山登山盘路中最险要的一段，共有石阶 1 600 余级，为泰山的主要标志之一。此处两山崖壁如削，陡峭的盘路镶嵌其中，远远望去，恰似天门云梯。泰山之雄伟，尽在十八盘；泰山之壮美，尽在攀登中！

灵岩寺位于泰山西北麓，群山环抱，峰峦耸秀，松柏掩映，殿阁生辉，宝塔峥嵘，泉石清丽，令人流连忘返。灵岩寺历史悠久，最初由东晋高僧朗公创建，唐慧崇和尚重建，以后历代皆有拓修。主要建筑有千佛殿、御书阁、五花殿、大雄宝殿、辟支塔、墓塔林等，寺内古碑林立、殿宇恢弘、香烟缭绕，被誉为"域中四绝第一"。千佛殿内宋代罗汉彩塑栩栩如生，惟妙惟肖，堪称"海内第一名塑"。

齐长城遗址位于泰城西北 15 公里处。齐长城是春秋战国时期齐国所筑的战争防御建筑，全长 500 余公里，西起平阴，东至胶县小朱山入黄海，将泰山、鲁山、沂山等数百个山岳连为一体，构成齐国的南境屏障。齐长城是我国历史上修筑最早的长城之一，是古代伟大的建筑工程。泰山存有约 10 公里的长城遗址，从断断续续的城基遗迹上，依稀可见当年风采。

任务作业

撰写一篇从文化角度讲解地文景观的导游词。

任务三　水体景观讲解技能训练

技能实训

实训项目	水体景观讲解技能训练
实训要求	1.撰写学校所在当地某水体景观的概况导游词及进行导游图的讲解 2.科学设计景区游览顺序路线，合理安排游览项目 3.撰写该景区各景点的导游词并进行生动讲解
实训地点	水体景区或模拟导游实训室

续表

实训材料	1.多媒体设备 2.导游词卡片 3.水体景观类旅游景区背景材料
实训内容与步骤	一、实训准备 把学生分为若干个小组。 二、实训开始 1.了解和熟悉旅游景区背景资料； 2.分析水体自然景观特色和分布； 3.根据上述内容，设计游览路线，安排游览内容； 4.写成书面文字； 5.分组模拟讲解。 三、实训结束

实训考核

组别：＿＿＿＿＿＿　　姓名：＿＿＿＿＿＿　　时间：＿＿＿＿＿＿

项　　目	应　得　分	实际得分
线路设计的合理性	10	
导游词的完整性	10	
导游词的生动性	20	
导游词的实用性	20	
导游词讲解	20	
仪容仪表	20	
合　　计	100	

考核时间：　年　　月　　日　　　　考评师(签名)：

知识链接

一、从水的美学特征进行讲解

水是构景的基本要素，在构景中均有形、影、声、色、光、味、奇等形象生动的特点。导游人员如能正确掌握这些特点，把自然美和人文美有机地结合起来，将这些美感特征介绍给旅游者，定会提高旅游者兴致，将其导入情景交融的境界。

(一)形态美

海洋、江河、流泉、瀑布一般以动态为主，湖泊则以静态为主。也有受到地形和季节的

影响呈现动中有静、静中有动的特点。因此，在导游江河湖海中形态美的讲解能对旅游者产生很强的吸引功能。如“西子三千个，群山已失高，峰岳成岛屿，平地卷波涛”，把千岛湖的形态惟妙惟肖地勾勒了出来；又如“黄河之水天上来，奔流到海不复回”，写出了黄河一泻千里、气势磅满的壮阔场景。同样，“五百里滇池，奔来眼底”，道尽了滇池的浩渺与辽阔。形态美的讲解，不仅能使旅游者在游览中欣赏到自然景观美，而且还能受到历史文化美的熏陶。

（二）倒影美

倒影美是讲解江河湖海的第二个特点。由于水是无色的透明体，所以在光线的作用下，万物皆成影。山石树木，蓝天白云，飞禽走兽，乃至人的活动都会在水中形成倒影，从而形成水上水下、岸边桥头，实物虚影的相互辉映，构成奇趣无穷的画面。如李白在《峨眉山月歌》中写的“峨眉山月半轮秋，影入平羌江水流”，就是描写了诗人看到峨眉山的上空半轮秋月，月影倒映在流动不息的平羌江上，意境非常幽雅宁静；还有九寨沟镜湖等具有的“鱼在天上游，鸟在水底飞”的倒影景观美等。

（三）声音美

水体运动所发出的各种声音，给旅游者造就了特定的情与境，因而声音美也是导游江河湖海的第三大特点。声音能让游人在旅游过程中获得重要的乐趣，如泉水的叮咚声、溪流的潺潺声、瀑布的轰鸣声、海啸的雷鸣声等，清浊徐疾，各有节奏。有些景象虽无声音，人们却似感到声音的存在，达到“此时无声胜有声”的效果，如“无边落木萧萧下，不尽长江滚滚来 ”将长江宏阔的境界、磅礴的气势一语写尽，给人以无限遐想的思绪。

（四）色彩美

水本无色，但透入水中的光线，通过水分子的选择吸收和散射，则会出现不同的颜色，给人以色彩美的享受。如渤海、黄海呈黄色，东海呈蓝色，南海呈深蓝色，黄河呈黄色，黑龙江呈黑褐色，鸭绿江呈鸭绿色，九寨沟的五彩池、五花海和火花海等则呈现出多种色彩。

（五）光泽美

水体自身的运动，在光线的作用下，能产生美妙无比的光学现象，令人赏心悦目。著名的“水光潋滟晴方好”，就是描写西湖晴空中湖水光象美的绝句；又如三潭印月现象，就是月光、烛光、水光的交相辉映，形成“天上月一轮，水中影成三”的美丽景色；宋代范仲淹称洞庭湖景色是“上下天光，一碧万顷”；而丽江古城中的万家灯火让本已浪漫的“小桥流水”再添万种风情。可以这样说，水体在日光、月光和灯光的作用下呈现出来的各种光学景象非常美妙神奇。

（六）水味美

水本是无色、无味、无臭的液体，有些未被污染的江河湖海水质清洌甘甜，还含有丰富的微量元素，如青岛崂山矿泉水、杭州虎跑泉水、济南的趵突泉等均为甘甜醇厚的泉水，成为酿酒、泡茶和饮料加工的理想水源。

（七）奇特美

水体的最后一个造景功能是奇特美，这是自然界的一些奇特现象造成的。如安徽寿县的“喊泉”，其涌泉量与人的声音大小成正比；四川广元的“含羞泉”，一遇震动，泉水便似害羞的姑娘，悄然隐去，待安静后泉水复出。云南大理有“蝴蝶泉”，其他地方还有“笑泉”、“水火泉”、“色泉”都是因奇特现象而成趣景的。还有的水体含有丰富的矿物质，具有可饮、可浴、可看、可赏的作用，如庐山温泉、五大连池药泉等，成为我国著名的矿泉理疗康复旅游区。

导游人员在进行江河湖海等水体景观的导游时，能正确运用造景功能的形态美、倒影美、声音美、色彩美、光象美、水味美、奇特美来加以讲解，把握其内在特征，就一定能丰富介绍内容，激发旅游者的情趣，提高人们的审美能力。

二、突出“水文化”

关于“水文化”，吴殿廷教授在他的《水体旅游开发规划实务》中总结道：“水是人们生活中接触最多、应用最广、须臾不能离开的物质，所以人们对水的感触最多。久旱逢甘霖、春雨贵如油，表达的是人们对水的渴望；洪水猛兽、水患无情，表达的是人们对水的憎恶；相濡以沫、鱼水深情，说的是感情至深；覆水难收、落花流水，则表现出几多无奈。水是有形的，因她无处不在；水是无形的，变化万千不可捉摸；水是刚毅的，因可水滴石穿；水是温柔的，恰如中国古代之贤妻良母；水是纯洁的，既可以水为净，也应以水为镜、以水为鉴；水是浪漫的，载着才子、诗人、画家云游梦幻天国。水是生命的源泉，孕育所有生机，包括人类，而且构成人身之主体；水博大精深，既用宽阔温暖的胸膛包容人间万象，又用豪迈奔放的气概荡涤世间污浊。

辞海里关于水的词条，仅首字为水者即达400多个；中国文学、历史书籍中，关于水、涉及水的成语、俚语、俗语更是数不胜数。仁者乐山，智者乐水，水确实构成一种文化现象。

广义水文化：水科学＋水文学＋水艺术

狭义水文化：水文学＋水艺术＝成语、俗语、典故、传说、音乐、美术、电影、电视……

水文化隐含了河流文化、湖泊文化、海洋文化、泉文化、桥文化、船文化等，还可以进一步引申为酒文化、茶文化、汤文化、粥文化、龙文化等。正如我们生息的这颗蓝色星球上的水体一样，水文化亦可谓“博大精深”。

导游人员在进行水体景观导游的过程中，应多从文化的角度予以评价。水在人们心目中，能给人们以不同的启迪，水体景观有其独特的“形”与特定的“慧”的统一。在实地导游过程中，导游人员应深刻挖掘水体中所蕴含的力量、温柔、纯洁、无私等内涵，通过传神的语言和丰富的导游方法，把不同层次的信息传达给游客。

三、全面了解水体的风格与差异

同为水景，但因为水的类型不同，如海水、江水、河水、湖水、泉水、溪水等，所以带给人们的景致也不同。

（一）水体类型不同，美的风格不同

自古以来，人们一直觉得，海洋浩瀚无际，碧波万顷，怒潮澎湃，深邃奥妙，唐代诗人白居易的“海漫漫，直下无底旁无边”的诗句，就是这种望洋兴叹的写照。的确，碧蓝无垠的海水、洁白飞溅的浪花、汹涌澎湃的怒潮，能给人以视野开阔、极目天涯之感，能使人精神振奋、思潮澎湃、催人奋进。而流泉、溪涧、小湖，则多给人以秀丽、幽美之感。江河大湖常

介于两者之间，江河虽有“孤帆远影碧空尽”的意境，但终不及海洋带给人们的意境真切与强烈。某些海岸虽然也具有秀丽幽美的景色，但终不如泉、溪、小湖带给人的恬静与浓厚。所有这些，都是由于它们各自水体类型不同的缘故，所以，同为水体，其类型不同，美的风格也不同。

(二)同一水体类型，但因各自组合条件不同，其美的意境也不同

以湖泊为例，湖泊面积大小不同，给人的美感不同。大湖泊能给人以畅旷的美感，所以古人用“帆影点点，烟波浩渺”来描述太湖风光；用“落霞与孤鹜齐飞，秋水共长天一色”来赞美鄱阳湖的绝妙景色。小湖泊多给人以清秀的美感，所以，苏轼用“欲把西湖比西子，淡妆浓抹总相宜”来赞美西湖。此外，人们还用“一面明镜”、“一颗明珠”来形容清澈的小湖。

再以河流为例，无论黄河、长江、珠江等江河，虽然皆有源头和入海口，但由于受各自地貌、气候、植被等自然地理环境条件的影响，其各自的水文特点不同，故各条江河，均各有其特色。宋代范成大的《初入巫峡》中写道：“束江崖欲合，漱石水多漩。卓午三竿日，中间一罅天。”长江在这里显得很险峻。唐朝诗人王之涣在《登鹳雀楼》中描述：“白日依山尽，黄河入海流。欲穷千里目，更上一层楼。”这成为描写黄河壮阔场面的千古绝唱。即使同一条江河，因地段不同，所造景致也不同，如长江三峡中瞿塘雄、巫峡秀、西陵险，美的具体内容是有差异的。

其他如海洋、流泉、瀑布也均无例外。

四、从景观类型讲解其特征

(1)海洋景观——突出海滨的伟岸、辽阔。

(2)江河景观——景色多姿、类型丰富。

(3)湖泊景观——大湖泊的旷畅，小湖泊的清秀，高山之巅湖泊的神秘、奥妙、幽静、清澈。

(4)泉水景观——奇特、多功能及转换性。

(5)瀑布景观——三态变化：形态、声态、色态。

五、从时代变迁讲解其作用

在江河湖海塑造的景观中，不但要联系除水以外的各种自然造景因素，还应从时代变迁讲解其作用，恰如其分地反映其内在的、本质的联系。从历史的和现实的状况加以分析，从而揭示其历史文化内涵，丰富原有水体景观，成为旅游者新奇的旅游对象。

从时代变迁讲解江河湖海的作用，可使旅游者全面地了解有关人文造景因素，诸如政治、经济、军事、交通、文化、宗教、民俗等方面的内容。只有将其实际情况正确运用到讲解中去，才能丰富讲解内容和文化底蕴，体现人与自然的完美结合、和谐统一，从而将导游工作开展得有声有色。

案例·示范

1.福建屏南白水洋导游词

各位团友，大家好，一路辛苦了，非常高兴能和大家一起游览第三批国家重点风景名胜区鸳鸯溪的龙头景区——白水洋。先自我介绍一下，我姓林，大家可以称我为小林，为我们开车的师傅姓陈，这段时间就由我和陈师傅为大家提供服务，预祝大家都能玩得开心、愉快。白水洋的自然山水风光一定能给大家留下难忘的印象。

现在我们来到的是鸳鸯风景名胜区中的标志性景区白水洋景区，位于福建省东北部，南连省会福州，北接浙江温州，西邻武夷山，东与台湾海省隔海相望，距离屏南县城关35公里，是国家重点风景名胜区之一，也是福建省十大“旅游品牌”之一。

鸳鸯溪全长18公里，是以野生鸳鸯、猕猴和稀有植物为特色，融溪、瀑、峰、岩、洞、潭、雾等山水为一体的自然景观。鸳鸯溪风景区总面积为78.8平方公里，是我国目前唯一鸳鸯鸟保护区。鸳鸯系国家二类保护动物，属于鸟纲鸭科，是公认的一种最美丽的水鸟，鸳鸯历来被作为爱情幸福、夫妻恩爱的象征，各位团友，到了白水洋就进入了鸳鸯风景名胜区了，在这里我们可以学鸳鸯爱，吃鸳鸯果，唱鸳鸯歌，睡鸳鸯床，做鸳鸯梦。

现在大家看到的是浅水广场，就是“天下绝景、宇宙之谜”的白水洋，它是由古代火山沉积岩组成的。这里最有特色的是“十里水上长街”和百米天然冲浪滑道。“十里长街”是由3块平坦的万米巨石组成的，最大的一块近4万平方米。这三块平坦的万米巨石，经国务院建设部组织专家证实系目前世界上“唯一的浅水广场”，故被称为“天下绝景”。很多游客都慕名而来观赏绝景。

白水洋分上洋、下洋，现在我们脚下的是中洋。中洋总长200多米，宽150米，面积3万多平方米，平坦如砥。浅水广场的3块巨石旁矗立着三座大山峰，交汇处豁然开朗，人置身其中，心情也随之激荡，到过这里的人都赞不绝口，在全国确实是独一无二的，堪称“天下绝景”。特别是盛夏，一个个都情不自禁地争先恐后下水潇洒走一回。现在专家们正在设计“白水洋牌”红军草鞋，用稻草和麻绳等材料编织草鞋，既可降低成本，保护环境，又可编入鸳鸯图案，还可以带回家珍藏当成美好的回忆。1992年起每年夏季都在这里召开一届世界上独有的民间水上运动会，开幕式上，有穿运动服的学生表演团体操，屏南传统武术队表演武术。还有农民舞龙表演，只见水上蛟龙摇头摆尾，中华之龙在水上“跳舞”恐怕唯有白水洋了！如碰到重大节日，还可以看到屏南独有特色的舞香火龙，夜晚看去像一条白龙横空出世，闪闪烁烁，宛如活龙横卧当街，场面宏大，蔚为壮观。香火龙构造独特，黑白皆装配精致，活灵活现，工艺高超。水上运动会最为精彩的还是60米跑比赛和“鸳鸯板”比赛项目，裁判员一声哨响，运动员在白水洋中央临时围栏隔成的跑道里，拼搏冲刺，目前60米跑的纪录保持者还是一位姑娘，成绩是13.5秒，“鸳鸯板”是几对“鸳鸯”将双脚套在不同的两块板上，靠着团队精神和伙伴的协调一致的步伐在水面上推进，稍有别扭大家就会全部摔在水上，弄湿全身，但也很刺激。运动会上还有走龙舟、水上拔河等项目，每届运动会，万余人云集白水洋，从情人谷往下看花花点点，犹如繁星在天河闪烁，场面十分壮观。

现在我们已来到上洋，上洋洋尾稍倾，似一条天然的冲浪滑道，它宽60多米，长近百米。烈日当空，穿上游泳装的勇敢者们顺势躺在石面上，冲浪快乐的同时也要注意安全

哦！白水洋河床乃当年的火山沉积岩，是大自然生命的表征，是鬼斧神工所创造的杰作。大家有没有注意到上洋和中洋连接处有个断层，形成一条弧形的高8米余、宽50多米的弧瀑。弧瀑活像一条挂在白水姑娘粉颈上的白金项链，让白水洋越发显得青春靓丽，是上天赐予了白水洋这样的独特佳景。

各位游客，我的屏南白水洋之旅到此讲解完毕，谢谢大家。

2.福建省宁德市九龙漈瀑布导游词

九龙漈瀑布属省级风景名胜区。位于周宁县七步乡，距城东南14公里处。由九级大小瀑布组成，总落差为300米。传说古时有九龙聚州，形成9个龙潭，因而得名。

九瀑各展奇姿，各具特色。其中，第一级瀑布最为壮观，瀑高46.7米，宽76米，丰水期可达83米。瀑流经陡峭的崖巅腾冲跌落，直泻深潭，声如轰雷，震撼山谷，瀑花飞溅，激化为迷蒙烟雾，弥漫山谷，若逢斜阳映照，幻成彩虹横空，斑斓耀眼。巨瀑右上方还有一个直径14米的潭穴镶嵌瀑间，人称“龙眼”。第四级称为龙牙瀑，瀑长46米，瀑面中有巨石突兀，形似龙牙，把瀑布扯成两半，故名。两股瀑流冲进一个面积为2 800平方米的“卧龙潭”。第六级至第九级是瀑瀑相接，人称“四叠瀑”。4级瀑布流程692米。瀑间遍布怪石，其形态各异、神奇逼真，有“龙井”、“龙脊”、“龙角”、“龙甲”、“龙爪”、“龙珠”。九级瀑布以下为一长达120米的长潭，游人泛舟其间，观赏四周山景，情趣横生。

九龙漈瀑布群四周群山耸立，峰奇石异，栩栩如生，有“鸽子峰”、“金鱼峰”、“腾龙峰”、“骆驼峰”、“蟾蜍爬壁”、“石猴观瀑”等。九龙祭瀑布群被誉为“福建第一”、“华东无二”，1987年被评为第一批省级风景名胜区。现公路已直通景区，景区内“九龙漈风景区管理所”大楼已落成，还建有2个观瀑亭、4个凉亭，供游客观瀑、歇息。

任务作业

选择当地一处水体景观进行导游词创作，并模拟演练。

任务四　生物景观讲解技能训练

技能实训

实训项目	生物景观讲解技能训练
实训要求	1. 撰写学校所在地某生物景观（如漳州长泰山重油菜花）的概况导游词及进行导游图的讲解 2.科学设计景区游览顺序路线，合理安排游览项目 3.撰写该景区各景点的导游词及进行生动讲解

续表

实训地点	生物景观或模拟导游实训室
实训材料	1.多媒体设备 2.导游词卡片 3.生物景观类旅游景区背景材料
实训内容与步骤	一、实训准备 把学生分为若干个小组。 二、实训开始 1.了解和熟悉旅游景区背景资料; 2.分析生物自然景观特色和分布; 3.根据上述内容,设计游览路线,安排游览内容; 4.写成书面文字; 5.分组模拟讲解。 三、实训结束

实训考核

组别:__________ 姓名:__________ 时间:__________

项　目	应 得 分	实际得分
线路设计的合理性	10	
导游词的完整性	10	
导游词的生动性	20	
导游词的实用性	20	
导游词讲解	20	
仪容仪表	20	
合　计	100	

考核时间:　　年　　月　　日　　　考评师(签名):

知识链接

一、植物导游讲解要领

(一)突出形态

大自然的花草树木,高低不同,大小不一,千姿百态,风格迥异。银杏、水杉等乔木可以长到几十米,有些草木却只有几厘米高;巨莲的叶子上可以坐一个小孩子,而青萍的叶

片的直径却不足1厘米。树形或是挺拔雄健，或是婀娜多姿，形状各异。白杨树像直插蓝天的宝剑，荔枝却"树形团团如帷盖"；水杉如宝塔，雪杉却又像巨伞；松柏遒劲刚直，柳树万条丝绦。如此丰富的形态，给了游客更多的审美感受。树叶和花形也是多彩多姿。看叶有单叶、复叶、全叶、裂叶之别，形状有桃形、圆形、梭形、扇形之分；看花有大、小、繁、简之分，层次有单层、多层之别。如凌霄花似一口倒挂的金钟，牵牛花像喇叭；更奇妙的是堪称"绿色国宝"的珙桐花，看上去像一只可爱的白鸽；菊花更是姿态万千，令人眼花缭乱，美不胜收。

(二)突出色彩

花草树木以其多样的色彩给人以愉悦的感觉。所谓姹紫嫣红，就是对植物的色彩描绘。绿色，是植物最基本、最普遍的色彩，因为叶绿素的光合作用是植物赖以生存的重要生理机制。绿色已经成了生命和青春的象征。颜色对人们的心理和生理的健康有着非常重要的作用，是衡量其美感价值的一个重要方面。但并非所有植物的叶子都是绿色的，如紫苏的叶是深紫色的。同时，叶子在生长的过程中，绘出一幅绚丽无比的天然图画。

(三)突出香味

植物的茎、叶、花、果，不仅装饰了自然景观，有的还散发出沁人心脾的芳香，给人以无限欢快的嗅觉美，从而调节情绪，益于身心。某些植物的特异芳香，不仅使人精神振奋，还诱使人们亲自去尝试体验。植物的芳香气味给人带来了极大的审美享受，无论是香远益清的荷花、浓香扑鼻的桂花，还是幽香缕缕的兰花、清香阵阵的梅花，它们的美跟那诱人的芬芳是分不开的。同是对梅花的描写，"暗香浮动月黄昏"的嗅觉美使得"疏枝横写水清浅"的视觉形象变得更加真实和生动，使美感趋于立体化。有些花就是主要依靠香气才吸引人们去观赏的。如桂花，它的花形很小，颜色也不是那么鲜艳，但却由于它的香气浓烈，在秋风中可以飘出数里外，才成为人们很喜爱的花。

(四)突出性能

植物除了具有审美价值之外，还同时具有实用价值。许多植物具有药用价值，成为中国博大精深的中草药的主要来源；有的具有经济价值，可用来制作各种生活用品及工艺品；有的还具有食用价值，成为人们餐桌上的美味佳肴。有的植物的这些功能较为明显，有的却不是为常人所知，因此，更需要在导游讲解中介绍给游客。导游人员在讲解中，应突出植物的性能，同时还包括对植物的生长性能的介绍，包括其对温度、气候、土壤条件各方面的要求和分布特点，如白杨树的生长特性、银杏树的雄雌异株等。

(五)突出寓意

有些植物富有深刻的寓意，易使人获得稳定而丰富的意境和多种美感。我国人民自古有通过植物来寄托自己感情和理想的民族特性。周敦颐在《爱莲说》中说："予谓菊，花之隐逸者也；牡丹，花之富贵者也；莲，花之君子者也。"这里指的就是花的寓意美。

在中国，植物有特殊的寓意：松柏表示刚强、长寿；竹表示刚直、清高、虚心；梅表达坚骨、孤高；荷代表洁身自好。

导游人员在讲解中，要突出这种植物的寓意美，这样，可以使游客在审美过程中获取更多的美的信息，并且可以达到陶冶性情、升华境界的审美目的。

值得注意的一点是，在不同的国家，相同的植物会出现不同的寓意！

二、植物景观现场导游途径

在现场导游中，人们最感缺乏的便是植物花卉知识，因为自然界的植物花卉种类繁多、千姿百态、风格各异，一时难以识别齐全。而美好的山水缺少了植物的造景，就再也无法创造出生机。旅游者一旦进入自然山水景观，就会对周围环境中的植物花卉产生浓厚的兴趣。因此，导游人员应全面地了解植物花卉知识。

（一）从资源分布讲解其类别

气候类型复杂多样，导致植物资源丰富多样。

植物通常分为木本和草本两类，木本植物又分为乔木和灌木两种。乔木植物有明显的主干，树木高大粗壮；灌木无明显主干，树木低矮，呈丛生状。草本植物又分为一年生、两年生及多年生草本。植物中最常见的是种子植物，种子植物又分为裸子植物和被子植物两类：裸子植物是只开花、结种子，但不结果实的植物，如松、柏、杉等；被子植物是开花也结果，种子被包裹在果皮之中的植物，如桃、李、杏、梨等。

资料库：我国常见的观赏植物

常见的树木中，荫木有苍松、桧柏、银杏、梧桐等，叶木有翠竹、芭蕉、红枫、垂柳等，果木有枇杷、柑橘、枣树等，蔓木有紫藤、忍冬、葡萄、凌霄等。

特有的珍稀树种，如裸子植物中的银杏、银杉、金钱松、台湾杉、白豆杉等和被子植物中的珙桐、香果树、昆兰树、连香树、鹅掌楸、水青树等。

“世界化石植物”的孑遗树种，如银杏、银杉、水杉、珙桐、水松、台湾松等，具有极高的观赏价值和科研价值，并具有世界保护意义。

我国八种一类保护植物是：银杉、水杉、珙桐、望天树、秃杉、桫椤、人参和金花茶。

我国花木中，有传统的“花木五果”——桃、李、杏、梨和石榴；也有传统的四季花卉，如春季开花的春梅、桃花、海棠和牡丹等；夏季开花的石榴、荷花、紫薇和百合等；秋季开花的菊花、芙蓉、桂花和玉簪等；冬季开花的腊梅、天竹、瑞香和迎春花等。

（二）从美的内涵讲解其功能

植物花卉的造景功能具有形、色、香、声、古、幽、光、影、奇等特征，在导游过程中能理解、发挥，便能让旅游者获得更多美的享受。

观花要讲究花姿花形，看叶有单叶、复叶、全叶、裂叶之别，论树形有挺拔雄健、婀娜多姿之分，论果形有圆形、扁形和线形等形状。植物花卉的形态美是导游人员介绍花卉特色以及区别花卉品种的首要内容，如观叶可区分牡丹和芍药之差别，同是带刺的“花卉三姐妹”玫瑰、蔷薇、月季，在一般人看来很难区分，而导游人员就必须熟知这些知识，帮助旅游者加以识别。

植物花卉的茎、叶、花、果都有不同的色彩，给人以多种色彩美。“千里莺啼绿映红”，其中以绿色为主基调。但也有的植物构成了自然界五彩缤纷的色相景观，如北京的香山红叶、云南罗平十万亩黄色油菜花等都赋予大自然以蓬勃的生机。不同的色彩，使人产生了不同的特定的心理反应，引起人们愉悦的精神状态，从而保持旺盛的精力。

植物的花香能给人以无限欢快的嗅觉美，沁人心脾，能让人精神为之一振。如桂花的清香、兰花的幽香、荷花的熏香、梅花的暗香，无不叫人拍案叫绝，流连忘返，令人陶醉。

自然界有很多声音与植物碰撞到一起会产生许多美妙悦耳的效果，如林海松涛、空谷回音、铁马风动、雨打芭蕉，各有节奏，给人以美的享受。

在景区内，一些古树往往能引起人们极大的兴趣，因为它不仅具有文物科研价值，同时又具有旅游观赏价值。如陕西黄帝陵内的“辕柏”因其历史悠久被誉为“世界柏树之父”，又如昆明黑龙潭内的“唐梅、宋柏、明茶”，成都杜甫草堂的“罗汉松”，安徽黄山的“迎客松”、“送客松”，庐山的“三宝树”等都是知名度很高、令人神往的旅游对象。

“独怜幽草涧边生，上有黄鹂深树鸣”。幽是绿色植物最重要的造景功能。茂密的森林给人以幽深玄妙之感，葱郁的乔木给人以幽暗葱茏之感，植物茂盛的生长空间又给人以幽静、僻静、幽雅之感。总之，一个“幽”字更使植物花卉显得生机勃勃、情趣盎然。

植物表面的光泽能给人带来美感。讲解植物花卉的光泽美，结合不同时辰的日光、月光可构成许多奇妙的景色。

植物花卉的光影同样产生更高的景观意境，如“疏影横斜水清浅”讲的是梅花的遒枝在水中产生的倒影；“月移花影上栏杆”就是月光洒射中所形成的景象，到了月夜，竹影婆娑，更是景象万千、风姿绰约。

植物花卉之奇是指奇特的植物生理形态，如西双版纳的“独木成林”、曲阜孔庙的“五柏抱槐”等都是自然界绝妙的奇景，成为人们竞相参观的珍奇植物瑰宝。

（三）从品质内涵讲解其寓意

有些植物传统色彩浓厚，富有深刻的寓意，最容易使人获得稳定而丰富的意境和多种美感，这类观赏植物以花为主。花有花的精神内涵，花有花的生命寓意。我国人民自古有通过植物来寄托自己的感情和理想的民族特性。如借苍松象征高洁、刚强、长寿，用竹象征刚直、清高、虚心，以梅花象征傲骨、孤高，以荷花象征洁身自好。周敦颐在《爱莲说》一文中说：“予谓菊，花之隐逸者也；牡丹，花之富贵者也；莲，花之君子者也。”他指出了菊花、牡丹花和莲花的寓意美。

资料库：中国花草雅称及寓意

在我国古代，人们就将松、竹、梅誉为“岁寒三友”，将玫瑰、蔷薇、月季誉为“园中三杰”，将报春花、杜鹃花、山茶花誉为“三大名花”，称山茶花、梅花、水仙花、迎春花为“雪中四友”，称兰花、菊花、水仙、菖蒲为“花中四雅”，称梅、兰、竹、菊为“四君子”（也有人将梅、兰、竹、菊和松合称“五君子”）。

中国十大传统名花都有雅称：牡丹——花中之王，梅花——花魁（又称雪中高士），水仙——凌波仙子，桂花——花中月老，荷花——花中君子，菊花——花中隐士，月季——花中皇后，山茶——花中妃子，兰花——空谷佳人，杜鹃——花中西施。

三、动物景观导游要点

动物常常与植物成为不可分离的整体，有草才有虫，有树才有鸟，动植物的存在已经成为生态平衡的重要标志。奇特珍稀的动物往往令人注目，成为一种奇特少有的景观。如峨眉山的“枯叶蝶”、四川的“大熊猫”等。除了野生动物之外，在人类饲养和训练下，动物还具有表演性，如海豚、赛马等。动物景观导游要突出动物的奇特性和珍稀性，因为这正是吸引旅游者的所在。

（一）突出其特性

奇特是指动物在形态、生态、习性等方面的奇异性与逗乐性。动物能活动、迁徙，作出种种有趣的表演，对游人的吸引力大大超过了植物。色彩鲜艳的珊瑚、姿态美妙的蝴蝶受人青睐，脊椎动物的奇特性表现，具有更大的吸引功能。长江中下游的扬子鳄、主要产于南方各地的娃娃鱼、东北的“四不像”、云南的金丝猴，都具有很强的奇特性。

（二）突出珍稀性

特有的、稀少的，甚至濒于灭绝的动物，往往成为人们注目的中心，被列为保护动物。如武夷山的“角怪”、峨眉山的“弹琴蛙”，以及“娃娃鱼”、扬子鳄、褐马鸡、朱鹮、丹顶鹤、黑颈天鹅、大熊猫、白唇鹿、东北虎等，都是集观赏价值与保护价值于一身的珍稀性动物。

导游员在动物景观讲解中，突出了珍稀性与奇特性，不但能使游客感觉到审美的价值性，而且还会对旅游产品的价值给予较高的评价。

案例·示范

一、植物讲解

1.银杏树

(1)简介：银杏树，由于生产周期长，又称公孙树，因其果实呈白色，因此老百姓俗称其为白果树。在古老的传说中，它是神奇的不老之树，是我国特有的一种古老神奇的树种。它雌雄异株，果实可以吃，也可以入药。银杏树木质细密，可供雕刻用。

(2)特点：银杏树是中国独有的古老名贵树种之瑰宝，具有1.5亿年的基因特征，是与恐龙同时代地球的统治者，被称为地球的“活化石”和植物界的“熊猫”。因其具有长达3 500多年的自然寿命，且不论数百上千年均能开花结果，生命力十分顽强，又享有“长寿树”之美誉。最为神奇的是，第二次世界大战时期，美国在日本投下的原子弹爆炸中心，万物俱灭，唯独几棵银杏树奇迹般地存活至今，这充分说明了银杏树长青不败的生命力。

(3)古老的树种：据研究，银杏类起源于石炭纪(3.45亿年)、银杏目起源于二叠纪(2.5亿年)以前，银杏属则起源于1.9亿年前的侏罗纪早期。现存的银杏，其历史可追溯到7 000万年以前的古新世(第三纪早期)。到了白垩纪后期及新生代第三纪，银杏逐渐由盛变衰；第四纪冰川之后，在中欧及北美等地的银杏全部灭绝，只在我国保存一种。银杏的价值在于它能在漫长的“地质时期”中保持该物种的遗传稳定。

(4)其他价值：银杏是世界上的干果珍品，也是我国特有的珍稀树种，其一身是宝，叶、皮、根、果皆能入药，具有很高的食用价值、药用价值、经济价值、生态价值和观赏价值，对人类健康有神奇功效。它不但具有润肺、止咳、平喘等多种功效，还可治疗高血压、心脑血管等疾病，在提高人体免疫力、抗衰老、抗病毒、抗癌、美容、护肤等方面也具有特殊功效。有病食之治病，无病食之保健强身。

(5)副产品：国内外专家正致力于将银杏叶提取物制成茶叶、针剂、浸膏、胶囊、化妆品，用于医疗和保健。专家确认，银杏叶制剂的实用化特点是疗效确切，是目前最好的广谱药物。同时，银杏叶食品也因保健价值极高，在国外普遍作为保健强身的日常食品。

(6)果实：木本植物银杏树的果实，果壳白色，果仁似杏仁，故名银杏，又名白果。果实

成椭圆形，由于品种形状不同，又称大佛指、大马龄等。果实外面有橙黄色带气味的种皮，果仁可以食用，也可以入药。

2.水杉

水杉，是一种高大乔木，树高可达 35 米，胸径达 2～3 米，树姿优美，枝叶茂密，春嫩、夏青、秋黄、冬红，叶色多变，独具一格，被列为世界上古稀名贵的植物之一。水杉在一亿年前的中生代白垩纪早期，曾广泛分布于东亚、北美、欧洲等地；到第四纪冰川时期，全部被毁灭，人们只能见到这种植物的化石。1941 年，在我国四川、湖北交界地区，发现了 1 000多株水杉，成为 20 世纪世界植物界的重大发现，当时轰动全世界。因此，人们称水杉为植物界的“活化石”。水杉生长快、材质好，不仅是很好的建筑材料，同时也是良好的庭院树种。

3.珙桐

珙桐，被誉为中国鸽子树。它是世界著名的观赏树种，在世界其他地方均已绝迹。可是，由于我国特殊的自然地理环境，使它能在贵州、湖北、四川等地幸存下来，传宗接代。珙桐也被人们誉为“活化石”。这种树有奇特美丽的花朵，花开时如群鸽栖于树上，故有“中国鸽子树”之称。

4.山茶花

山茶花原产于我国。公元 7 世纪初，日本就从我国引种茶花，到 15 世纪初大量引种我国山茶花的品种。1739 年，英国首次引种我国山茶花，以后山茶花传入欧美各国。至今，美国、英国、日本、澳大利亚和意大利等国在山茶花的育种、繁殖和生产方面发展很快，已进入产业化生产的阶段，品种间、种间杂种和新品种不断上市。

山茶花为常绿阔叶灌木，叶互生，革质，椭圆形，边缘有锯齿，深绿色；花单生或 2～3 朵着生于枝梢顶端或叶腋间；花单瓣或半重瓣、重瓣。常见品种有单瓣类的晨曦，花皱边，纯白色；赛金光，花白色，有桃红色线条和洒有细点；大花金心，花大红色，花径 6～7 厘米；半重瓣类有赛洛阳，花红色，具白斑；大松子，花深红色；醉杨妃，花粉红色；星桃牡丹，花桃红色。重瓣类有白宝珠，花纯白色；红芙蓉，花夹竹桃红色；花芙蓉，花白色，具红色线条；花宝珠，花粉红色，具不规则红条纹；五鹤捧球，花大红色；花佛鼎，花大红色，具少量白斑；红十八学士，花红色；赤丹，花大红色；花鹤翎，花淡红色，具白色斑点。

二、动物景观讲解

1.熊猫

熊猫，又名猫熊，被誉为我国的“国宝”。它性情温顺，体态肥壮如熊，体毛除肩部、四肢以及两只耳朵和两眼周围是黑色以外，其余都为白色，特别逗人喜爱。大熊猫现在仅存于我国四川、甘肃、陕西一带局部偏远高山上。它是几十万年以来，从古老的食肉兽转化而来的专门食竹的动物。其形态构造保持了古老哺乳动物的一些特征，成为极难得的“活化石”，在动物学研究上具有特别重要的科学价值。

2.金丝猴

金丝猴，主要分布在陕西、甘肃、四川、贵州、云南部分地区深山密林中。这种猴身体强健、体型较大，周身大部分披有金红、赤褐、银灰色的绒毛和长毛。雄猴肩上披着一尺多长的金黄色毛，在阳光下闪闪发光，艳丽夺目，因此得“金丝猴”的美称。这种猴喜欢群居，性情温顺，机警敏捷，活泼好动，借助树枝的强力，一跃可达一二十米，甚至更远，因此又有

"飞猴"之称。

3.白鳍豚

白鳍豚,属淡水豚类,是水生哺乳动物。淡水豚类是现有鲸类中最古老和最原始的一类。在我国古代文献中,关于它的记载已有两千多年的历史。它同熊猫一样,在世界上享有"活化石"的佳誉。它只分布在洞庭湖和长江中下游至钱塘江一带。白豚体长2～2.5米,体色为背蓝灰、腹白色,嘴细长,有牙约130个,以鱼类为食。

4.麋鹿

麋鹿,是我国特产的稀罕品种。麋鹿形象奇特,身子像驴非驴,蹄子像牛非牛,犄角像鹿非鹿,脑袋像马非马,因此人们俗称它为"四不像"。

5.朱鹮

朱鹮,我国独有的珍稀鸟类,本以为已经灭绝,近今来又在秦岭发现。朱鹮全身大部分是洁白的羽毛,两翅、背、腹、尾羽有朱红色金属光泽,头上有柳叶形下垂的羽冠,仪态庄严美丽。

三、云南野生动物园讲解(片段)

各位朋友,大家好!

首先,请允许我代表云南野生动物园的全体员工,以及可爱的动物们,欢迎大家的光临。

我是各位今天野生动物园之行的导游员,我姓李,我的工号是0238。各位叫我小李就可以了。在今天的游览中如果您有什么要求和需要请及时告诉我,我将尽我最大的努力帮助大家解决。

各位朋友,云南野生动物园是目前云南省最大、也是唯一的以野生动物养殖、观赏、展示为主体,集观光旅游、科普教育、迁地保护为一体的新型旅游景区。我相信各位今天一定会乘兴而来,满意而归。我也预祝各位游览愉快,有个好心情。

各位来宾一定都知道云南"三大王国"的美誉吧!

这位游客答对了,就是"有色金属王国"、"植物王国"和"动物王国"。当然也有人把这些王国的内容进一步细分,就分出了"香料王国"、"花卉王国"等等。这三大王国对许多人来说都充满了神秘的色彩,很多的人来到云南,实是被"植物王国"、"动物王国"所吸引。

在纯野外的环境条件下,特别是云南这样以山地、高原为主体的地方,人们很难在野外与野生动物近距离接触,更别说零距离了。同时,野生动物是动态移动的生物,它有自身的生活习性,经常处于"移动"过程中,人们想在较短时间内见到你所想要见到的野生动物实在是一件不容易的事。

而我们云南这块美丽而富饶的土地上,又蕴藏着十分丰富的野生动物资源。云南独特的气候和地理环境,使它能供种类繁多的动物栖息。按气候划分,在云南既有热带、亚热带、温带的动物,也有寒带的动物;按植被类型划分,既有高山森林、草甸种类,又有河谷、平原种类,形成了寒、温、热带动物均有,动物种类南北东西交汇的奇特现象,因而被誉为"动物王国"。现有资料统计,我们云南省的动物种类居中国之首。

(此段内容可根据游客的游兴及游览进程灵活安排)现在我用数字来说明:云南拥有脊椎动物1 737种,占全国种类的58.9%;国内见于名录的昆虫2.5万种,云南有1万多种。在脊椎动物中,兽类有300种,占全国种数的51.1%;鸟类有793种,占全国种数的

63.7%；爬行类143种，占全国的37.6%；两栖类102种，占全国的46.4%；淡水鱼类366种，占全国的45.7%。这么多的资源，怎样才能展示在世人面前，让人们体味“动物王国”的神韵、与动物接近、并了解我们人类的伙伴，甚至与动物成为朋友呢？在过去的动物园中，人们几乎都是隔着铁笼看动物，人与动物没有亲近之感，因此人们希望能尽可能地减少铁笼的“隔阂”，能在相对“自然”的状态下与动物们“接触”。同时，人们有这样一个愿望，——在较短的时间内同时领略到云南“动植物王国”的风范呢！

有这样的地方吗？

回答是“有！”那就是我们云南野生动物园。

现在，我们来到的是位于大门入口的“迎宾广场”。

“世博园也有一个‘迎宾广场’。”这位朋友说得对，但各位发现没有，我们的迎宾广场与世博园的有何不同？……名称相同(因为我们欢迎各位朋友的诚心是相同的)，而景观就大不同了。

正中的花坛中种植着的云南特色名贵树种，又一次再现植物王国的神韵。

现在各位随我再登高，人们常说“欲穷千里目，更上一层楼”，好景致需登高才可见。

(走动过程中讲解)各位朋友，我们云南野生动物园内设儿童乐园、动物广场、珍稀动物区、水禽湖、樱花园、雉类公园、猕猴山庄、圣诞林休闲区和猛兽区等十余个景区。蓄养展示的动物规划约200余种、18 000多头(只)。

雉类公园、水禽湖区各种鸟儿游走翻飞；大型草食动物区内，鹿科、牛科动物及大型鸟类悠闲地踱着方步；放养雄狮、猛虎、豹、熊等猛兽的猛兽区将会是最引人入胜的地方，游客可以站在周围特设的高位栈道上近距离观看动物们，不必受时间的限制；猕猴山庄内，200多只猴子将在其间上蹿下跳，峨眉山野猴神出鬼没“强抢”游人物品的情景会在这里再现。在观景台和观景长廊，游人们可通过望远镜俯瞰金殿公园、世博园以及滇池，高尔夫球场将成为景观之一 。

现在我们来到了珍稀动物区，因为是珍稀动物，数量有限，加之保护的需要，在这个区域内仍是以分区划片圈养为主，人们不能零距离接触。

各位，我们面前的这个展馆就是中国最珍贵的“国宝”，人称活化石的国家一类保护动物——大熊猫的家。馆内的“主人”是从圆通动物园搬家过来的，名字叫“珍珍”，雌性，25岁。这个年龄对于大熊猫来说已是高龄，如果用我们人类的年龄来比喻的化，它已经相当于人的七八十岁了。所以可以说它是“熊猫奶奶”了。它曾经三次产下自己的孩子，可惜都夭折了。各位都听过、见过大熊猫，至少在电视或图片里都见过了，但各位可知它名称的来历、在野外它又是怎么生活的？它吃什么？它有些什么习性呢？

现在我就用一点时间给各位做一点简要介绍：

(以下有关动物的知识，导游人员要在掌握知识要点的同时，要根据游客对象的变化，灵活运用，以满足不同游客的需要，调动游客的游览兴趣。涉及动物相关数据时，以动物说明牌为准！)

任务作业

以自己熟悉的植物花卉为对象从突出寓意的角度编写导游词。

任务五　天象与气候景观讲解技能训练

技能实训

实训项目	天象与气候景观讲解技能训练
实训要求	1.撰写学校所在地某天象与气候景观(如四川峨眉山佛光)的概况导游词及进行导游图的讲解 2.科学设计景区游览顺序路线,合理安排游览项目 3.撰写该景区(四川峨眉山佛光)各景点的导游词及进行生动讲解
实训地点	天象与气候景观(四川峨眉山)或模拟导游实训室
实训材料	1.多媒体设备 2.导游词卡片 3.天象与气候景观类旅游景区背景材料
实训内容与步骤	一、实训准备 把学生分为若干个小组。 二、实训开始 1.了解和熟悉旅游景区背景资料; 3.分析天象与气候自然景观特色和分布; 4.根据上述内容,设计游览路线,安排游览内容,重点介绍佛光; 5.写成书面文字; 6.分组模拟讲解。 三、实训结束

实训考核

组别:__________　姓名:__________　时间:__________

项　　目	应　得　分	实际得分
线路设计的合理性	10	
导游词的完整性	10	
导游词的生动性	20	

续表

项　　目	应 得 分	实际得分
导游词的实用性	20	
导游词讲解	20	
仪容仪表	20	
合　　计	100	

考核时间：　　　年　　月　　日　　　考评师(签名)：

知识链接

天象景观是指在特定地理环境下气象因素所表现出来的奇异的形、色等变化,它往往结合地形地物、海浪、沙漠、纬度等要素,形成独特、壮丽,甚至是神奇莫测的景观,乃是一种特殊的旅游资源。天象景观包括日出日落、月色、极光以及日(月)食等景观。

气象是指大气中冷、热、干、湿、风、雨、雪、云、雾、露、霜、雷、电、虹、霞、光等各种物理现象和物理过程的总称。天气则是指上述这些现象在一个地区短时间内的具体表现。气候是指某一个地区多年来的天气状况的综合。气象气候旅游资源是指那些有观赏功能或科考功能的大气物理现象和过程,如云海、雾(雨)凇、冰雪、烟雨、佛光和蜃景等景观。

天象与气候景观导游要点:

一、从景观构景要素导游

(一)与云雾雨有关的气象奇景

云雾雨所构成的气象奇观是温暖湿润地区或温湿季节出现的气象景观。透过云雾雨看风景时,景物若隐若现、缥缈虚幻,令人捉摸不定,给人一种朦胧美。如陕西的草堂烟雾、嘉兴的南湖烟雨、川东的巴山夜雨等等。流云飞雾变幻莫测、气势磅礴,是云雾赋予大自然的另一种景观。如果说薄云、淡雾、细雨只是对其他实体景观的叠加,让其重新构景,那么流云飞雾则是云雾自身构成的景观,如黄山、峨眉山的云海、庐山的云瀑等。

(二)与冰雪相关的天象奇景

冰雪景观是寒冷季节或高寒气候区才能见到的气象景观。它借助本身的白色与周围景象组合,形成多姿的景观吸引人。我国许多风景名胜区都有著名的雪景,如燕京八景中的“西山晴雨”、西湖十景的“断桥残雪”、蛾眉十景中的“大坪霁雪”、台湾八景“玉山积雪”等。雾凇(又名树挂)是一种独特的冰雪景观,它是雾气在低于0℃的附着物上直接凝华而成的产物。白色、不透明的小水粒集聚,包裹在附着物的外围,呈絮状。雾凇与一般的冰雪不同,其景致的美感不表现为覆盖物的宏观造型,而是保持一切原有形态的微观造型。我国雾凇景观主要出现在吉林市的松花江畔。

(三)与光线和日月有关的奇景

太阳是地球主要的光源,太阳光的折射、散射和反射,为自然界带来了五颜六色、奇丽美幻的各种景观。在我国,主要与光线和日月有关的奇景有日出、日落、月色、霞霭、佛光和蜃景。

日出、日落是由于太阳在地平线上升或沉下而形成的自然景观，由于其持续时间短，地面景象变化反差巨大，所以具有很强的美感。在我国，各大风景名山和海边都能观看到。

霞霭是阳光通过大气时，被大气微粒散射，剩余色光映照在天空和云霭上所呈现的光彩，多出现在日出、日落的时候，颜色有蓝、灰、红、紫、绿、橙等多种变化。在我国许多风景区中，都有霞霭胜景，如泰山的"晚壁夕照"、浙江西湖的"雷峰夕照"、贵州毕节的"东壁朝霞"等。

如果与日出、日落的恢宏大气相比较，月色则显得细腻撩人。一轮淡淡的明月，柔柔地照在大地，一切都是那么的安静、祥和，这是一种如烟似水的温柔。在我国有很多月夜胜景：峨眉山"象池月夜"、云南的"洱海月"、西湖"三潭印月"等等。

佛光是大气中光的折射现象所构成的奇幻景观。佛光出现的原理与雨后天空的彩虹是一样的，是云层将雾气水滴对阳光折射后分离的十色光反射到人的眼中的景观。佛光出现的次数、光环美丽程度因雾日的多少、空气湿度的大小而不同。我国最著名的佛光景观是峨眉山的金顶佛光，在特定的天气条件下，也仅出现在日出后半小时至上午九点，下午三点后至日落前一小时。此外，在庐山、黄山、泰山等地也有佛光景观。

蜃景，又名"海市蜃楼"。中国古代多有记载，初以为是蜃妖在作怪，吐气为楼构成神仙的住所，以引诱世人，其实是大气中由于光线的折射而形成的又一气象景观。由于空气密度的不同，常分为上现蜃楼（常见于海边）、下现蜃楼（常见于沙漠）和侧现蜃楼等。

二、从景观的美学欣赏角度导游

（一）形象美

自然界的气象景观变化万千，其形象也无穷无尽，体现了造化的神奇。波漾涌动的云海、雾霭，碧海之上的日出破晓，体现了一种雄大之美；夜空之中的淡淡月色、沉寂之中的一抹流星，又体现了一种阴柔之美；如梦如幻的"佛光"、亦真亦幻的"海市蜃楼"，又给人一种奇特之美。另外，薄雾淡云、细雨蒙蒙又给大地罩上了一层忧伤的韵味。

（二）色彩美

天象景观的色彩主要由烟岚云霞和阳光构成的。当太阳光穿过大气层的时候，受天气和时辰的影响，就会出现色彩缤纷的朝霞、晚霞、彩云、雾霭，使天空呈现出多种色彩，这些色彩令人神往和陶醉。"朝辞白帝彩云间，千里江陵一日还"、"日出江花红胜火，春来江水绿如蓝"，李白笔下的三峡与白居易笔下的江南，正是对此的生动写照。

（三）动态美

天象景观的动态美，主要包括烟岚、云雾的飘动及日月的升降。行云飘烟，从深谷里冉冉升起，峰峦似乎是在虚无缥缈的轻纱帷幄之中。日月升降没落，让人似乎也感受到了生命的轮回、岁月的沧桑。黄山的云海、峨眉的秋风，无不如此。

（四）朦胧美

天象景观是朦胧美最好的体现。透过云雾看风景，云雾中的景物若隐若现，模样模糊，虚虚实实，令观者捉摸不定，于是产生幽邃、神秘、玄妙之感，引起观者许多遐想，这就

是朦胧美。

我国古代诗歌中也不难找到对这种朦胧美的描写。王维的"江流天地外，山色有无中"就是一种朦胧的美态；而苏轼的"山色空蒙雨亦奇"，也是一种朦胧美的体现。

案例·示范

1. 峨眉山金顶佛光介绍

各位朋友，现在我们到达了峨眉山主峰金顶。当大家站在峨眉山金顶背向太阳而立，而前下方又弥漫着云雾时，就有机会在前方的天幕上，看到一个外红内紫的彩色光环，中间显现出观者的身影，这就是四川峨眉山神奇的"佛光"现象，古称"光相"。

"佛光"现象是日光成一定角度照射在云层上产生的衍射现象，又称"金顶祥光"，是"峨眉山十景"之一。每当雨雪初歇，午后晴明之时，阳光朗照，光映云海，游人立于睹光台上，可见自己身影被云面一轮七色光环笼罩，举手投足，影随身动，即是两人并肩而立，也各自只能看到自己的影子，绝无双影，故又名"摄身光"。

佛光大小、色彩、形状不同，也有不同的名称。白色无红晕的，称"水光"；大如簸箕的，称"辟支光"；小如铙钹形的，称"童子光"；光稍上映，直东斜移的，称"仙人首"或"仙人掌光"；光环如虹的，称"金桥"；佛光出现往往依云而出，若无云出现，称为"清现"，难得一见。还有一种称作"反现"的，即在早晨，光环出现在金顶西面，此种现象更是极难见到。

峨眉佛光在中国乃至世界类似的自然奇观中的地位是首屈一指的。首先，它发现的时间要比其他地方早 1 900 多年，并且色彩相当的秀美；其次，它一年四季都有，年平均出现 75 次，而其他地方每隔几十年才有一次出现，因此，峨眉宝光堪称世界之最。

自然景观导游是讲解中一个很重要的内容，也是体现导游讲解艺术的重要方面。掌握正确的审美方法，激发旅游者的审美情趣，寻觅美、欣赏美、享受美，从一般的以生理快感为特征的"悦耳悦目"审美体验，上升到以精神愉悦为特征的"悦心悦意"的审美层次，最后到以道德和理审美为特征的"悦志悦神"的至高境界。"江山美不美，全靠导游一张嘴"，虽然这有一点夸张，但是我们不难看出它在旅游活动中的作用。

2. 江南烟雨导游：苏杭雨亦奇

常言道："上有天堂，下有苏杭。"苏杭地区属于长江以南的亚热带气候区，1 月最冷，平均气温为 3.3～3.6℃，最冷可达 －10℃ 左右。尽管温度与北方相比不算低，但空气潮湿，总使人感到很冷，尤其在雨雪天，就更感到阴冷难忍。3 月下旬以后，平均气温在 14～20℃之间，气候舒适，冷暖宜人。春雨、薄雾、轻烟、晨霭模糊了山、水、小桥、人家，又使竹木花草、亭台楼阁隐约其间，别有一番诗情画意，真是"水光潋滟，山色空蒙雨亦奇"。正因为如此，江南民间久有"三月三看桃花"、"清明时节去踏青"的传统，在春回大地、桃红柳绿之时，游人云集，大有"紫陌红尘拂面来，无人不道看花回"之盛况。

苏杭一带虽然离海不远，又在湖畔，气候上可以收到海、湖环境的调节，但是夏季的气温仍然较高。7 月最热，平均气温达 28～29℃，炎热天数也有 10 多天，而且初夏时节，在梅子黄熟之际，是一年一度的梅雨期，历时约一个月，杭州始于 6 月上旬，姑苏、上海一带始于 6 月中旬。其间，连日里天气阴霾，晴雨多变，降雨频繁，雨量很大。这时外出旅游，雨具就成了必备之物了。因连日多雨、气温不高，此时，苏、杭一带的气温甚至比京津等北方地区还要低，所以北方来的游客千万不要误认为南方总比北方温度高而少带衣服。梅雨期间，空气湿度很大，物体很容易长霉，故应妥善保藏，遇到晴日及时晾晒。

8月下旬到9月中旬，苏、杭一带又受到台风活动影响，雨水显著增多，此时北来冷空气的影响亦逐渐增强，随后，金风飒爽，天高气爽，秋季来临。此时月平均气温约为17～24℃，温凉适宜。中秋时节，钱塘江大潮景观极为壮观，曾有"远若素练横江，声如金鼓；近则亘如山岳，奋如雷霆"之说。

任务作业

从天象与气候景观的美学欣赏角度讲解某一天象与气候景观旅游资源。

任务六　人文景观讲解技能训练

技能实训

实训项目	人文景观游览内容安排及旅游路线设计
实训要求	1.掌握正确观赏人文景观的方法并能进行讲解 2.科学设计游览顺序路线，合理安排游览项目
实训地点	教室或模拟导游实训室
实训材料	1.多媒体设备 2.导游词卡片 3.旅游景区背景材料
实训内容与步骤	一、实训准备 把学生分为若干个小组。 二、实训开始 1.认真阅读旅游接待计划，了解游览活动内容及日程安排； 2.学生了解和熟悉旅游景区背景资料； 3.分析人文景观特色和分布； 4.根据上述内容，设计游览路线，安排游览内容； 5.写成书面文字。 三、实训结束

实训考核

组别：____________　　姓名：____________　　时间：____________

项　目	应　得　分	实际得分
线路设计的合理性	10	
导游词的完整性	10	
导游词的生动性	20	
导游词的实用性	20	
导游词讲解	20	
仪容仪表	20	
合　计	100	

考核时间：　　年　　月　　日　　　考评师(签名)：

知识链接

一、人文景观的概念及特点

(一)人文景观的概念

人文景观是指整个人类生产、生活等活动所留下的具有观赏价值的艺术成就和文化结晶,是人类对自身发展过程科学的、历史的、艺术的概括。它们是人类历史的见证,在内容、形式、结构、格调等方面都具有历史特点,同时还表现出明显的地域性和民族性。它既包括有形的事物,也包括无形的精神,因此它涉及的面大、范围很广,类型也很多。人文旅游资源具有明显的时代性、民族性、地方性和高度的思想性、艺术性、活跃性,具有强有力的生命力。

人文景观包括一个国家或地区独特的民族状况、历史发展、文化艺术,以及物质文明、精神文明的内容等。

(二)人文景观的特点

1.历史的遗存性

人文景观是人类活动所留下的痕迹和实物,它的产生是历史发展进程中必然与偶然相结合的产物,是在特定的历史时期和特定的自然、人文环境下产生的。中国著名的长城的修筑历史就是最好的证明。人文景观都具有时代的烙印。

导游人员在带领游客参观游览人文景观的过程中,必须注重其产生发展的历史背景,否则游客(特别是外国游客)是难以理解的。

案例 · 示范

居庸关讲解(片段)

我们可以看到前面宏伟的建筑就是居庸关,它的名字起源于秦朝,以秦始皇迁徙"庸徒"在这里居住所以得名。在关内,有一个著名的汉白玉石台,就是云台。它是元代的一座过街塔,上边原来有三座藏式佛塔,在后来的地震中被毁坏了。明代又在原处建立了泰安寺,而在康熙年间又被毁了,只留下现在我们所看到的柱础和望柱。云台的面积有310平方米,台下的券门上刻有狮、象、四不像、金翅鸟等浮雕,分别代表了佛教密宗五方五佛的坐骑,还有天龙八部护法天神的浮雕;内壁上还有四大天王浮雕和神兽图案,券顶上还布满了曼陀罗的图样,花中刻有佛像2 215尊;还有六种文字镌刻的《陀罗尼经咒》和《造塔功德记》,这些都是元代的艺术精品,具有很高的艺术价值。

2.地域性

文化的产生受自然环境的影响较大。每一种人文景观都不可避免地打上地域的痕迹。因此同一时期的人文景观,在不同的地区有呈现出不同的特点。

导游人员在知识准备过程中,要把自然地理知识和文化常识有机结合起来。对所要介绍的景物要全面了解,同时要能与类似的典型景观或景物进行对比。例如介绍大理三塔中千寻塔的形状时,应与西安小雁塔对比,首先证明它们同为唐塔,但其造型有明显的区别,进而显示了文化景观的地域特点。

3.继承性与流变性

人文景观的发展是随文化的发展、变迁而发展的。文化是一种历史现象。每一社会都有与它相适应的文化,并随其生产的发展而发展。而文化的发展有它历史的连续性,物质生产的连续性是文化历史连续的基础。

同时文化的发展又是一个变化的过程。随着社会的发展,各种文化也在相互融合、交叉,因此从文化发展中产生的人文景观同样也在不断地变化。

在导游人文景观的过程中,要注意历史的继承性。典型的如中国古建筑景观,导游员要通过细微之处如斗拱、彩画等,讲清楚文化继承之所在,同时又要介绍清楚时代特征。

4.垄断性

人文景观是在特定的地理环境和特定历史时期形成的。从其自身文化和观赏价值看,由于地域不同、民族不同、传统文化不同,使各国、各地区的人文景观具有自身的独特性,也即具有垄断性。例如,中国的长城、兵马俑、北京故宫、埃及的金字塔等。

通过垄断性的介绍,向游客介绍文物的价值所在,同时进行文物保护和爱国主义、国际主义教育。

二、人文景观导游的途径

(一)把握人文景观的历史特征,讲解中突出时代特征

由于人文景观具有明显的时代性和地域性,是人类在其历史发展进程中在改造、利用、适应自然的过程中所创造的。因此,在导游讲解过程中,必须突出它的时代性。

(二)紧扣"人与环境"的主题

现今保留下来的人文景观,往往都是人类所创造的精品,是人与自然和谐发展的结晶。讲"古"论今,发挥人文景观的延续教育性。

(三)突出文化内涵

每一类型的人文景观都包含有博大精深的文化内涵,导游人员在实际导游过程中必须把景观所包含的、游客不可能直观看到的内容,通过不同的导游技巧和方法传导给游客。

三、人文景观导游讲解要领

(一)强化知识性基础

人文景观与自然景观相比,最大的特点之一就是文化内涵的延伸性。自然景观往往可以直观赏析,但人文景观却不能。要相对完整地了解一个人文景物,必须要有一定的文化底蕴。因此,导游人员自己一定要具备丰厚的文化基础知识。

(二)注重讲解的通俗性

人文景观的文化内涵博大精深,而游客旅游的目的并不是做学术的探索。因此导游人员在实际导游过程中必须合理组织自己的语言,以满足游客的需要。

(三)有针对地讲解,做好充分的准备

游客的组成是极为复杂的,导游人员在实际导游之前,必须对游客的文化基础做全面的分析,找出文化的差异。

(四)灵活运用导游方法

在前面所介绍的导游方法中,导游人员要根据所讲授景点的特色选择适合的导游方法。

(五)突出景物的思想特征

导游人员的服务,其中很重要的一条就是教育功能,因此,在讲解中要能客观地介绍历史,并恰当地结合现实,做到借地发挥、有的放矢,把人文景观的学术价值、思想价值充分地展现在游客面前,使游客的思想得到升华。

(六)把握人文景观的审美特征

人文景观具有特殊的协调美、统一美、艺术美和创造美。在导游过程中要把文化景观中所包容的内容全面地介绍给游客。

任务七 民俗风情讲解技能训练

技能实训

实训项目	民俗风情讲解技能训练
实训要求	1.撰写学校所在地的某民俗风情[如海峡两岸(福建东山)关帝文化旅游节暨闽台水产品博览会]的概况导游词及进行导游图的讲解 2.科学设计景区游览顺序路线,合理安排游览项目 3.撰写该景区[海峡两岸(福建东山)关帝文化旅游节暨闽台水产品博览会]各景点的导游词及进行生动讲解
实训地点	东山风动石景区或模拟导游实训室
实训材料	1.多媒体设备 2.导游词卡片 3.民俗风情类旅游景区背景材料
实训内容与步骤	一、实训准备 把学生分为若干个小组。 二、实训开始 1.了解和熟悉旅游景区背景资料; 2.分析民俗风情人文景观的特色和分布; 3.根据上述内容,设计游览路线,安排游览内容; 4.写成书面文字; 5.分组模拟讲解。 三、实训结束

实训考核

组别:____________ 姓名:____________ 时间:____________

项　　目	应　得　分	实际得分
线路设计的合理性	10	
导游词的完整性	10	

续表

项　　目	应　得　分	实际得分
导游词的生动性	20	
导游词的实用性	20	
导游词讲解	20	
仪容仪表	20	
合　　计	100	

考核时间：　年　　月　　日　　　　　考评师(签名)：

知识链接

民俗风情旅游对导游员的要求主要有以下几点：

(1)努力成为民俗学的“专家”：

导游在游客的心目中是“万事通”、“博学多才的杂家”。而要做好民俗风情的专项导游，导游员除了是一个杂家外，还应该是一位民俗学“专家”。这里所说的专家，不要求一定走向深刻，却希望逐渐走向广阔。

导游员讲解民族、民俗学的内容主要包括：民族或地方的简史；地理环境的特征与衣食住行的喜好；婚娶生丧的习尚，节日庆典的仪式、内容及传说；信仰崇拜的缘由；待人接物的禁忌；游娱竞技的规则及风物特产的状况等。尤其要注意学习有关民族或地方人们的服饰、建筑、饮食、节庆和婚恋习俗方面的知识。因为它们的直观性、可参与性与神秘性直接导致了它们可能成为热点问题或问题焦点。

(2)适当了解民族语或方言：

各民族和各地方的人们对自己的语言都寄予深厚的感情，导游员会说哪怕仅仅是一点点当地的语言，能赢得当地人的友爱与亲近，有利于工作的开展；同时民族语言和方言蕴含着民族文化和乡土文化的“灵性”，了解民族语言和方言，有助于全面、生动地讲解民俗风情。

(3)熟悉重要政策，尊重当地民族：

民族平等政策、民族区域政策、宗教信仰自由政策等在《中华人民共和国宪法》中有明确规定，受法律保护。值得一提的是，宗教问题与民族问题是两个不同的概念。但在我国，由于大多数民族都有宗教信仰，宗教影响较深，要解决好民族问题，必须正确处理宗教问题。

在熟悉重要政策的前提下，要提醒游客尊重当地少数民族的宗教信仰、风俗习惯和乡规民约，克服大民族主义、大地方主义和都市优越感。因为在民族风情愈浓烈的地方，民族问题愈敏感，而大民族主义和都市优越感往往会刺激狭隘的民族主义和地方主义。

(4)掌握并灵活运用导游讲解方法和技巧：

根据长期实践经验，导游和专家们总结出了丰富的方法与技巧，目前我们的主要问题在于选择和运用这些方法和技巧做好民俗风情导游。在为游客进行民族风情导游的时候，除灵活运用常规导游讲解方法外，还应根据民俗风情旅游资源的特点，在实际导游讲解服务中有针对性地运用一些更有效的方法，诸如：

①声像资料法：由于民俗风情内容的丰富多样性，而游客外出旅游和游览的范围是有限的，有些民俗，如节日、婚恋习俗、葬仪等内容，只在固定时间发生，也有些内容游客是无法直接参观或参与的；而这些内容又往往是游客了解旅游目的地民俗风情必不可少的内容。目前大量的旅游车都有较好的声像设备，因此导游员可在讲解过程中借助相关的图文声像资料对游客感兴趣的问题进行讲解。

导游员可在音像市场购买相关资料，或直接运用，或自己根据需要加以编辑；必要时导游人员也可在踩点时自己拍摄一些照片或录像，自己制作导游讲解的辅助材料。

②载歌载舞法：民俗风情中有一类对游客有特殊吸引力的内容，就是民族歌舞。人们都喜欢用歌舞的形式直接表达和展示民族文化、表现民族情感。歌舞中往往能体现不同的民俗风情，同时游客又可以参与和体验民俗。因此导游员在进行民俗风情导游前应学会一些旅游目的地的歌舞，在导游过程中载歌载舞，或自己表演以达到强化、提升讲解内容的目的，或导游员领唱领舞，带领游客参与民俗活动。我们把这种方法称为载歌载舞法。

导游人员应熟悉当地各类经典民歌和民间舞蹈，不求精，但求会，还要善于为游客演示；同时要掌握歌、舞的文化内涵。

③故事引导法：各个民族都有自己不同类别的传说、故事，许多民俗风情都与传说故事有关。因此，在实际导游中，导游员应根据游客的兴趣和参观对象的情况，精选特色鲜明、教育与娱乐内容并存的传说故事，借用曲艺演员表演的方式，运用生动的语言进行讲解。

当然，要想把一个民俗风情旅游景点（区）讲得全面，生动和精彩，仅用一两种方法是不够的，要提高讲解服务的质量，让游客满意，导游员应在讲解方法上做到灵活运用和融会贯通。

任务作业

请你以福建惠安的“惠女风情”为主题撰写一篇导游词。

任务八　中国古建筑讲解技能训练

技能实训

实训项目	中国古建筑讲解技能训练
实训要求	1. 撰写学校所在地某中国古建筑(如南靖土楼)的概况导游词并进行导游图的讲解 2.科学设计景区游览顺序路线,合理安排游览项目 3.撰写该景区(南靖土楼)各景点的导游词并进行生动讲解
实训地点	南靖土楼景区或模拟导游实训室
实训材料	1.多媒体设备 2.导游词卡片 3.中国古建筑类旅游景区背景材料
实训内容与步骤	一、实训准备 把学生分为若干个小组。 二、实训开始 1.了解和熟悉旅游景区背景资料; 3.分析中国古建筑人文景观的特色和分布; 4.根据上述内容,设计游览路线,安排游览内容; 5.写成书面文字; 6.分组模拟讲解。 三、实训结束

实训考核

组别:＿＿＿＿＿＿　姓名:＿＿＿＿＿＿　时间:＿＿＿＿＿＿

项　　目	应　得　分	实际得分
线路设计的合理性	10	
导游词的完整性	10	
导游词的生动性	20	

续表

项　　目	应　得　分	实际得分
导游词的实用性	20	
导游词讲解	20	
仪容仪表	20	
合　　计	100	

考核时间：　　　　年　　月　　日　　　　考评师(签名)：

知识链接

一、单体古建筑的观赏程序及讲解

(一)登台基

(1)引言:“雕栏玉砌应犹在,只是朱颜改!”这是五代南唐后主李煜在《虞美人》一词中写下的佳句。玉砌就是白大理石砌筑的房屋阶基,也叫台基;而雕栏就是那阶基上的石栏杆,古代也叫钩栏。

(2)发展历史:旧石器时代的先民们只是利用天然条件构木为巢,入穴而居;巢居发展成了后世的干栏式(架空)建筑;从穴居到钻出地面,在平地上建起房子,我们的祖先花了300万年的时间;由房屋初出地面到夏代有了20厘米高的台基,大约又花了2 400～2 800年;殷代“堂崇三尺”,就是台基高三尺,又升到了60厘米的高度;到了周代,台基的高度已成了显示人们尊贵的标志,天子的朝堂才可有九尺高的台基(约为现在的1.8米)。

春秋战国时代,台基不断加大加高,形成了台式建筑,成为建筑中的一个类型。它可以是祭神的坛——高高的秃顶平台,也可以是单座的有高台的建筑——台榭,更多的是发展成为许多建筑物都坐落在一个大高台上面的“台”。战国时代,台基的外侧面有了一些小立柱式的贴面装饰。汉代,除了方台基以外,还出现了许多别的样式。

(3)形态:台基高了,便要做栏杆,方能确保行人安全,一般用石作栏杆,叫钩栏。这石钩栏的构造和雕刻都是从木栏杆演变而来,后世的钩栏向单一化和标准化发展,明清时代的钩栏只是在望柱之间嵌上一整块石雕栏板便算构成,望柱头多雕刻云纹,加工也比较简易。

台基面离外地面有一定高度,因此要做一些踏步(宋代叫踏道,清代叫踏跺)方能上去。皇宫的正殿则有三座台阶,中央的台阶叫陛,皇帝的尊称“陛下”即由此而来。中央台阶的中央又多了一条陛石,上面雕刻着龙凤云纹,那是帝后通行的红地——御路。有的高规格的殿堂,中央台阶也有安置这条“御路”以示尊贵。

随着佛教的传入,中国古典建筑的台基也发生了变化,须弥座式的台基十分盛行,“须弥”得名须弥山。最早的须弥座是在南北朝时期的石窟寺中的塔座和佛座上出现的。清代对须弥座的式样、尺度、比例、做法等都有规定,除了上面所说的座中央凹进部分亦叫束腰外,上下的弧面分别叫上枭、下枭(通称为枭混),枭面都刻莲瓣。明清时代有一种叫“八

达马"式的莲瓣十分肥厚，上枭上的线条叫上枋，下枭下的线条叫下枋，夹着的一些分条小线道叫皮条线。下枋下面落地部分的基石叫圭脚(也叫龟脚)。

(二)观斗拱

(1)引言：如果说，中国的古典建筑是一簇美丽的鲜花，那么这斗拱就是她的花蕊。

(2)名称来历：斗拱是"斗"和"拱"的复合名词，是在一根短短的扁方横木端部挖成"拱"状，在拱顶装上一个"斗"，便成了斗拱。完备的斗拱组件由斗、拱、昂、枋四种构件组合而成，但枋只是牵连相邻两座斗拱的加固构件；斗拱本身则是由垂直和横向的小斗拱构件加上斜昂，一层一层作十字形叠交而成，形态纤丽，是一种在技术上非常先进的空间结构。

(3)特点：唐代殿堂建筑中的斗拱非常雄大，人们到五台山便可在南禅寺和佛光寺大殿中欣赏到它们的雄姿。宋、辽、金时代的斗拱也健壮可观，如太原晋祠的圣母殿、云南的曹溪寺大殿，宁波保国寺大殿，大同华严寺善化寺的大殿、三圣殿，正定隆兴寺的摩尼殿都是宋辽金时代的作品，在这些殿中就可以看到宋式斗拱的卓越英姿。

(三)赏屋顶

(1)引言：屋顶是中国古典建筑的三大构成因素之一，它经历了漫长的历史演变过程，源远流长。6 000 多年以前的半坡人对于屋顶的处理就表现出非凡的创造力。

资料库：屋顶的几种主要形式

• 单坡，即普通的披水。

• 双坡，又可分硬山、悬山(都可以是三角形尖脊或卷棚形弧脊)、封火墙式(民间建筑用得最多)。

• 四坡，又可分为庑殿、歇山。歇山式屋顶也可以是三角形尖脊或卷棚形弧脊。

• 攒尖，由于平面的不同，又可分为三边、四边或多边(亦即三角、四角或多角)形攒尖、圆锥或氍包形攒尖和盔顶(一种四坡凹曲面，其状如头盔的攒尖顶)。

• 平顶，又可分为平屋顶、盝顶(即将屋脊平切了去，造成一个顶部平台)。

• 弧面，又可分为囤顶、连续拱顶。

• 球面，即穹窿形屋顶，伊斯兰建筑多用之。

(2)特点：中国古典建筑屋顶形态上的最大特点就是一个字——曲，包含曲檐、曲脊、曲坡。这"三曲"使得屋顶的样式发生了多维的几何形态变化，从而构成了一个多曲线、面的空间曲态体系。大屋顶是中国古建筑的标志之一，古建筑上的"大屋顶"亦可看作是扩张出檐部分。其作用主要有两点：第一，防止雨水急剧下流；第二，避免因檐深而阻碍日光射进。至于屋顶出檐部分，为何又会出现四角之檐的现象呢？除了实际作用以外，则是美观的需要，其四角之檐的仰翻曲度犹如裙子展开，给人一种自然轻快的印象。例如，北京天安门的城楼建筑，就是典型的重檐飞翘，观之雕梁画栋、黄瓦红墙，异常壮丽。

除了屋顶自身的变化外，建筑物平面组合也呈现复杂化，加上层高和层数的变化，使屋顶也成为多变化的多类型的组合体。

资料库：紫禁城角楼的屋顶

紫禁城的角楼的屋顶平面是十字形，十字形的阴角又凸出一角，就有了 12 个角。第一层的屋顶为单坡(即披檐)；到了第二层，在四面凸出的十字上各做了一个歇山顶；到第三层(顶层),平面变作了正方形,屋顶就成了四面出山的十字顶。这一座小小的望楼,上下各层的屋脊(包括沿墙的围脊)加起来足足有64条之多;屋顶上还有许多锦上添花的饰件,美轮美奂。

(3)配件介绍:在汉代的明器和画像砖、石的纹样上可以看到,那时的屋顶,正脊、斜脊以至重檐的围脊转角处都有向外延伸、向上翘起的尖头形配件。南北朝时,这种"尖头"出现了向内凹曲的态势,于是成了初期的鸱尾。

鸱是海里的鱼虬,即有角的龙,它能激起水浪而降雨,鸱尾就是鸱的尾巴,带有防火灾的象征性意义。最初它只是一个似像非像的龙尾巴。唐代以后,便多了一张大咀,咬着那条正脊。由于动物的前颚叫吻,所以有些人又叫它鸱吻。宋代的鸱吻已完全化作龙形,头顶上还插了一柄剑把。大型而又华丽的殿堂,正脊的中央部位还有一簇繁缛的装饰件,如日月、宝瓶、宝珠、三塔乃至人物等,有的两侧面上有连续的浮雕或彩塑,太原晋祠圣母殿的正脊正是这样的典型作品。唐以后,鸱尾仅限用于宫殿。

另一种配件是小蹲兽。自南北朝时,宫殿斜脊的下段明显低矮,成为岔脊,以免单调和平淡。到后来,在岔脊上还生出许多小蹲兽来,时间越后,件数越多。故宫太和殿的岔脊上就有11件蹲兽,最前面的是骑凤的仙人,向后依次为龙、凤、狮、天马、海马、狎鱼、狻猊、獬豸、斗牛、行什等。

宫殿檐口的装饰也十分繁复。檐边的板瓦(霄水沟瓦)带有滴水(或叫滴子),檐边的筒瓦则有圆形瓦当(或叫勾头),滴水和勾头上面都有浮雕。翼角的子角梁上有琉璃套兽,下面挂着铜(或铁)制的悬铎——铃铛,随风飘摇发出清脆悦耳的当当声。飘檐下游两层椽子,外面的一列是方头"飞椽",飞椽下面缩了进去的还有一层下叠的圆头"檐椽",椽头都有彩画,像一列列五彩瑙珠;椽下是一簇簇似锦的斗拱。这样一座翼角上扬、曲线皆曲、轻盈飘忽如翅而又五色缤纷的屋顶,正像美丽的雉鸟腾翅欲飞!

(四)品彩画

(1)引言:曾有人把中国古典建筑的色彩之美比作敦煌石窟中水月观音那样的彩塑,这并不为过。

(2)作用:彩画主要用于露明的木构件,如柱、梁、枋、斗拱、椽、平綦、藻井等,也用于墙面。它是中国古典建筑的特点之一,富有浓厚的民族色彩。彩画除发挥装饰功能外,还是中国文化的有形体现,同时还具有保护建筑的功能。

(3)发展历史:彩画及建筑中对色彩的运用,在中国有着古老的渊源和漫长的演变历史。不同的朝代具有不同的彩画风格和特色,目前保存下来的主要为明清时期的建筑彩画。

(4)明代的彩画底层开始采用薄的衬地——油灰地仗,色调上趋于仅用青绿,少用其他颜色(全红的除外)。由于明代的宫殿寺庙已盛行用黄、绿琉璃瓦屋顶,因此有必要将檐下的彩画转变为青绿冷色(主要线条用金色),使整座建筑物的外观明朗,避免色调上的纷繁杂乱。

清代彩画在表现形式上和绘制技巧上都进入到一个新的阶段。皇宫寺庙的殿堂为红色,最高级者如太和殿的明间内外立柱柱身都贴金——用沥粉画成蟠龙,然后贴金;天坛的祈年殿、皇穹宇在红柱上画金色转枝莲等纹饰;有的寺庙、祠、观的殿堂立柱用黑色或黑绿色髹漆。

南方的许多园林建筑、住宅，其柱、梁、枋多不施彩画，而采用雕刻，或将雕好的饰件钉附在构件上。漆髹漆者多用栗色、黑色等深色调，以显古老而幽深。高级宅第的柱、梁、枋、门窗髹漆常用红、黑、褐、深黄、黑绿等色，窗棂有的用绿色，室内板壁用深红色，以配合青砖、灰瓦。有的民居特别是山区的穿斗式木结构住宅多喜保留木本色，配合着白色的"粉墙"，益显淡雅。

（五）体验环境小品

(1)引言：中国古典建筑在其总体布局中十分注意环境小品的配置，它们起到衬托主体建筑、加强主题氛围和丰富景观的作用。

(2)定义：环境小品是指那些在人们的生活和工作上并无实用功能的小型设置。常见的建筑小品包括阙、牌坊(牌楼)、华表、碑、碣、幢、影壁、铺首。

（六）看砖石建筑

引言：在中国，虽看不到像古希腊帕德农神庙、古罗马竞技场、拜占庭式圣索菲亚大教堂那样的巨石和砖的建筑，但古代中国的砖石建筑的成就同样是辉煌的。

古代中国的匠师对土、木、砖、石等进行不同材料，采取结合并用的方法，往往一座建筑物中，也是根据材料的性能和建筑的部位进行不同的运用。当然，中国古代也有以砖石为著的建筑，而且留下了珍品，典型的如长城、石桥等。

（七）介绍古建筑的等级

我国封建社会等级森严，而建筑艺术在古代也充分体现了这种特点。古建筑的等级主要从屋顶、台基、面阔间数、斗拱、纹饰、柱色等方面来辨别，其中，屋顶的等级差别最为明显。

1.屋顶的式样

屋顶的样式按等级次序有庑殿式、歇山式、攒尖式、悬山式、硬山式等。此外，屋顶还有单檐和重檐之分，重檐的屋顶大于单檐的。在这些屋面中，重檐庑殿式级别最高，依次而下是重檐歇山式、重檐攒尖式、单檐庑殿式、单檐歇山式、单檐攒尖式、悬山式、硬山式等。屋顶的兽是指宫殿四翼角的脊上塑着的蹲兽。兽越多级别越高，最多的有11个兽。寺庙建筑上的兽多为奇数(在字数上奇数表示清白)。

2.台基的级别

级数多的级别高于级数少的，白玉台基级别高于其他材料的，有围栏的级别高于无围栏的。

3.面阔间数

"间"是指由四根柱子所组成的空间，而面阔间数是指横向阔的间数，如十根柱子面阔九间、如六根柱子面阔五间。间数越多，级别越高，一般间数为奇数，九五间象征"帝王之尊"。

4.斗拱

有斗拱的级别高于无斗拱的，斗拱多的级别高于斗拱少的。

5.纹饰

龙纹级别高于动物纹，动物纹级别高于其他纹。

6.柱

柱子级别依颜色由高到低依次是:金(黄)色、红色、黑色、其他色。金(黄)色是尊贵色彩,在五行学说中代表中央方位。自唐代始,黄色被规定为皇室专用的色彩。

二、中国古代建筑导游要领

中国古代建筑种类多样、文化内涵丰富,对于导游员来说,做好这方面的导游讲解并非易事,有的导游员面对古建筑景观时,常常不知从何下手。要做个合格的导游,把古建筑景观讲好,除了要掌握必要的古建筑知识外,还要把握导游讲解的方法。

(一)突出建筑的功能性

建筑的实用性是建筑的基本属性。古人云:"上古穴居而野处,后世圣人易之以宫室,上栋下宇,以待风雨。"说明了建筑首先应具有遮风避雨的基本的实用功能。导游人员在讲解中,紧紧抓住古建筑的实用性功能,就等于握住了打开古建筑导游通道的钥匙。建筑的功能性,体现在建筑的基本功能及附加功能上。导游人员只有突出其最主要的基本功能,才能讲清其附加功能,如社会功能、宗教功能及审美功能等方面的内容。如北京故宫前朝后寝的格局决定了其基本功能是最高统治者治理朝政和饮食起居的地方,至于其体现的皇权至上的观念和社会功能及审美功能只是附着在其基本功能之上的附加功能。有的古建筑,我们现在看来似乎不容易发现其最基本的实用功能,反而将它的附加功能当作其主要功能,这样,在讲解中就会在某些地方难以自圆其说。比如大同云冈石窟,现在大家都把她当作是精美的艺术品来欣赏,看重的是其审美功能,很少有人去过问它的基本功能。如果这样去讲解,有些内容就不易说清楚。反之,抓住佛教寺院的基本功能这一本原来讲解,就会觉得一顺百顺,旅游者也能从导游员的介绍中获取更多的信息,从而获得完美的艺术享受。

一座建筑是由许多构件组成的,这些构件其实都是各司其职,都具有各自的功能,这些构件除了其实用性功能外,还具有很强的艺术表现力。导游人员在讲解中也要注意突出实用性功能与审美功能的完美结合。比如说斗拱的实用性功能是起承重和挑檐的作用,但是其装饰性也是令人赞叹的。如佛宫寺释迦塔上的斗拱样式就有 60 多种,可谓是中国木构建筑的斗拱大全。还有的建筑的斗拱是呈放射式的莲花状,是一种很好的装饰。再如古建筑的柱础,从装饰美化的角度看,可谓五花八门、形状各异,有的柱础还雕刻有各种精美的图案,但仍然不能忽视它的实用性功能。只有将这种实用性与装饰性的双重功能都介绍出来,游客才能真正体会到中国古建筑艺术的博大精深。

(二)突出建筑的风格特色

同类型的建筑从实用性功能来讲,基本上不会有太大的差别,但是尽管如此,表现出来的风格特色还是大相径庭,导游员就是要在古建筑的游览中,紧紧抓住其独有的特色进行讲解介绍。对于那些不熟悉古建筑的旅游者来说,他们所看到的建筑,感觉上都大同小异,没有太大的区别。这样就容易使旅游者在游览中游兴递减,乃至影响了旅行社产品的质量。有的导游员在进行古建筑导游时,不知道突出介绍特色,把一组建筑群讲成了平面图说明词,只是简单地介绍这是什么、那是什么,使游客在整个游览行程中所获甚微。有的导游员在佛教寺院导游时,甚至对建筑看也不看就带领游客直接进入大殿之内,即使有讲解,也是"观音殿里有观音"之类的简单介绍。

突出建筑的特色，就是要分别从其表现形式、结构内容及其历史价值等方面抓住与众不同的特点进行导游讲解。从表现形式上看，不同的规模有不同的特色；从结构内容上看，每个整体建筑的基本结构大体相同，但又绝不雷同，只要稍微在结构方面做些变化，就可以形成独特的风格；从历史价值上看，不同时代的建筑有着不同的特征，无不深深地打着那个时代的烙印。

山西五台山的佛光寺，是我国现存年代最久、规模最大的木结构建筑，建于公元857年（唐大中十一年），其中的唐构大殿、殿中的唐代塑像和殿顶大梁上的墨迹以及斗拱间的唐代壁画，被誉为佛光寺四绝。著名的建筑学家梁思成先生曾说："此四者一已称绝，而四艺集于一殿，诚我国第一国宝也。"导游员在讲解中就是要突出这些代表该建筑独特艺术价值的内容，才能使游客对所观赏的对象产生一种亲和力和崇敬感。

（三）突出建筑的结构原理

中国古代建筑有着独到的特点，它不但丰富了古代建筑的艺术宝库，而且对现代建筑仍有着重要的启示作用和借鉴作用。导游人员在向游客介绍古建筑时，也要紧紧抓住其结构特征，阐明科学原理，让游客真正感觉到中国古建筑文化的博大精深。

在导游中，突出建筑的结构原理，就是要把那些游客感到难以理解、不可思议的内容，用深入浅出的方法在讲解的过程中给予科学的解释。比如，北京天坛的回音壁，被列为中国四大声学建筑之首。那么为什么会产生如此奇异的回声效果呢？这是游客非常关心的问题，也是迫切希望了解的问题，所以导游人员就应不失时机地讲解其内在的科学原理。而这个回音效果的形成，也正是由其独特的建筑结构所决定的。

由于结构特殊，建筑物本身有独特的表现形式，常常令游客产生震惊或疑虑的感觉。导游员就要把握这种结构特征，入情入理地进行讲解。如北岳恒山悬空寺，它的建筑形式会令所有的游客在惊叹之余去思考其结构原理。导游人员如果将悬空寺的建造是借鉴了古代栈道的"半插飞梁为基，巧借岩石暗托"的原理讲出来，就可以满足游客的好奇心理。

有的建筑物所体现出的特殊效果虽然也是由于结构的变化而产生的，但又令人不能直接感受到，成为一种隐性的功能。这就更需要导游人员予以讲解介绍，才能使游客从隐性的背后得到一种真实的感受。如五台山滴水大殿，导游人员如果不讲，游客根本就无法知晓，但是如果导游人员给予了详细的介绍和科学的解释，游客就会恍然大悟，进而对这些看似普通的建筑另眼看待。

资料库：中国古建筑的世界之最

秦始皇陵——世界最大的陵墓；

北京云居寺石经山藏经洞——世所未有的石版书库；

万里长城——世界最伟大的长城；

南京城墙——世界最长的城墙；

嵩岳寺塔——驰名中外的砖砌佛塔；

山西应县佛宫寺释迦塔——世界最高大的木构佛塔；

胥河——世界最古老的运河；

南北大运河——世界最长的古运河；

都江堰——世界最早的水利工程；

灵渠——世界最早的船闸式运河；

旧北京的护城河——世界最大的护城河；

敦煌莫高窟——世界最长的石窟画廊；

云冈石窟——世界驰名的石窟；

乐山大佛——世界第一的石雕坐佛；

大足县宝顶山千手观音——绝无仅有的千手佛；

承德普宁寺千手观音——世界最大的木雕佛像；

秦始皇陵兵马俑博物馆——世界最大的遗址博物馆。

案例·示范

北京故宫导游词(部分)

故宫占地72万平方米，其中建筑面积为16.3万平方米，南北长961米，东西宽753米，周围有10米高的城墙环绕，还有宽52米的护城河，在四角都建有一座精美的角楼。根据1973年的统计，故宫有大小院落90多座，房屋980座，共计8 704间。明朝永乐皇帝朱棣登基不久，在永乐四年，也就是1406年下诏营建北京紫禁城。修建分为两个阶段，第一阶段是从永乐四年开始备料，而第二阶段就是在永乐十五年，1417年六月开始动工兴建，历时14年，在永乐十八年，也即公元1420年完工。在建造过程中，征集了全国10万名能工巧匠和民夫100万人，而建筑材料都来自全国各地，比如汉白玉石来北京房山，金砖来自苏州，石灰来自河北易州，五色虎皮石来自河北蓟县盘山，殿基所用的精砖石来自山东临清，松木多来自东北，而楠木多来自四川、云贵、浙江等地，可见当时工程的浩大。故宫基本上是按照明中都皇宫的蓝图而修建的，布局规划遵循了《周礼·考工计》的都城设计礼制：前朝后寝，左祖右社。大致分为南北两个部分，南半部位前朝，北半部则为后寝。前朝是以太和、中和、保和三大殿为中心，文华殿和武英殿为东西两翼，是皇帝举行朝会的地方。而后寝则是以乾清、交泰、坤宁这后三殿以及东西六宫、御花园为中心，外东路、外西路的建筑为主，是皇帝处理日常政务和后宫皇妃居住、祭祀的地方。左祖右社是这样布局的：在午门外东侧是皇帝祭祖的场所太庙，西侧则是祭社稷的场所社稷坛。按照这种布局建筑而成的故宫就是明清两代24位皇帝的皇宫，其中明朝14位，清朝10位，统治时间总共长达五个世纪。由于它在中国历史上的特殊地位和它精美的建筑群体，所以在1987年被联合国教科文组织收录到了《世界文化遗产名录》当中，成为世界上规模最大、保存最完整的宫殿建筑群。现在在北京有一条贯穿南北的中轴线，被梁思成先生称为伟大的中轴线，全长8.5公里，南起永定门，北到钟楼，其中包括故宫在内的皇城就占了三分之一。这条中轴线也叫做龙脉，线上的景山是内城的中心点，也是故宫的镇山。

故宫也叫做紫禁城，而它的名称是怎样得来的呢？我国古代天文学家把天上的主要恒星分为三垣、四象和二十八星宿。三垣是太微垣、紫微垣和天市垣。其中紫薇垣居中，是天上皇帝所居住的地方，称为紫宫。封建帝王自称是天帝的儿子，所以他们也把自己居住的皇宫象征为天上的紫宫。而且皇帝居住的地方戒备森严，不许庶民百姓接近，是绝对的禁地，又称为禁宫，所以这里也被叫做紫禁城。这里共有四道门，分别是午门、神武门、东华门和西华门。而紫禁城的正门就是午门，因为在罗盘上，上午的代表正南，所以午门也是南大门的意思。它的平面呈“凹”字形，从汉代的门阙形制演变过来。下端有高12米

的墩台，正中的墩台上面有门楼，两侧还设有钟鼓亭，东西两侧突出的部分叫观，上部各有廊庑 13 间，两端还建有重檐攒尖方亭。中央的广场叫阙。在明清两代，这里是朝廷举行颁朔大典和献俘典礼的地方。正中开了三道门，两侧都有掖门，这种做法称为“明三暗五”。五个门洞都有各自的用途：中门是皇帝专用的，或者皇帝大婚的时候，皇后可以从这里入宫，科考三甲也可以从这里入宫；平时，文武百官走左门，宗室王公走右门；掖门只有在大型活动的时候才开，三品以下的官员按照文东武西分别通过东西掖门，外国使节要从西掖门才可以入宫；在殿试的时候，考生分单双号，从东西掖门中通过。

进入午门，我们首先看到的就是内金水河，它自西向东蜿蜒流过太和门广场，上边还有五座汉白玉石桥，就是内金水桥了。内金水河的作用不仅是故宫中排水的主要通道，也是建筑和灭火的主要水源，同时还起到了点缀景观的作用，使太和门广场在雄浑中不失秀美。

在太和门两旁还有两道门，就是德昭门和贞度门。每逢皇帝出宫，都要在太和门换车，而且皇帝大婚的时候，皇后也要从太和门进入皇宫。在光绪四年的时候就发生了这样一件事：在光绪皇帝大婚前夕，太和门突然被火烧毁了，可是大婚当天皇后要从这里经过，所以朝廷就在北京寻找了能工巧匠，连夜用彩绸还有木料搭建了一座假的太和门，才使得婚礼如期进行，而在第二年，太和门才重建完成。

过了太和门，我们就进入了太和殿广场，它的面积有 3 万多平方米，在每年的元旦、冬至、还有皇帝生日以及一些重大活动的时候，都要在太和殿以及太和殿广场举行隆重的朝礼。

现在我们面前这座宏伟的建筑就是太和殿了，它和中和殿还有保和殿是建立在一个土字形的三层台基上，台基南北长 230 米，高 8.13 米，在四周围还建有一些楼阁，其实就是清朝内务府所管辖的库房。太和殿是故宫中最高最大的建筑，面积有 2 377 平方米，通高 35.05 米，面阔 11 间，进深 5 间。其实在明朝奉天殿的时候，这里是面阔 9 间，进深 5 间的大殿，到了清朝年间，将它改为了现在的大小，其实在两侧的夹室是封闭的，不能作为正殿使用，所以实际上还是面阔 9 间，进深 5 间，同时，也将它改名为太和殿。太和二字出自于《周易》中的：“保合大和”，而太和的观念是上古天人合一观念的延伸，强调了君臣之间、人与自然之间还有各民族之间的和谐。在太和殿的屋顶正脊上还有一个高 3.36 米的大吻，往下还有 11 个垂脊兽，在我国古代，脊兽的数量越多，代表殿宇的等级越高。在殿内有 72 根大柱支撑，当中的六根是沥粉贴金云龙图案的金柱，上面支撑了藻井，藻井当中雕刻有蟠龙，龙口中衔有轩辕镜。轩辕二字出自于我国古代天文学中的轩辕星，意思就是轩辕黄帝之星，也是掌管雷雨之星，殿顶上建有藻井，一是为了代表当朝的皇帝才是中华民族的正统继承人，二则是起到了镇火的作用。

任务作业

以自己周围熟悉的古建筑为对象，认真观察其实用功能与艺术特征，并撰写成一篇导游词。

任务九　宗教建筑讲解技能训练

技能实训

实训项目	宗教建筑讲解技能训练
实训要求	1. 撰写学校所在当地某宗教建筑(如漳州南山寺)的概况导游词并进行导游图的讲解 2.科学设计景区游览顺序路线,合理安排游览项目 3.撰写该景区(漳州南山寺)各景点的导游词并进行生动讲解
实训地点	漳州南山寺景区或模拟导游实训室
实训材料	1.多媒体设备 2.导游词卡片 3.宗教建筑类旅游景区背景材料
实训内容与步骤	一、实训准备 把学生分为若干个小组。 二、实训开始 1.了解和熟悉旅游景区背景资料; 3.分析宗教建筑人文景观的特色和分布; 4.根据上述内容,设计游览路线,安排游览内容; 5.写成书面文字; 6.分组模拟讲解。 三、实训结束

实训考核

组别:__________　姓名:__________　时间:__________

项　　目	应　得　分	实际得分
线路设计的合理性	10	
导游词的完整性	10	
导游词的生动性	20	

续表

项　　目	应　得　分	实际得分
导游词的实用性	20	
导游词讲解	20	
仪容仪表	20	
合　　计	100	

考核时间：　　　年　　月　　日　　　考评师(签名)：

知识链接

佛教、基督教、伊斯兰教这世界三大宗教再加上中国本土产生的道教，合称中国四大宗教。宗教建筑在中国建筑中有着举足轻重的地位，并对传统建筑有着重要的影响。进行宗教建筑导游时，导游人员应该注意的几个要点是：了解不同宗教的文化历史知识，了解不同宗教和同一宗教内部宗派的区别，清楚不同宗教的习俗及其禁忌，知道不同宗教的民族性及其对社会生活的影响，灵活运用比较手段进行讲解，把握我国的宗教政策。

一、佛教建筑导游要领

导游人员对佛教建筑艺术的导游，就是要将建筑与文化紧密地联系起来，用建筑来体现文化，用文化来说明建筑。

(一)讲清寺院的基本格局

寺院是佛教徒最基本的、最主要的宗教活动场所，要讲清楚其中的建筑功能、作用，就应首先讲清寺院的基本格局，使游客对佛教寺院有个初步的了解，才能加深认识与理解。

由于佛教建筑在许多地方有相同之处，在不同的寺院讲解时容易内容重复，这就需要导游人员在带领旅游团游览第一座寺院时就要讲清寺院的基本格局，使游客对寺院的建筑有个基本的了解。以后再游览其他寺院，碰到类似的情况时就可以不再介绍，只讲那些有特色的内容。这样做避免了重复讲解，也突出了特点，使游客始终保持浓厚的游览兴趣。

(二)讲清佛教建筑的艺术特征

导游人员在佛教建筑的导游中，不能单纯地去讲佛教本身，而是要讲建筑中所表现出来的艺术魅力，要突出其艺术特色，突出其与众不同的独特之处，主要应在以下几点上予以重视。

1. 建筑本身的艺术性

佛教建筑有的因造型别致，有的因材料特殊，有的因环境奇，有的因规模大，都具有非常强的艺术性。如五台山显通寺中的铜殿，全部用铜铸就，外面呈二层楼阁形状，图案精巧、细致，远望金碧辉煌，被誉为国内珍品。

2. 塑像的艺术性

塑像是佛教建筑中最基本的内容，虽然被佛教赋予了更多的象征意义，但客观上仍然表现出明显的艺术价值。导游人员在讲解中,应该既把握住塑像的宗教内涵,又能发现其艺术因素。佛教建筑中的塑像的艺术性,主要从材料、造型、神态、色彩几方面入手。

3. 其他艺术形式的表现力

佛教建筑艺术实际是一种综合艺术,是凭借各种各样的艺术手段丰富着佛教建筑的文化内涵。佛教寺院虽然是较为严肃的场所,但比起皇宫,还是要自由得多,更贴近百姓与生活。因此,其他艺术形式在佛教建筑中的表现就相当充分,比如石雕、砖雕、木雕的装饰,建筑中的彩画运用非常普遍,既增强了佛教建筑的艺术效果,又提供了更丰富的审美内容。

资料库:泉州开元寺大雄宝殿

大雄宝殿是寺中最早的建筑,始建于唐代。全殿原计划立柱百根,后因为增宽间面,减少为86根,号称"百柱殿"。百柱形式丰富多彩,尤其是后廊檐间有对16角形的辉绿岩石柱,雕刻着24幅古印度教大神克里希那的故事和花卉图案,引起中外学者的极大兴趣;还有殿前的方形大平台,叫"月台",其须弥座束腰间有72幅辉绿岩狮身人面像和狮子浮雕,同为明代修殿时,从已毁的元代古印度教寺庙移来的,它们是宋元时期泉州海外交通繁荣发达、中外文化友好交流的历史见证。最令人赞叹的是殿内的石柱和桁梁的结合处,有两排24尊相向的体态丰腴、身影华丽、色彩斑斓、舒展双翅的天女,梵文称为"频伽"(即妙音鸟)。殿供佛像34尊,佛坛的正面大厅,供奉着五尊通高6米、宽3.2米、厚2.64米的金身五方佛,五方佛的胁侍有文殊、普贤、迦叶、阿难,以及观音、大势至、韦陀、关羽、梵王、帝释天等诸天菩萨和护法神将。后厅正中则供奉着密宗六观音的首座圣观音和善财、龙女。两翼侍列着神态各异的十八罗汉。大雄宝殿从建筑规制到佛像供列,都是国内少见的,是值得观赏的奇观之一。

案例·示范

各位游客:大家好!

欢迎各位到乐山大佛景区来观光旅游。现在我们看到的就是举世闻名的千年古佛——乐山大佛。它是世界上最大的一尊石刻弥勒佛,通高71米,肩膀的宽度是24米,头的直径是10米,耳朵有7米长,嘴巴和眼睛的长度是3.3米,眉毛和鼻子的长度是5.6米,颈高3米,指长8.3米,从膝盖到脚背28米,脚的宽度是8.5米,头上的发髻有1 021个。乐山大佛雄伟壮观,人们形容它:"山是一尊佛,佛是一座山"。

乐山大佛始建于公元713年(唐玄宗开元初年),竣工于公元803年(唐贞元十九年),大家可以计算一下,乐山大佛矗立于此已经有1 200年了。

现在请大家看一看大佛两侧的岩石。这种岩石叫红砂岩,是一种质地疏松、容易风化的岩石,乐山大佛就是在这种岩石上雕刻而成的。那么大佛为什么能历经1 200年"风雨不动安如山呢"?首先我们看一下大佛所处的位置。大佛位于凌云山西面的阴坡上,加之佛体周围林木稠密、地质结构稳定,佛身处于江弯地段,隐藏于山体之中,减少了风雨侵蚀和水流冲刷,因此岩石风化较缓慢。不仅如此,乐山大佛还有非常巧妙的排水系统。在大佛身后,有左右相通的排水洞穴,可以避免山泉对佛像的浸蚀;大佛头上发髻的第4层、9层、18层各有一条排水道与佛体衣服折皱连成排水渠道网,也避免了雨水对佛体的浸蚀。

可见，乐山大佛的设计是非常科学的。除此之外，大佛在竣工之后，还曾经修造了一个高13层的楼阁覆盖，可惜毁于明末的战乱。

虽然乐山大佛有着十分完善的保护系统，然而在一千多年的漫长岁月中，它仍免不了遭到各种各样的破坏，有自然的，也有人为的。因此，各个朝代都对它进行过维修。特别是新中国成立以后，政府曾对乐山大佛进行过多次维修，其中工程较大的是1963年的维修。1982年，乐山大佛经国务院公布成为国家重点文物保护单位。1996年峨眉山——乐山大佛被联合国教科文组织列入世界自然与文化遗产名录。目前，乐山大佛的保护已经引起了全世界人民的关注，乐山大佛已成了全世界人民的一笔宝贵遗产。

那么，是谁为我们创造了这笔财富？当初修大佛的目的是什么？带着这些问题，我们一起去参观海师堂。

海师堂里的三尊塑像就是修建乐山大佛的功臣。首先我们看中间这一位，大佛的始建者——海通禅师，他是贵州人氏，当年在凌云山上结茅为僧。

古代的乐山为三江汇流之处，水势相当凶猛，经常发生船毁人亡的事件。海通和尚大发慈悲之心，准备修建大佛来镇水患。于是四处化缘，筹得不少钱财。当时有一位贪官见财眼开，准备敲诈勒索他，海通法师义正词严地说“自目可剜，佛财难得”。意思是说，我自己的眼睛都可以挖下来给你，但你休想得到这笔佛财。那个贪官居然蛮横无理地要他试一试，海通禅师大义凛然地一手捧盘，一手挖出了自己的双眼。贪官吓坏了，从此以后没再为难他。海通禅师造佛时年事已高，所以当大佛修到肩部的时候，他就圆寂了，大佛的修造工程也因此停了下来。大约过了十年的时间，剑南西川节度使章仇兼琼捐赠俸金20万，继续修造乐山大佛，由于工程浩大，需要巨大的经费，于是朝廷下令赐麻盐税款，使工程进展迅速。当乐山大佛修到膝盖的时候，续建者章仇兼琼迁任户部尚书，到京赴任，工程再次停工。

四十年后，剑南西川节度使韦皋捐赠俸金50万两继续修建乐山大佛。在三代人的努力之下，前后历经90年时间，乐山大佛终于彻底完工，并且通体施金，华丽的佛衣和宝相庄严的佛体交相辉映。

现在大家对大佛已经有了一个初步的了解，接下来我们一起通过九曲栈道到大佛脚看全景。我们脚下的九曲栈道是同乐山大佛一起修建的，共有173个台阶，最宽的地方是1.45米，最窄的地方仅有0.6米。大家沿途可以欣赏一下崖壁上留下的石刻佛龛。这些佛像神态各异，工艺精妙，可与中国四大石窟的佛像相媲美，遗憾的是它们的风化现象非常严重。

我们已经来到大佛脚下，请大家抬起头来仰视大佛，感受一下他的高大和壮观。各位还可以仔细看看最近才发现的位于大佛心脏部位的小佛头像。

顺便，我再给大家讲解一下乐山大佛的宗教内涵。乐山大佛是唐代摩崖造像中的艺术精品之一，它是一尊弥勒佛。为什么要造一尊弥勒佛呢？这和唐代崇拜弥勒佛有密切的关系。按佛教教义，弥勒佛是三世佛中的未来佛，他象征着未来世界的光明和幸福，在佛祖释迦牟尼死后的五十六亿七千万年以后将接替佛祖的地位，于华林园的龙华树下广传佛法，普度众生。佛经上说弥勒出世就会“天下太平”，所以人们自然渴望他能尽快降临人间，全国各地因此盛行塑造弥勒佛像。到了武周时期，一代女皇武则天曾下令编造了一部《大云经疏》，证明她是弥勒转世，百姓对弥勒的崇拜帮助她在男尊女卑的封建时代登上帝位。由于武则天的大力提倡,全国塑凿弥勒之风大行。乐山大佛的修造距武则天时代仅20余年,所以当海通修造乐山大佛时,自然选择了弥勒佛,而且弥勒佛是能带来光明和幸福的未来佛,这同平息水患的镇江之佛要求是一致的,故乐山大佛的弥勒身份也因此决定了。

有的游客可能会提出这样一个疑问:为什么乐山大佛这尊弥勒佛跟寺庙里的弥勒佛造像不一样呢?这是因为寺庙里的弥勒佛是根据中国五代时期的一个名叫契此和尚的形象塑造而成的。契此是浙江奉化县人,他乐善好施,能预知天气和预测人的吉凶,经常拿着一个布袋四处化缘,在逝世前他曾说"弥勒真弥勒,化身千百亿,时时示世人,世人自不识",因而大家都认为他是弥勒佛的化身,寺庙里的弥勒佛也塑成了他的形象——一个笑口常开、大肚能容的布袋和尚。

其实在中国汉地佛教文化中,弥勒佛造像的变化是很大的,第一阶段是从印度传入中国的是交脚弥勒,第二个阶段是具有"中国特色"的古佛弥勒,第三个阶段是现在寺庙里的布袋弥勒。乐山大佛是承前启后的具有"中国特色"的古佛弥勒。照《弥勒下生经》所描述,弥勒佛像具有"三十二相,八十种好",这就要求他的五官、头、手、脚、身都具有不同于一般人的特征。乐山大佛整个形体超凡脱俗,头上的发髻、阔大的双肩、高而长的眉毛、圆直的鼻孔都是按照佛教典籍的规定修建的,但是他的面相却具有汉族人的共同特点。印度佛像的"宽肩细腰",在大佛身上荡然无存,取而代之的是壮实的双肩,饱满的胸脯,体现了唐代崇尚的肥胖美。乐山大佛坐立的姿势是双脚自然下垂,这与印度佛像的"结跏趺式"也不一样,因为大佛是修来镇水的,这种平稳、安定的坐式可以带给行船的人战胜激流险滩的信心和决心。隋唐时期是中国佛教造像艺术史中辉煌灿烂的阶段,造像着力表现了佛的"神情"。

乐山大佛温文尔雅的神情、和蔼可亲的神态,以及凝思中蕴含智慧、威严中带有慈祥的面容,都让人情不自禁产生崇敬与亲切的感觉。我想大家在惊叹乐山大佛高大与壮观的同时,还不能不赞叹它的造像工艺的精美。好了,现在我请大家自由活动,十分钟后我们沿着1983年新修的凌云栈道往上走,去参观麻浩崖墓。

(三)讲清佛教建筑的思想内涵

佛教建筑是僧人与信众举行法事活动的场所,因此,必然带有浓厚的宗教色彩,其建筑形式也必然会表现强烈的宗教信仰的主题思想。导游员在佛教建筑导游中,要突出其思想内涵,使游客通过游览对佛教有个基本的了解。

1.宗教效果

佛教建筑有着较强的功能,其中一项很重要的内容,就是要产生特定的宗教效果,使人进入殿堂之后,产生一种神圣和敬畏之情。

2.纪念意义

佛教建筑中有许多建筑及建筑附件都有较强的纪念意义,如祖师殿、祖师塔,是为了纪念前辈,发扬光大其精神。还有的建筑是为纪念佛祖或佛教大事而建的,如大殿正脊上法轮、宝瓶、火焰都是佛教的重要标记;有的正脊是中间为法轮,两边各卧一只小鹿,以纪念释迦牟尼佛鹿野苑初转法轮。

3.体现仪轨

佛教有着严格的仪轨制度,在寺院中,什么建筑中做什么事都是有严格的规定的,大

雄宝殿举行重大的法事活动，念佛堂用于诵经念佛，消灾延寿法会一般在药师殿进行，放焰火一般在观音殿进行，敲钟、击鼓、打板、敲梆都有特定的含义。

二、道教建筑导游要领

道教建筑蕴含着十分深厚的道教思想，是导游中应予以重点把握的。导游员应重点把握的有三点：

（一）把握道教建筑的哲学思想

道教的哲学思想是中国传统文化的重要组成部分，其精神实质仍然是导游人员应该重点把握的。比如说道教的内功修炼，也称之为气功，导游员如能给予科学的解释，游客的满足程度就会提高；又如，五行相生相克理论已经从道教建筑推及中国的古代建筑中，成为主要的建筑思想。导游人员在进行道观导游时，有的游客可能会就三清尊神提出问题，三清是一尊神还是三尊神，作为导游员如果向游客讲清道教的宇宙生成观，就会使游客茅塞顿开。

（二）突出道教建筑的艺术特色

道教建筑的艺术性体现在各个方面，主要有殿堂等主体建筑的奇妙构思、精美的艺术装饰、形态各异的神像雕塑，以及再现宗教内容的各种壁画，琳琅满目、美不胜收。导游人员要善于发现道教建筑的美学价值，并把这些内容生动传神地介绍给游客。如山西芮城永乐宫三清殿的壁画《朝元图》，共有 286 位神仙，形象鲜明，气势恢弘，与敦煌壁画并称为我国壁画中的佛道双绝。

（三）突出道教建筑的历史价值

有些道教建筑在历史上曾有着显赫的地位和重要的影响，如岱庙，是历代皇帝举行封禅大典的必去之处，地位极高。导游人员在讲解中要突出该建筑的社会历史价值，这对于游客全面了解历史、认识道教有着十分重要的意义。

三、基督教建筑导游要领

导游人员首先要具备有关基督教方面的知识，了解建筑艺术与宗教之间的内在联系，突出游客感兴趣的内容。

（一）突出建筑艺术特点

基督教建筑风格上属于西方建筑，内容上又属于宗教建筑，导游人员在讲解中，就要将风格和内容两个方面予以有机结合，以增强讲解的表现力，也会使游客有所收获。比如讲哥特式建筑风格，就应将哥特式建筑的由来、风格特点及在西方建筑中的作用讲出来，这样可使游客对其观赏的建筑了解得更清楚。

（二）突出宗教文化内涵

导游员在对教堂的讲解中，要把与宗教有关的文化内容联系起来讲解。比如，讲到教堂就可以联系宗教仪式、宗教礼仪，对做礼拜、做弥撒以及唱经等方式加以详细介绍。有关基督教节日，如圣诞节、复活节和感恩节的来历以及对西方社会的重要影响，都是导游员讲解的内容。基督教文化对世界文化的影响，具有较广泛的意义，通过讲解，对人们身边习以为常的某些事物追根溯源,可以使旅游者对基督教文化有更深刻的了解。

四、伊斯兰教建筑导游要领

清真寺导游讲解,应将建筑艺术特色与其宗教文化紧密地联系在一起,使游客全面了解伊斯兰教的文化特征。

(一)从建筑的艺术角度进行导游

中国的伊斯兰教建筑无论是具有中国传统特色的殿堂式或具有阿拉伯风格的穹隆式建筑,都具有较强的观赏性,建筑本身对旅游者的吸引力是伊斯兰教旅游的价值所在。导游员应从建筑本身的艺术性角度入手进行讲解,突出其与众不同的建筑特色,满足游客求新、求奇的心理需要。如广州怀圣寺的"光塔"就是以其36.6米的高度而著称于世的。

(二)从建筑的功能角度进行导游

清真寺的各个建筑都有其特定的实用功能,而每种功能都与伊斯兰教的仪轨、信仰有密不可分的关联。因此,导游员在对清真寺的导游中,要有意识地将建筑与伊斯兰教的文化结合起来讲解,这样,才是有针对性、目的性的导游方式。如浴室是清真寺所独有的建筑之一,这种区别于其他宗教建筑的特点也是伊斯兰教特有的宗教仪轨所决定的。如果导游员能结合伊斯兰教礼拜时必须做到身净、衣净、处所净的要求进行讲解,就会生动、有趣得多。

案例·分析

干巴巴的讲解

案情:对寺庙的讲解,是中国导游常要讲的方面。小陈也不例外。这天她正在讲大雄宝殿,按平时的方法讲三世佛、三方佛等,旅游者们似懂非懂,听得无精打采,这时一位客人打断了她的话道:"导游,这样干巴巴的讲解不行。"小陈听了不快地反唇相讥道:"您讲得好,那请您来讲好啦。"这位客人笑了笑说:"我讲不好,不如您讲得专业,不过是不是可以这样以打比方的方式讲:比如,将寺庙中的菩萨,比做有血有肉有感情的人。说他们仿佛从遥远的天宫一个个地回到了人世间,并且接受人间的香火。再如是否可把寺庙中的钟鼓声、念经声、木鱼声等比做惊心动魄的交响乐,使佛教徒和善男信女五体投地,又使外来参观游览者赞叹不已等等。这样讲才会使旅游者产生新奇感和幽默感,同时,也大大增强了旅游团队的游兴。"他讲完后,大家都十分赞同。

点评:这位客人的建议很好,他用的实际是类比对比法。所谓类比对比法,是指导游员在讲解过程中运用打比方和对比的形式,达到生动形象和通俗易懂的实际效果,使旅游者对事物有进一步的了解并加深印象,从而达到良好的讲解效果。类比即是同类相比,对比就是相对而比。类比对比和比喻有所不同,比喻属于一种修辞手法,它能把主体比做客体。而类比对比基本上是相同属性之间的比较。比如,导游员讲解扬州的五亭桥时就可介绍苏州宝带桥或无锡宝界桥,由此可以再进行对比,如五亭桥有15个孔,宝带桥有53个孔,宝界桥有60个孔,这些是桥与桥之间的类比、孔与孔之间的对比等等。又比如,石头之间的类比与对比,上海豫园内的玉玲珑、杭州花圃内的绉云峰以及苏州第十中学内的

瑞云峰，有人把它们称之为江南三大名石，这些名石的特点是：透、漏、瘦、皱、丑，形态虽不同，但都体现得淋漓尽致，其中又各以某一点见长。相同属性之间的比较和对比，其范围相当广泛，小到一草一木，大到家事国事都可进行对比讲解。

任务作业

绘制一张你所熟悉的宗教建筑布局图。

任务十　其他人文景观讲解技能训练

技能实训

实训项目	其他人文景观讲解技能训练
实训要求	1.撰写学校所在当地其他人文景观（如漳州博物馆）的概况导游词及进行导游图的讲解 2.科学设计景区游览顺序路线，合理安排游览项目 3.撰写该景区（漳州博物馆）各景点的导游词及进行生动讲解
实训地点	漳州博物馆或模拟导游实训室
实训材料	1.多媒体设备 2.导游词卡片 3.其他人文景观类旅游景区背景材料
实训内容与步骤	一、实训准备 把学生分为若干个小组。 二、实训开始 1.了解和熟悉旅游景区背景资料； 2.分析其他人文景观的特色和分布； 3.根据上述内容，设计游览路线，安排游览内容； 4.写成书面文字； 5.分组模拟讲解。 三、实训结束

实训考核

组别：__________ 姓名：__________ 时间：__________

项　　目	应　得　分	实际得分
线路设计的合理性	10	
导游词的完整性	10	
导游词的生动性	20	
导游词的实用性	20	
导游词讲解	20	
仪容仪表	20	
合　　计	100	

考核时间：　　　年　　月　　日　　　　考评师(签名)：

知识链接

一、中国古代军事设施导游要领

中国古代军事设施主要是指用于战略防御的建筑物，包括长城、城池、关隘、烽火台、海防、炮台等，导游人员的讲解应该突出其实用功能，启发游客展开联想、回顾历史，使旅游者获得知识与美的享受。

(一)讲清历史背景

所有的军事设施都是特定时期的历史产物，都有其产生的社会历史根源。如齐长城始建于春秋时期、完成于战国时期，依山势而筑，西起黄河河畔，东至黄海海滨，迤逦山东十三县，长达千余里。齐国是我国历史上最早修筑长城的国家，齐长城又是春秋战国时期各国所筑长城中现存遗迹保护较多的一处，从齐长城现存遗迹的考察中可见当时整个长城建筑之一斑。它建在起伏连绵的泰沂山脉的山岭之中，虽沿线有平谷之地，但多为山岭，长城依山就势而筑。其建筑宏伟、规模壮观，凝聚着 2 500 年前我国劳动人民的勤劳与智慧，也体现了春秋五霸和战国七雄的东方泱泱大国的强盛雄风。

(二)讲清地理环境

所有的军事设施都是根据其特定的地理环境而修建的。如登州水城是中国现存较完整的古代水军基地遗址之一。它位居蓬莱阁东南侧，负山控海，地势险要，是明清两代驻扎水师、停泊船舰、水上操演、出海巡洋的重要军事要塞。整个水城由小海、城墙、水门、炮台、定心台、码头、灯楼、平浪台、防浪坝等部分组成一个完整严密的防御体系，构筑独特、选址精巧，是研究古代军事设施的重要实迹，为全国重点文物保护单位。

（三）讲清实用功能

古代的军事设施具有非常强的实用功能。在长期的战争防御中，人们不断地总结经验，继而对设施予以不断地完善，使其实用功能日益多样化。如城墙的马面墙的设计修建就是为了保护自己、消灭敌人。由于每隔一段距离就突出一块马面墙，可以在弓箭的射程之内组成交叉火力，可以说马面墙是中国古代城池实用功能的最好范例。

二、园林景观导游要领

园林建筑是中国古代建筑的一朵奇葩，它以人工山水为造景主题，汇集土山、水池、楼阁和许多奇木异石，形成一幅优美别致的山水风景画。导游人员在园林景观的导游中，要把握住园林艺术的特点，并且能准确地将园林艺术的美传递给旅游者。

（一）加深理解

导游人员要讲解好园林艺术，必须对园林艺术有深刻的理解。理解景与意、形与神的关系，理解环境与意境的关系。

1. 理解自然天成的和谐法则

中国园林虽然是人工所造，但具有自然的山水之妙，体现了古代中国哲学家、艺术家的"天人合一"的文化观念，讲究师法自然、融于自然、顺应自然、表现自然。中国园林艺术的和谐美，是导游人员整体把握园林导游讲解的关键。只有理解了其中的意境，才能在理解中做到融会贯通、收放自如。如苏州拙政园的倒影楼前，有一条曲折蜿蜒的水廊，地面贴着池面，使人感到正踩在池面上随水漂浮。在这里，廊的作用的外延已经扩大，与池水构成了新的审美功能。

2. 理解匠心独运的艺术构思

园林的艺术表现手段十分丰富，无一不是蕴含着造园者的艺术追求和匠心独运。导游人员只有理解了造园者的匠心独运的艺术构思，才能将园中景物的意境介绍给旅游者。导游员不但要知其然，而且要知其所以然，在面对景观时多问自己几个为什么，挖掘和揣摩那些内在的东西。如颐和园的长廊，随着万寿山南麓地势高低而起伏，随着昆明湖北岸的凹凸而弯曲，但当人们漫步在长廊中时却没有起伏弯曲之感，这是建筑师们巧妙地利用了四座亭子作为高低和变向的连接点的缘故。

3. 理解博大精深的文化内涵

园林艺术的美，不仅仅体现在自然的表现上面，而且还往往以构景、命名、楹联、题额和花林来表达园主人的某种思想感情与理想追求，从而给人一种综合美感。导游者应着意去理解园林中的文化内涵，从哲学、历史的角度去探究园林的深邃意境。园林的文化内涵，有的是主人直抒胸臆，有的又是主人的内敛韬晦，有的园中布局中就有体现，有的从园林的名称中便可得知。如苏州拙政园内湖中广植荷花，主厅名"远香堂"，旁边有"荷花四面亭"，这些布局，处处暗示主人"出淤泥而不染"的高尚情操。

（二）辩证思考

造园过程中，自然与人文的结合有力地丰富了园林的表现手段。中国传统文化的含蓄美、哲理美在园林中表现得非常充分。如，用树木、假山的掩遮，用漏窗、篱笆的泄露，以围墙、花草来分割空间，以回廊、曲桥来制造层次，从逻辑、哲学的角度予以总结，从而提高对园林艺术的认识。

1. 用辩证的眼光去发现

园林艺术的美不在导游词里，而在具体的风景之中。一味地靠背诵导游词去讲园林，必然是被动的讲解，既无法将景点的特色讲出来，也难以让游客满意。要讲好一个景点，就必须去熟悉景点，而熟悉景点的最好办法，就是自己去看、去发现、去思考。园林艺术对直与曲、显与隐、动与静、虚与实的辩证关系处理得非常巧妙。有水必曲，避免了直的单调呆板；有园必隔，避免了敞的空旷与杂乱；这都是艺术表现的需要，符合审美的规律。可以说对立统一观念为原理艺术表现提供了丰富的创作源泉。框景使假景不假，借景使真景不真。远与近、疏与密、美与丑、简与繁、雅与俗，在园林中都可以得到充分的体现。"常倚曲阑贪看水，不安四壁怕遮山"，能懂得这些道理，就应该宜掩者掩之，宜隔者隔之……比如园林的通道大都是鹅卵石铺就，是大俗；但这正好符合了顺应自然的要求，与环境和谐地融为一体，又是大雅。这些内容都要靠导游员去发现、体会。

2. 用辩证的逻辑去思考

发现是手段，不是目的，只有通过发现，进行认真的思考，得出符合审美规律的结论来，才是导游人员的真正目的。园林的表现内容丰富多彩，其中的美学价值很大一部分要靠导游员自己去发现、去总结。园林布局，疏密得当，疏可走马，密难藏针，才能体现出协调美。如一幅好画，内容再丰富也要留出一大块空白，才显得比较协调，这就是意境。园林创造意境的手法多种多样，而运用对立统一的辩证思想来营造氛围、制造意境，是较为常用的。导游员讲解园林就是要讲出意境，因为意境具有较高的审美层次。

导游员在对景点的思考中，认识得到提高，讲解自然会得心应手，举一反三。一位英国的建筑师在评价中国园林时说："中国的创园家不是花匠，而是哲学家和艺术家。"导游员在园林导游讲解中，也应成为哲学家和艺术家。

此外，导游人员在带领游客游览园林时，还要注意以下事项：第一，线路的选择要合理。第二，讲解语言要生动。导游人员的讲解语言要生动、形象，也就是用词要准确、形容要恰当、境界要流畅，有较强的节奏感、音韵感。第三，讲解方法要灵活，如用启发式讲解方法、画龙点睛讲解法、欲扬先抑讲解法等。导游人员用欲扬先抑的讲解方法进行讲解，就能把原本平淡无奇的景点讲得有声有色，从而引起游客的兴趣，增加景点自身的魅力。

三、博物馆导游

随着人们文化素质和欣赏水平的提高，博物馆已经成为旅游参观的热点，可以说，博物馆是一种高品位的文化旅游资源。博物馆就是收集和珍藏珍贵历史文物的场所，起着保护和展示文化与自然遗产、开展社会教育的作用。

导游员在进行博物馆导游服务中要注意以下几点：

（一）做好知识准备

博物馆内容的丰富，要求导游人员要有广博的知识，对各方面的知识都有所了解；馆藏内容文化内涵的综合性、连贯性，要求导游人员要有系统的知识，既要了解"点"，又要了解"线"，既要掌握审美知识，又要了解科学原理；博物馆内容的专业化，决定了导游人员在某些方面知识的专业化，不但要知其然，而且要知其所以然。导游人员不能只是简单地说"这是什么"、"那是什么"，这样讲，旅游者是难以满足的。导游人员应当去学习、去研究、

去解决，善于用别人的研究成果，把它转化为导游内容并讲给旅游者，做到“外行看我们很内行，内行看我们不外行”。

（二）熟悉陈列内容

博物馆的馆品十分丰富，有的多达数万件，但并不是所有的藏品都能成为陈列品，只有经过挑选的、能反映陈列主题思想的藏品才能成为陈列品。一般地说，进入陈列室的陈列品都是本馆藏品中最有价值的。陈列品的陈列顺序、陈列类别揭示着陈列品内在的本质、价值和馆藏者所要表达的主题思想。这就需要导游人员对博物馆的展品陈列有一个基本的了解，熟悉陈列品的种类、所在位置、陈列顺序以及其所揭示的主题思想。除此之外，还要根据旅游者审美兴趣，熟悉陈列品的吸引力及讲解效果。只有熟悉了博物馆的陈列内容，在导游讲解中才能做到心中有数，并且根据旅游团的特点进行选择性的参观及讲解。

（三）客观讲解，据题发挥

博物馆的展品是具体的实物和生动的艺术品，体现了较强的客观性。这些事物具有强大的说服力，是对历史、科学、文化等方面成就的最有力的解释。导游人员要根据展品实物有针对性地进行讲解，切忌偏离具体的客观对象去讲其他不着边际的内容。比如在面对着青铜的大鼎时，可能会由此引出“一言九鼎”，但不应抛离观赏物而大讲特讲有关传说故事。任何发挥都应该以客观对象为基础，做到“据题发挥”，放得开，收得住。

（四）深入浅出，通俗易懂

博物馆的许多展品都具有较高的学术价值，蕴含着深奥的科学道理，也正是这个特点，才使其具有非同一般的教育功能。导游人员的讲解不是作科学报告，因此，要把那些本来深奥的内容，用浅显的语言讲出来，这是导游人员在博物馆导游中所应特别注意的。深入浅出、通俗易懂的讲解方法，是导游员准确地传达审美信息的最有效的方法。

（五）知识性、趣味性并重

博物馆展品所蕴含的学问有时是令人无法想象的，如自然界一块普通的石头被存放到地质博物馆里，也许它就是某一地区地质历史的最典型的代表；一块生物化石里面所包含的也许是某个物种的生命演变历史。这些都是导游人员要向游客介绍的知识点。但是这些知识的讲解不是单纯的、枯燥的介绍，而是要将趣味性融入讲解过程中。如果导游员只是一味强调知识性，就有可能陷入授课式或报告式的讲解误区中。导游员应当用形象生动、幽默风趣的语言把枯燥平淡的知识包装在里面，采用丰富多彩的方式方法表述，让旅游者感到参观博物馆既增长了知识，也充满了乐趣。

资料库：青铜彝器

大家看这尊方鼎，上面写着“彝器”，什么是彝器呢？先从彝说起，“彝”字，就像两只手抓住一头反捆四足的猪，捆起猪干什么呢？做祭祀。古代做祭祀，用牛、羊、猪，我们称之为“三牲”，用猪做祭品也是正常的。彝器就是祭祀的用具，当时称为“礼器”。青铜器作为做祭祀用的“礼器”最为普遍。据说周武王伐纣时，曾经从商王朝那里缴获九个鼎，他非常重视，认为九鼎是王权的象征。

案例·示范

福建泉州海外交通史博物馆导游词(片段)

各位团友：

大家好，欢迎各位参观泉州海外交通史博物馆。

泉州海外交通史博物馆是中国唯一以海外交通史为专题的博物馆。1959年创建，新馆于1991年建成。它的外形像一艘扬帆起航的大海船，内设有“泉州海外交通史陈列馆”、“泉州宗教石刻馆”、“泉州民俗文化陈列馆”和“中国古代船模馆”四个展馆。

在“泉州海外交通史陈列馆”，我们将从大量的珍贵文物和模型中去了解古代泉州、了解古代刺桐港的兴衰。泉州，古称“刺桐”，作为中世纪“海上丝绸之路”的起点，泉州曾在东西方文明交流中，占有重要的历史地位。

泉州的海上交通，起源于南朝而发展于唐朝。到了宋元时期，刺桐港的海上贸易活动空前繁盛，被马可·波罗誉为“东方第一大港”。当时的泉州已成为一个世界性的经济文化中心。到了明清两代，由于中央实行闭关锁国的政策，致使官商渐渐衰弱，而私商贸易迅速崛起。大批移民流向海外，泉州因此成了一个著名的侨乡。

现在大家看到的是古代泉州府的版图。古代泉州府的管辖范围包括德化、永春、安溪、晋江、石狮、惠安、南安，以及新中国成立后划归厦门的同安和现属台湾的金门岛。古刺桐港素有“三湾十二港”之称。“三湾”所指的是：泉州湾、深沪湾、围头湾，在每个港湾中各有四个支港，由此而组成了这个著名的东海名港。在这个沙盘中所标出的是泉州省级、国家级的文物保护单位。泉州作为国务院首批公布的24个历史文化名城之一，现有国家级重点文物保护单位12处，其中大部分与泉州悠久的海洋文化，有着密不可分的关系。

据记载福建最早的居住者是闽越族，早在春秋战国时期，他们就已“善于造舟”。从1920年在福建连江出土的独木舟残件，能够明显地看到有火烘烤的痕迹，这说明在当时人们已经能够用火和石斧制造独木舟用于海事活动。由独木舟发展而来“舢写船”形状像一只栩栩如生的水鸟，它已经具备了福船的一些特征，可以说是福船的前身。在公元后的16个世纪里，福船以它优良的性能、先进的技术成为世界上最先进的船种之一。

三国孙吴时，晋人因永嘉之乱南迁。现在泉州地区的王、林、陈、黄、郑、唐、邱、何、胡等姓氏的祖先，多来自中原。他们来到晋江的两岸，沿江而居，开始把这条江称为“晋江”。公元260年(三国吴景帝永安三年)，由于晋江人南迁，闽南地区人口增加。吴国设置东安县加强管理，管辖南安、晋江、同安三县，县治设在今天的南安丰州，使丰州成为当时闽南的政治、经济、文化中心。

经过两晋的发展，泉州海上活动渐渐活跃，到了南朝，泉州已经有大船通航南洋。有记载最早来到泉州的第一个外国人是印度僧人拘那罗陀(真谛)。他曾两次想由拉州乘大船前往梭伽修国(今马来西亚)，都因遇到风浪而无法成功。在九日山下的延福寺里，由他历时多年翻译了《金刚经》等经文，为佛教的传播作出了一份贡献。至今九日山仍存有一块“翻经石”，是传说中拘那罗陀翻译经文所在地。

唐代是泉州港海上交通发展的重要时期。公元711年(唐景云二年)泉州和福州分治；而到了公元718年(开元六年)泉州治所从南安迁移到了现在的泉州市区。这时，泉州户口发展到 35 571 户，约十几万人口。泉州经济也得到不断地发展，农业、织造业、陶瓷业、冶炼业等在这一阶段都已经粗具规模，这为泉州在宋元时期成为一个世界性的经济文化中心奠定了一定的基础。这时期泉州的海外贸易交通发展十分迅速。1982 年，在开元柳三娘佛塔中所发现的“佛顶尊胜陀罗尼经”石经幢上刻有“海路都指挥使”的名称，这就是当时专设的管理海外贸易的官职名称。可见当时泉州的海外贸易已经发展到需要由专人的管理。

唐五代时，泉州节度使留从效为适应海外贸易的发展而扩展城区，并沿城环植刺桐树。从此，外国人亲切地称泉州为“宰桐”(ZAITUN)。但是，它在阿拉伯语中的含义却是油橄榄。这或许是他们睹物思情，看到了刺桐花，想起了故乡的缘故。

宋元两朝，是泉州交通和社会经济发展的鼎盛时期。泉州与汴京(开封)、京北府(西安)、杭州、福州、长沙、庐陵、南京同称为全国八大城市。城市户口由唐元和年间的三万多户增加到南宋淳祐年间的 255 758 户，已经拥有百万人口。为适应港口城市的发展需要，泉州又多次扩修城墙，这里所陈列的宋代城墙，就是南宋嘉定年间以“胡贾簿录之资”大修的历史见证。

宋时商船外出经商，一定要持有市舶司发给的公凭。李充公凭就是当时由宁波市舶司发出的。李充是一位泉州商人，他带领商船到日本经商，并将公凭留在了日本。公凭中记载了纲首，也就是船长李充，并且将一艘船的甲板分成几个区域，分别记明负责各个区域船员的姓名。另外，还详细记载了船上所载的货物。可以说它是最早的出国签证。由于当时泉州没有设市舶司，泉州商人外出经商都绕道宁波领取公凭，给经商活动带来诸多不便。因此，公元 1087 年(北宋元祐二年)，中央政府在泉州设置了市舶司，下设堆放货物的市舶库和接待外宾的来远驿，便利了过往商人的贸易活动。

为了将优质的货物源源不断地运送到港口，泉州人架起了中国第一座跨海石桥——洛阳桥。这座桥梁首创筏形桥基，并且采用种植牡蛎的方法加固桥基，成为世界上第一个将生物学和工程学综合运用的最成功的例子。洛阳桥建成之后，港口附近的许多地方纷纷仿照它的造桥方法，建成了许多长度不一的跨海石桥。其中堪称中国最长的古代跨海石桥的是安平桥，桥长 2 250 米，俗称“五里桥”，素有“天下无桥长此桥”之说。当时人们这样形容泉州的桥：闽中桥梁甲天下，泉州桥梁甲闽中。

古代泉州人的智慧卓越超群，早在一千多年前，他们就能够用“桐油加钉子”造出世界上最先进的船种：福船中的泉州船。1925 年，泉州湾后诸港曾出土了一艘宋代古船，残长 24.2 米，宽 9.15 米，复原之后，它的长度可以达到 36 米，宽 11 米，载重量 200 吨以上，是当时泉州所造的中型的货运海船。从它的剖面模型上，我们可以发现它有十三个水密隔仓，水密隔仓在中国的运用始于唐代，比欧洲早了一千一百多年。另外，我们还可以从这艘船模上发现，它的船锚采有物是木爪石碇的结构。近百年来在日本、朝鲜等地发现有不少与泉州船相雷同的碇石，这足以证明古代泉州船的足迹。

近年来，我们在港口附近发现多艘沉船。其中 1980 年在法石湾发现的一艘载重量吨左右的宋船上，有一片篾帆的残件，属国内唯一的一件珍贵文物。篾帆是泉州古代海船用帆的一种类型。在南宋前，棉花种植纺织没有广泛推广之前，只有官船才用得起昂贵的丝织品作帆。聪明的泉州人用篾片、竹叶等天然植物原料制成篾帆，一直到明朝仍广泛运用。

一艘艘性能优良的泉州船驶向朝鲜、日本，驶向东南亚，甚至远渡重洋，驶向非洲东部，驶向地中海，将精美的刺桐缎和中国瓷器带到了世界各地；同时也载回了无数为经商、传教等不同目的而来的海外友人。

在当今的许多国家和地区，同种宗教的不同教派之间，都会产生矛盾和冲突。但古代的泉州却以她博大的胸怀，同时容纳了多种宗教共同生存和发展。这当中有中国传统的道教、南朝传入中国的佛教，还有伊斯兰教、基督教、印度教和摩尼教。千百年来，泉州的石刻默默记载了诸多宗教在泉州的兴衰。如清源山上中国最大、最古老的道教石刻老君岩，晋江东石南天寺的“西天三型”佛教石雕，伊斯兰教“蓄刻墓”石碑，基督教的“也里可温吴安哆呢嗯碑”和“安德烈·佩鲁贾基碑”，印度教保护神毗湿努力雕像以及世界仅存的草庵寺摩尼光佛雕像和摩尼教经文石刻。除此之外，海交馆内现存的五百多件宗教石刻，无一不证明，泉州无愧于“宗教博物馆”的称号。

明代，是中国及全世界航海史上最辉煌的一页。提起“郑和下西洋”，总能牵动中国人的民族自豪感。公元 1405 年(永乐三年)，郑和率领由两万七千多人和近两百多艘福船组成的船队由泉州起航，浩浩荡荡驶向“西洋”，你可知其中有多少泉州人辛勤的汗水。据史料记载，郑和船队中 75%的水手来自福建，仅在公元 1403 年(永乐元年)，在福建订造的海船，就有一百三十多艘。郑和宝船，是船队中的指挥舰，史书记载“长四十四丈四，宽十八丈”，为福船型。复原后长约 126 米，宽约 51 米，载重量可达七千多吨，排水量 15 000 吨，可称得上是世界上最早的万吨轮。由于当时没有机械设备来推进它，只有充分利用风力，因而它的帆特别多，史称“九桅十二帆”。

然而，就在郑和船队满载和平和友谊驶向世界各地传播大国礼邦的优秀文化时，明朝政府两度宣布实行“海禁”，只允许泉州和琉球通商，泉州由此成了对琉球贸易的中心港口，两地关系渐密切。明洪武二十五年，朱元璋赐福建人 36 姓移民琉球，这对当地的经济文化发展及朝贡贸易的进行，起了很大作用。现在日本仍保留有这 36 姓的族谱，证明了琉球和泉州的亲缘关系。

随着明清两朝闭关锁国以及古刺桐港港口的自然地理条件的变化，古刺桐港逐渐衰弱了。但是，通过这个海交史陈列馆，我们不难想象出当年“缠头赤足半蕃商，大舶高樯多海宾”的辉煌岁月。回顾历史，才能更好地展望未来。几百年后的今天，这再度开放的城市，将会迎来更灿烂的明天。

任务作业

先查阅某博物馆的相关资料，实地考察后撰写某博物馆导游词。

学习情境五

游客生活服务

学习目标

1.学会为团队提供购物服务
2.学会为团队提供餐饮服务
3.学会为团队提供娱乐活动服务

任务一　团队购物服务

技能实训

实训项目	模拟团队购物服务
实训要求	1.能够根据旅游团行程,恰当安排旅游购物活动 2.向旅游者介绍旅游商品特色 3.随时提供旅游者在购物过程中所需要的服务,如翻译、介绍托运手续等 4.监督旅游购物接待单位提供合格的旅游商品,确保旅游接待服务质量
实训地点	莆田工艺美术城或教室或模拟导游实训室
实训材料	1.多媒体设备 2.手机、固定电话、导游旗 3.旅游景区背景材料
实训内容与步骤	一、实训准备 1.把学生分为若干个小组； 2.布置模拟现场场景的实训环境； 3.准备接待时的应变台词、手机、固定电话以及导游旗； 4.小组根据背景材料,设计好小品表演场景,准备分组表演。

续表

实训内容与步骤	二、实训过程 1.认真阅读旅游接待计划，了解游览活动内容及日程安排； 2.学生模拟导游员带团在游览参观景点期间； 3.模拟地陪、全陪、领队、旅行社计调人员、客人相互配合协调； 4.重点介绍特色旅游商品，如何科学鉴别旅游商品，以及适度推销训练； 5.填写实训报告。 三、实训结束

实训考核

组别：__________ 姓名：__________ 时间：__________

项　　目	应　得　分	实际得分
活动安排是否合理	20	
旅游商品介绍是否有特色	30	
购物过程提供的服务是否到位	30	
有无监督接待单位提供合格商品	20	
合　　计	100	

考核时间：　　　年　　月　　日　　　考评师(签名)：

知识链接

购物是旅游团的一项重要活动，也是旅游者的重要需求。旅游者每到一地，都希望购买一些旅游纪念品以及当地的土特产品，或馈赠亲友，或自己留存。当游客购买到自己满意的物品，就会得到一种满足。而要购买到满意的物品，导游人员自然就成了游客最直接的咨询与依赖对象。因此，导游人员在旅游团购物方面，具有十分重要的作用，做好了购物工作，既能帮助旅游地推销商品，又能满足旅游者的购物需求。

一、导游人员在旅游者购物活动中的作用

旅游者往往对目的地的情况缺乏了解，尤其是在购物中，对当地的特产、可值得购买的物品到底是什么，常常知之甚少，如果没有导游人员的协助，旅游者的购物活动往往比较盲目。导游人员在旅游购物活动中的作用是非常明显的。

(一)主导作用

导游人员适当地介绍当地的旅游纪念品及特产可以加深游客对商品的了解并激发其购买欲望；导游人员根据游客的需要，安排一定的时间带领游客选择商店进行购物，都体

现了导游人员在旅游购物中的主导作用。

（二）参谋作用

旅游团的游客在购物前，一般会向导游人员征询意见、了解情况，在购买中也会向导游人员详细了解商品的性能、特色及售后服务的有关规定，请导游人员帮助挑选商品。因此，导游人员在游客购物中起着不可替代的参谋作用。

（三）维权作用

导游人员应该带着旅游团到定点商店和价钱公道、质量有保证的商店去购物。在购物中，导游人员要提醒游客不要上当受骗，以免掉入购物陷阱。对商品不按质论价、抛售伪劣商品、以次充好的行为，导游人员有责任向商店负责人反映、交涉。在游客购买了伪劣商品后，导游人员有义务积极协助游客予以调换。总之，在游客购物过程中，导游人员要始终维护游客的合法权益。

二、旅游者购物的形态

（一）计划内购物

计划内购物，是指在旅游团的接待计划中明确规定的属于旅游团正常的计划项目的购物。这种购物，由于已经在接待计划中予以注明，因此全体游客对这种安排是事先知道，并且充满期待。计划内购物，一般是建立在组团社对旅游目的地十分熟悉和了解的基础之上的，并且购买的商品大都是当地最知名或最有特色的商品或旅游纪念品。比如到福州购买牛角梳、到安溪购买铁观音、到武夷山购买武夷岩茶、到闽西购买闽西八大干、到金门购买贡糖、到福鼎购买槟榔芋等。计划内购物属于旅游团的活动内容的重要组成部分，地接社的导游人员要认真安排，选择去当地那些最具规模、价格公道、质量有保证的商店购物，真正达到通过购物使游客满意的效果。

导游人员要严格执行接待计划中关于购物的规定，切不可为了吃回扣而欺客、宰客，甚至自作主张变更原定购物计划。

（二）计划外购物

计划外购物，是指在组团社接待计划中没有明确规定或限制的情况下，为满足旅游者需求而临时安排的购物活动。计划外购物往往表现出极大的灵活性。导游人员可以根据游览行程时间的松紧程度、游客要求的强弱程度和购物商店的分布情况灵活安排。

计划外购物一般出于四种情况提出：

(1)游客对旅游目的地获得了一些信息，对当地的商品资源有了一定的了解，为使本次旅游的内容更丰富，满足为亲朋好友馈赠礼品的需要，主动向导游提出要求。

(2)游客参加旅游团目的之一，就是到旅游目的地购物，购买自己向往已久的具有地方特色的民族商品。这些旅游者目的明确，会利用游览中的空闲时间来完成自己的购物行为。

(3)外界的刺激诱发了游客的购物欲望。导游的讲解中涉及了当地的特色产品，引起了游客的注意，原本无意购物的心态发生了变化，产生了购物的冲动。如在游览过程中被当地的广告、繁华的商业区或其他旅游者购买的物品所吸引，从而产生了购物需求。

(4)旅游消费是旅游者的共同特征。人们外出旅游的消费水平高于平时的日常消费是旅游者的共同特征。平时在家，日常生活的消费基本是严格计划的，但是在旅游过程中，旅游者的心态发生了变化，很难做到理性消费，购物成了旅游者一种兴趣和需要。虽然他们没有明显的消费指向，但是只要消费了，心理便平衡了。因此在旅游过程中，大家会普遍地向导游人员提出购物的要求。

导游人员在安排计划外购物时，要征求全陪和领队的意见，在得到他们的允许后，按大多数游客的要求，认真地安排好购物，以满足游客的需求。

(三)自由活动购物

每一个旅游团都会安排一定的时间给予旅游者更多的自由活动机会。旅游者常常利用这段自由活动的时间进行购物。这种自由购物形式给予旅游者更多的选择空间，旅游者也打消了导游人员可能为吃回扣而让旅游者在定点商店被欺骗、被坑害的顾虑，因此更受旅游者的欢迎。自由活动购物分两种情况，一种是在游览间歇中留下一段时间供游客在景点周围购物，一种是专门留下一天或半天的时间安排游客去当地繁华商业区购物。

在自由购物时，导游人员应提醒游客注意保护自己的人身和财产安全，讲明注意事项，规定详细的集合时间与集合地点，尤其是在景点周围购物时，导游人员要密切注意游客的动向，如发生纠纷，导游人员应立即前去解决问题，有效地保护旅游者的利益，避免不必要的麻烦。

三、导游购物服务

导游人员在购物服务中，要严格地按照导游服务程序执行，真正做到既满足了旅游者的需求，也保障了旅游者的权益。

(一)介绍商品

介绍当地有特色、有知名度的旅游商品，是导游人员服务中的一项重要内容。导游人员可以在城市概况的讲解中，有意识地向游客介绍当地那些有民族特色和地方特色的旅游商品，使游客有所了解，为安排购物进行必要的铺垫。

导游人员在向游客介绍当地产品时，首先要具有一定的商品知识，熟悉商品的性能及工艺特点，讲解中重点突出其特色及价值。导游人员的旅游商品的讲解是导游讲解的重要组成部分，在讲解中要做到：

1.突出文化内涵

许多地方特色产品是多年的文化传承的结果，在历史的发展过程中，融合了许多人文思想和艺术元素。导游人员在商品讲解中，要在注意突出其文化内涵，满足游客的审美需要，而不是一味地讲商品本身，更不能直接推销和兜售。

资料库：漳州片仔癀

片仔癀是蜚声中外的名贵中成药，是漳州片仔癀药业股份有限公司独家生产的中成药锭剂，其处方、工艺均属国家绝密级秘密，是国家一级中药保护品种。它原是明朝太医的秘方，后太医出家，来到较为安定的闽南漳州璞山寺当和尚，他根据宫廷秘方研制出的一种特效退癀、消肿的良药，为一方百姓解除了许多病痛，深得百姓信赖。福建漳州方言把一切炎症统称为“癀”。因这一良药的外形成条索状，使用时，切一薄片内服或外敷，即可消炎退癀，片刻见效，故称“片仔癀”。之后，片仔癀随着当地华侨“下南洋”而流传到世

界各地，享誉斐然。片仔癀是用麝香、牛黄、蛇胆、三七等名贵中药精制而成的。对急性、慢性肝炎，刀、枪、骨折和烧、烫等多种创伤，脓肿、无名肿毒及一切炎症引起的疼痛、发热等，有显著疗效。外科手术后服用，能消炎止痛，防止伤口感染，加快愈合。因疗效好，适用范围广、副作用小，被视为医药珍品，驰名中外，因此被国际友人誉为“中国特效抗菌素”，海外侨胞、港澳同胞更称之为“安家至宝”的“神丹妙药”。

相传，片仔癀是明朝太医院秘方“御用良药”，万历年间，宫廷政变，一位闽南籍的太医，携带药方出逃，至璞山岩庙削发为僧。明朝动乱中，档案尽皆流失，包括明时太医的秘方都不见经传。唯独可在李时珍的《本草纲目》中对三七的记载中获知一二，书中记载三七产于南方深山，既稀又贵，用三七入药传入宫廷，再配制成方，用特殊工艺制作成片仔癀，后定为宫廷秘方。时间为一五五六年，并未记载药方的真实面目。由于药方得上述机缘随太医流落民间，民国时期，片仔癀秘方为漳州“馨范茶庄”所得，并生产“僧帽牌片仔癀”应市，片仔癀才从佛门传到民间。新中国成立后片仔癀也曾担任着小角色，经历 10 年冬眠时间，知者少，用者微。今天我们能见到这一“国宝名药”，实属幸运；而其药方的庐山真面目流传到今，仍未被全面揭开。

片仔癀与云南白药一样，两者作为我国中药的两大独家生产绝密品种，其特效配方及独特工艺受国家绝密保护。今天，我们仅能从片仔癀的产品说明中了解到它的四大主要成分：麝香 3%，牛黄 5%，田七 85%，蛇胆 7%。这四种成分均为我国名贵中药，其中麝香的来源——麝，已被列为国家濒危物种。

几十年来该产品供不应求，并畅销国内国际市场，每年为国家创汇一千多万美元。1979 年荣获国家银质奖，1984 年荣获国家金质奖章，1986 年创质量管理奖并被列为国家一级保密产品，1989 年金质奖复评通过，1994 年金质奖二次复评通过等多种殊荣，2010 年成为上海世博会福建馆支持机构，2010 年度最具投资价值医药类上市公司 10 强，远销中国台湾、港澳、东南亚和日、英、美、法、加拿大等地区和国家。

2.讲解真实客观

导游人员在讲解商品时，对其功效的介绍要努力做到实事求是、客观公正，评价要恰如其分，赞美要有根据，坚决杜绝不负责任、无限夸大的讲解，以免误导游客，更不能怀着自私的目的进行欺骗性的宣传。

资料库：安溪铁观音

各位游客，现在我们已经到达中国乌龙茶之乡——安溪。铁观音是福建安溪人于 1725—1735 年间发明的，至今已有 1 000 多年的历史。铁观音是中国十大名茶之——乌龙茶类的代表，介于绿茶和红茶之间，属于半发酵茶类，铁观音独具“观音韵”，清香雅韵，“七泡余香溪月露，满心喜乐岭云涛”。除具有一般茶叶的保健功能外，还具有抗衰老、抗癌症、抗动脉硬化、防治糖尿病、减肥健美、防治龋齿、清热降火、敌烟醒酒等功效。

福建安溪是我国古老的茶区，境内生长着不少古老野生茶树，在蓝田、剑斗等地发现的野生茶树树高 7 米、树冠达 3.2 米，据专家考证，已有 1 000 多年的树龄。

在宋、元时期，铁观音产地安溪不论是寺观或农家均已产茶。据《清水岩志》载：“清水高峰，出云吐雾，寺僧植茶，饱山岚之气，沐日月之精，得烟霞之霭，食之能疗百病。老寮等属人家，清香之味不及也。鬼空口有宋植二、三株其味尤香，其功益大，饮之不觉两腋风生，倘遇陆羽，将以补茶话焉”。安溪茶叶通过“海上丝绸之路”走向世界，畅销海外。

到明代产茶稍盛，明嘉靖《安溪县志》有“茶，龙涓、崇信（今龙涓、西坪、芦田）出者多”、“常乐、崇善等里货（指茶）卖甚多”的记载。武夷从唐朝起生产蒸青团茶，明末罢贡茶之后，茶农积历代制茶经验的精髓，创制了武夷岩茶。清初，安溪茶业迅速发展，相继发现了黄金桂、本山、佛手、毛蟹、梅占、大叶乌龙等一大批优良茶树的品种。这些品种的发现，使得安溪茶业步入了鼎盛发展阶段。清代名僧释超全有“溪茶遂仿岩茶制，先炒后焙不争差”的诗句，这说明清代时已有溪茶生产，安溪茶农创制了乌龙茶。安溪乌龙茶以其独特的韵味和超群的品质备受青睐。

（二）合理安排购物时间

1.合理安排购物时间

首先，无论是计划内、计划外购物还是自由活动购物，导游人员对购物次数的安排切忌过于频繁。次数太多，可能会影响正常的游览行程，也会使游客产生厌烦情绪。

其次，购物的时间安排要合理，既不可太长，游客在店中无事可做，也不可过短，游客没有时间挑选商品。

再次，要把行程中的最佳时段用于游览，游览间歇或游客疲乏时安排购物。这样既能有效地满足游客的游览审美需求，又利用购物刺激游客的游兴，使整个行程更为充实。

2.慎重选择购物商店

旅游团购物商店的选择一定要得当，如果选择不当，可能会使游客的利益受到损害，还会带来一系列后果。

首先要选择定点购物商店。一般来讲，经过旅游行政部门认定的定点商店，无论价格还是质量都是比较令人放心的。

其次，要选择信誉好、物价相符的商店。在这里，游客的利益可以得到有效地保障。

再次，要选择购物环境好的商店，游客在购物时可以从容地进行比较与挑选，买到较为满意的商品。

最后，要选择与旅游团行程就近的商店。无须绕太多的路便可抵达，会给游客一种信任感。

（三）提供服务

1.介绍商品的功能、类型

导游人员对游客感兴趣而又不太了解的商品要主动地进行介绍。在购物前，导游人员可能已在车上向游客做了简单的介绍，但在购物中，面对着商品实物介绍，会使游客对商品在感性上有进一步的了解。

导游人员在介绍商品时要客观、公正、详细、具体，尤其是涉及商品的功效和性能方面，更要实事求是。同时，也不要强加于人，表现出明显的倾向性。价格问题是个敏感问题，导游人员一般不要妄加评论。购买与否，由游客自己做主，不要过于热心。

案例·示范

福建寿山石讲解

我们看到的这些奇石为寿山石，寿山石是中国传统“四大印章石”之一，分布在福州市北郊晋安区与连江县、罗源县交界处的“金三角”地带。若以矿脉走向，又可分为高山、旗山、月洋三系。因为寿山矿区开采得早，旧说的“田坑、水坑、山坑”，就是指在此矿区的田底、水涧、山洞开采的矿石。经过1 500年的采掘，寿山石涌现的品种达百数十种之多。寿山石已成为海峡两岸经贸往来、文化交流的重要桥梁之一。

寿山石分为水坑石、山坑石和高山石。寿山村东南有山名坑头山，是寿山溪的发源地，依山傍水有坑头洞和水晶洞，是出产水坑石的地方。因为洞在溪旁，石浸水下，故又称“溪中洞石”。水坑石出石量少，佳质尤罕，因此今日市场上所见水坑石佳品，多系百千年前的旧物，故有“百年稀珍水坑冻”之说。水坑石是寿山石中各种径冻石的荟萃，主要品种有水晶冻、黄冻、天蓝冻、鱼脑冻、牛角冻、鳝鱼冻、环冻、坑头冻及掘性坑头等，色泽多黄、白、灰、蓝诸色。山坑石，是寿山石中的大宗，是高中档寿山石印章和石雕艺术品的主要原料来源。高山系是山坑石的总代表。高山石通灵莹丽，唯石品多达百种，石质优劣各异，命名多不规范，以色、以相、以产地、以始掘者命名的现象都有。以色分类的有红高山、白高山、黄高山、虾背青、巧色高山；以相分类的有高山冻、高山环冻、高山晶、掘性高山、高山桃花冻、高山牛角冻、高山鱼脑冻、高山鱼鳞冻；以产洞命名的有和尚洞高山、大洞高山、玛瑙洞高山、油白洞高山、大健洞高山等等。

我们看到的这些寿山石均为寿山石的精品。大家如有兴趣，可以自己再看看！

2.协助游客办理大件物品托运手续

要熟知海关关于携带物品出入境的规定，以防客人买到贵重物品无法出境。在购物中，如有个别游客购买了商店的大件物品，如家具、地毯、花瓶等，导游人员要与商店积极地联系，协助办理托运手续。

任务作业

选择一种有当地特色的旅游商品进行介绍。

任务二　团队餐饮服务

技能实训

实训项目	模拟团队餐饮服务
实训要求	1.与餐饮接待单位联络，落实用餐情况 2.根据客人情况，掌握其用餐特殊要求 3.掌握有代表性菜肴、酒水资料 4.确保旅游者用餐安全
实训地点	模拟餐厅
实训材料	1.多媒体设备 2.手机、固定电话、导游旗 3.旅游景区背景材料
实训内容与步骤	一、实训准备 1.把学生分为若干个小组； 2.布置模拟现场场景的实训环境； 3.准备接待时的应变台词、手机、固定电话以及导游旗； 4.小组根据背景材料，设计好小品表演场景，准备分组表演。 二、实训过程 1.认真阅读旅游接待计划，了解游览活动内容及日程安排； 2.学生模拟导游员带团在游览参观景点期间； 3.介绍我国不同地区的代表性菜肴、酒水特点； 4.模拟地陪为旅游者提供团队正餐、风味餐、宴会的服务程序； 5.填写实训报告。 三、实训结束

实训考核

组别：__________　姓名：__________　时间：__________

项　　目	应　得　分	实际得分
是否落实用餐情况	10	
代表性菜肴、酒水介绍是否有特色	40	
餐饮过程提供的服务是否到位	40	
是否确保监督接待单位提供安全商品	10	
合　　计	100	

考核时间：　　年　　月　　日　　考评师（签名）：

知识链接

俗话说："民以食为天。"在旅游六要素食住行游购娱当中，"食"居首位，说明了"食"的重要。中餐是一种饮食文化，也是一种旅游资源，与中国五千年文明的发展息息相关。凡名胜之地必有美味佳肴，因此，对于餐饮方面的服务，导游人员应该尽心尽力、细致周到。

一、导游员在餐饮服务中的作用

团队餐的形式大致分为正餐、风味餐和宴会三种，不论哪种，导游人员都应发挥好协调、监督、保障和讲解作用。

（一）协调作用

导游员是游客和旅行社协作单位的桥梁，尽管协作单位会按合同要求照章办事，但是导游员对于客人细节方面的要求与餐厅的协调还是必要的。一个窗明几净、舒适优雅的用餐环境会使游客有一种愉悦的情绪，再加上服务员整洁如新的衣着和彬彬有礼的服务，客人更会有亲切之感。而可口的饭菜和一些细节要求的满足，绝不会让游客有"异乡人"的感觉。这一切都需要导游人员再次同餐厅确认核实。

（二）保障作用

导游员应该严格按照旅行社的安排，带领团队到旅游定点餐厅用餐，确保客人用餐时不会食用变质或者不干净的食物，如果发现类似状况，要责令餐厅道歉，必要时向旅行社汇报。

（三）讲解作用

餐饮服务是导游服务中的一个重要方面，看似简单的一个"吃"，却决定你是否给了游客一次愉快的旅行，对导游员的接待质量和接待能力也是一种考验。用餐时，如遇到当地特色的食物，导游人员就有责任就其特点、风格、工艺等进行简单讲解，使其吃得“心中有数”。

(四)监督作用

旅行社同酒店、餐厅的合作关系通常都是经了解、协商，然后通过合同的形式确定下来，一般情况下不会出现什么问题，但也不排除偶尔发生一些意外情况。因此，导游人员有责任对餐厅的服务进行监督，比如用餐环境、饭菜质量、所提供餐标等。一旦发现问题要及时纠正和弥补，以确保客人用餐的质量。

二、导游员对团队正餐的服务

旅游团的正餐一般是指午、晚餐，其用餐形式通常分为桌餐和自助餐两种。不论哪种形式，导游人员都应提前落实，同定点餐厅确认相关事宜。

(一)提前落实相关事宜

地陪导游员要提前落实相关事宜，对午餐、晚餐的用餐地点、时间、人数、标准、形式、特殊要求逐一核实并确认，了解客人的口味和禁忌。如果客人中有少数民族，应尊重其民族信仰，对饮食有特殊要求者，应安排特别用餐。

(二)引导客人进入餐厅

地陪导游人员在团队用餐时，应适时介绍餐厅的区域位置、服务水平和饭菜特色，使游客在用餐之时先吃一颗“定心丸”。

1.引导客人入座

导游人员应事先了解团队用餐的位置，如不可能事先了解，也要向迎宾员尽快了解，带领客人就座，切不可带着客人满场绕。

2.巡视团队用餐情况

当客人全部就座后，提示餐厅提供服务。如有自行活动的客人，导游人员要与餐厅重新确认实到人数；地陪导游员要告诉客人餐标所含酒水范围以及自理项目，不可含糊其辞、大包大揽；地陪导游员要告诉领队、全陪用餐地点和餐后出发时间；用餐过程中要巡视用餐情况，解答疑问，监督餐厅是否按照标准提供服务并解决出现的问题；当菜全部上齐后，地陪要合理掌握时间，留给客人充裕的饭后放松时间，然后按照约定时间集合上车。

3.餐后餐厅结账

用餐后，地陪应严格按照实际用餐人数、标准、饮用酒水数量，如实填写“餐饮结算单”与供餐单位结账。

三、导游人员对团队风味餐的服务

旅游团在旅行过程中，不仅要欣赏名山胜水，大饱眼福，还要不失时机地品尝各地的风味特色菜，大饱口福。风味指的是各地具有地方特色的饮食风味，其选料、价格及制作能体现某个地域独到的风格特点。因此，带领客人品尝风味餐，就要求导游人员对本地的风味特色了如指掌，能为客人进行详尽的介绍。风味餐的品尝目的是通过风味来了解一个地区的特色饮食文化，正如我们所说的通过“吃”来认识或喜欢一个地方，所以风味餐的

安排一定要正宗。如武夷山的蛇宴、漳州东山的海鲜、宁德三都澳的渔排餐等。

(一)介绍风味餐的特色

中国的地方菜肴是由于各地气候、水土、资源、文化、风俗和人们的口味不同而形成的,其特色也是从古到今流传下来、世界所公认的,导游可从菜肴的色、香、味、形、器这几个方面着手介绍。

资料库:闽菜

闽菜又称福建菜,是我国八大菜系之一,常以福州菜和闽南菜为主。闽菜最早起源于福建闽侯县,在后来发展中形成福州、闽南、闽西三种流派。福州菜淡爽清鲜,重酸甜,讲究汤提鲜;闽南菜包括泉州、厦门、漳州一带,讲究作料调味,重鲜香;闽西菜包括长汀及西南一带,偏重咸辣,烹制多为山珍,带有山区风味。故此,闽菜形成三大特色,一长于红糟调味,二长于制汤,三长于使用糖醋。除了招牌菜"佛跳墙"外,还有七星鱼丸、淡糟香螺片、鸡汤汆海蚌、东壁龙珠、麒麟象肚、白雪鸡、闽生果、醉排骨、红糟鱼排等等,均别有风味。闽菜的特点是汤菜清、味道淡,炒食要脆,擅长烹制海鲜佳肴。其烹调技法以蒸、煎、炒、熘、焖、炸、炖为特色。

(二)介绍风味餐的用餐程序和食用方法

因为特定的饮食习惯,风味餐的用餐程序或食用方法可能不同于一般的饮食习惯,所以导游人员应事先向游客介绍用餐程序和食用方法,这样客人不至于对着风味餐无从下嘴。

案例·示范

漳州手抓面及食用方法介绍

"手抓面"又名"豆干面份",是闽南漳州一带特有的地道民间小吃。吃的时候是用手直接抓食的,故而得名,这有点像新疆的手抓饭,手如果嫌不卫生,你当然也可以使用筷子(叉子也行),只是不够地方风味罢了。

它虽然很少在正式的宴席上出现,但由于口味独特、方便随意,是福建菜中一道具有闽南风味的冷盘。名气很响,在城乡颇为风行!

"手抓面"是将黄油面条(加了大树碱的面条),在沸水锅里汆熟后捞出,分别团成直径大概为15厘米的薄面饼。取这样一片面饼放在手上,先后涂抹上甜酱、花生酱、沙茶酱、辣椒酱、蒜蓉酱和芥末酱,再放上一条油炸豆腐干或者是炸五香,然后把面饼包卷起来,卷起来用手抓着蘸杂醋酱吃。香、甜、酸、辣,冰凉、滑润,令人脾胃大开!从吃法到口味都很有风味。

看到这么多种酱,眼花了吧?花生酱、辣椒酱和芥末酱都比较平常,但甜酱、沙茶酱和蒜蓉酱还是介绍一下:甜酱是用淀粉加水和红糖边煮边搅做成的;蒜蓉酱是蒜泥加白糖和白醋调拌成的;而用花生仁、白芝麻、干鳊鱼、干虾米、椰丝、葱、蒜、芥末、香菜子、辣椒等多种原料磨碎加油盐熬煮,就可以制成金黄香辣的沙茶酱。

面卷里有这样多的酱,拿在手上当然会滴滴答答地漏一路,所以不仅要吃得快,而且还得当心你的衣服。

“手抓面”为何如此受欢迎呢？那是因为它的面条很特别哦，不是用白碱揉的，而是用大树碱做的。所谓大树碱是将树干烧成碳浸泡在水中后浮出来的一层白色的碱，用它揉的面条特别嫩滑、劲道，口感非常好。小小地咬一口面条，仔细咀嚼，满嘴都是原始而纯净的面香。我觉得就这样干吃也不会觉得腻，而且越嚼越有味。

吃“手抓面”最地道的吃法是用面饼包住五香或者油炸豆腐干，再蘸甜辣酱；或是一手抓面，一手拿五香，蘸上酱，左一口、右一口，别有一番风味。不过现在人们普遍都不太好意思用手抓着吃东西了，觉得不雅观也不卫生，那就用筷子当手吧，只是不够“地方风味”罢了。现在请你也来尝尝漳州手抓面。

（三）介绍风味餐的表演

美味佳肴、地方小吃，其制作过程和饮食艺术也是一种文化、一种旅游资源，如果能够请出厨师现场制作，让客人观看制作过程，或引导客人参与，更可以从中享受别样的乐趣。

四、导游人员对宴会的服务

除参观游览活动外，丰富多彩的其他活动也是旅游服务中必不可少的部分，是参观游览活动的补充，比如宴会、风味品尝等都是在旅游团中常见的社交活动。地陪导游对所带领客人的宴会服务主要有以下几个方面。

（一）了解信息

（1）知道宴会的时间、地点、重要人物的身份。

（2）知道桌台、台型、菜式。

（3）了解客人的风俗习惯、特殊要求、忌讳和就餐方式等。

资料库：宴会礼节

1.预订饭店或接受赴宴邀请

提早预约餐厅。越高档的饭店越需要事先预约。预约时，不仅要说清人数和时间，也要表明是否要吸烟区或视野良好的座位。如果是生日或其他特别的日子，可以告知宴会的目的和预算。在预定时间内到达是基本的礼貌。

2.着装

去高档的餐厅，男士要穿着整洁的上衣和皮鞋，女士要穿套装和有跟的鞋子。如果指定穿正式服装的话，男士必须打领带。再昂贵的休闲服，也不能随意穿着上餐厅。此外最重要的是手一定要保持干净，指甲修剪整齐。进餐过程中，不要解开纽扣或当众脱衣。

3.入座

进入西餐厅后，需由侍应带领入座，不可贸然入位。最得体的入座方式是从左侧入座。当椅子被拉开后，身体在几乎要碰到桌子的距离站直，领位者会把椅子推进来，腿弯碰到后面的椅子时，就可以坐下来。手肘不要放在桌面上，不可翘足。不可在进餐时中途退席。如有事确需离开应向左右的客人小声打招呼。用餐时，坐姿端正，背挺直，脖子伸长；上臂和背部要靠到椅背，腹部和桌子保持约一个拳头的距离，两脚交叉的坐姿最好避免。记得要抬头挺胸得吃，在把面前的食物送进口中时，要以食物就口，而非弯下腰以口去就食物。餐巾布方正平整，经常放在膝上，在隆重礼节场合也可以放在胸前，平时的轻松场合还可以放在桌上，其中一个餐巾角正对胸前，并用碗碟压住。餐巾布可以用来擦嘴

或擦手,对角线叠成三角形状,或平行叠成长方形状,拭擦时脸孔朝下,以餐巾的一角轻按几下。污渍应全部擦在里面,外表看上去一直是整洁的。若餐巾脏得厉害,请侍者重新更换一条。离开席位时,即使是暂时离开,也应该取下餐巾布随意叠成方块或三角形放在自己的座位上。

千万要注意不要有如下失礼之举:

不要当成围兜般塞在衣领或裤头;

不要用餐巾擦拭餐具、桌子,会有看不起主人家之意;

不要用餐巾拭抹口红、鼻涕或吐痰,不要用餐巾擦眼镜、抹汗,应改用自己的手帕;

不要在离席时将餐巾布掉落在地上;

不要把餐巾布用得污迹斑斑或者是皱皱巴巴;

不要将吃剩食物放到餐巾布上。

4.取食

取食时不要站立起来,坐着拿不到的食物应请别人传递。有时主人劝客人添菜,如有胃口,添菜不算失礼,对自己不愿吃的食物也应要一点放在盘中,以示礼貌。当参加西式自助餐时,不要一次就把食物堆满整个盘子。盘子上满满的食物让人看起来认为你非常贪心。每次拿少一点,不够再去。

5.招呼侍者

在一流餐厅里,客人除了吃以外,诸如倒酒、整理餐具、捡起掉在地上的刀叉等事,都应让侍者去做。侍者会经常注意客人的需要。若需要服务,可用眼神向他示意或微微把手抬高,侍者会马上过来。

6.其他

在餐厅吃饭时就要享受美食和社交的乐趣,沉默地各吃各的会很奇怪。所以进餐时应与左右客人交谈,别人讲话不可搭话插嘴。音量要小心保持对方能听见的程度,别影响到邻桌。切忌大声喧哗。在高级餐厅中,别使用手机。必要时也要长话短说,否则就应该暂时离开到外面讲。女士们则切记补妆要到化妆室,别在餐桌上就梳头发或补起妆来,那是非常不礼貌的行为。在进餐尚未全部结束时,不可抽烟,直到上咖啡表示用餐结束时方可;如左右有女客人,应有礼貌地询问一声"您不介意吧!"吃东西时别把盘子拿起来,甚至在吃东西时用手持着盘也是不礼貌的。吃完面前的食物后,也记得别把盘子推开。不要把东西吐在桌上。吃到坏的食物非吐出来不可时,也别吐在盘子里,最好在别人不注意时,吐在餐巾上包起来,并要求更换一块新的餐巾。用餐时打嗝是最大的禁忌,万一发生此种情况,应立即向周围的人道歉。就餐时不可狼吞虎咽。每次送入口中的食物不宜过多,咀嚼食物时,记得把尊口闭上,而且别说话,在大多数的文化中,都会认为让对方看见你满嘴的食物是非常粗俗的表现。

(二)座次安排

宴会中礼宾的次序是排席位的主要依据,导游人员应有基本的宴会服务常识,这样才能准确地引导客人就座。通常情况下,桌次的高低以离主桌位置的远近而定,左高右低。同一桌上,席位以离主人的座位远近而定,但也可以因团而异,考虑一些实际情况。比如,身份大体相同,使用同一种语言、同一专业的客人可以考虑安排在一起。一般酒会会帮忙摆席位,但导游人员可以提供一些信息以备参考。

（三）准备时间的安排

团队客人在旅游活动中大都穿得很休闲，而这种着装是不适合参加宴会的。所以导游人员在安排时间上尽量两者兼顾，既可以把参观景点安排得很完美，又能够留出足够的时间让客人回到酒店换装，整齐大方地赴宴。

（四）准时到达

导游人员带领旅游团赴宴要准时，这是一种礼貌，不可姗姗来迟、拖拖沓沓。入席时，按照安排好的席位协助客人就座。之后礼貌地退出，不可喧宾夺主。

（五）做好翻译、介绍

如团队需要，导游人员要很有分寸地做翻译和介绍，男陪同不可边翻译边吸烟。

（六）宴会结束

正式宴会通常需要1.5小时左右，宴会结束后，导游员应清点人数，送客人平安回到酒店，其他工作程序按照服务要求来做。

需要注意的事情是，宴会的主角是客人，而不是陪同人员，导游员切不可自顾自狂饮，应注意自己的身份和形象，不卑不亢，彬彬有礼，随时做好服务准备。

资料库：宴会要求

宴会是为人们会面和交谈而提供的一种正式的餐饮场合。因此，宴会有其特别的一些要求：

(1)出席宴会的人或会见的人都是非常重要的；

(2)举行宴会的场合是非常讲究礼仪的；

(3)气氛是轻松而庄重的；

(4)环境的设置非常优雅。

任务作业

某旅游团要品尝东山海鲜，请你为游客介绍用餐程序及注意事项。

任务三　团队娱乐活动服务

技能实训

实训项目	模拟团队娱乐服务
实训要求	1.掌握我国不同旅游地有代表性的娱乐活动，要求能做简要介绍 2.模拟地陪导游员带领旅游者参加娱乐活动的程序
实训地点	教室或模拟导游实训室
实训材料	1.多媒体设备 2.手机、固定电话、导游旗 3.旅游景区背景材料
实训内容与步骤	一、实训准备 1.把学生分为若干个小组； 2.布置模拟现场场景的实训环境； 3.准备接待时的应变台词、手机、固定电话以及导游旗； 4.小组根据背景材料，设计好小品表演场景，准备分组表演。 二、实训过程 1.认真阅读旅游接待计划，了解游览活动内容及日程安排； 2.学生模拟导游员带团在游览参观景点期间； 3.模拟地陪导游员带领旅游者参加娱乐活动； 4.就旅游团中可能出现的问题进行相应的处理； 5.填写实训报告。 三、实训结束

实训考核

组别：＿＿＿＿＿＿　姓名：＿＿＿＿＿＿　时间：＿＿＿＿＿＿

项　　目	应　得　分	实际得分
活动安排是否合理	30	
娱乐活动介绍是否有特色	40	

续表

项　　目	应　得　分	实际得分
娱乐活动中提供的服务是否到位	30	
合　　计	100	

考核时间：　　　年　　月　　日　　　考评师(签名)：

知识链接

在旅游活动中，娱乐也是常有的活动内容，对一些地方传统剧目、工艺展示，以及一些刺激、休闲的活动，很多客人也很有兴趣了解和参与，所以导游员应该做好这方面的工作，发挥联络协调作用、安全保障作用，提供周到的服务和画龙点睛的讲解，以激起游客的兴趣。

娱乐活动通常分为两种，即观赏性活动和参与性活动。不论安排哪一种娱乐活动，导游人员都应尽职尽责。

一、欣赏性娱乐活动的服务

欣赏性娱乐活动主要有观赏传统地方剧目(如京剧、豫剧、黄梅戏)、历史性的歌乐舞(如唐宫乐舞)、民间娱乐表演(如武术、摔跤)等。如果属团队计划内安排，导游员应坚守岗位，自始至终陪同，并要和司机商定好出发时间和停车位置，做好以下工作：

(一)组织安排

导游员要根据旅行社的安排计划，在约定时间组织客人前往，同时要熟悉剧场设施，准确引导客人在指定座位就座。

(二)讲解介绍

导游员应该对本地有特色的表演、剧目有详尽的了解，以便在恰当的时机向大家做简单介绍，让客人在看表演前有个基本认识。这种介绍是非常必要的，而且效果很好。

这两个作用是导游人员应尽的职责，除此之外，导游人员还应和司机商定好出发时间和停车位置，并且要找一个鲜明的标志作为演出结束后大家集合的地点，以免散场时人多，发生一些不必要的麻烦。

案例·示范

观看歌仔戏之前的介绍

各位游客，我们今天白天的行程已经圆满结束了，而晚间的行程才刚刚开始。今晚给大家安排的娱乐活动是欣赏歌仔戏，名字叫《陈三五娘》。利用途中的30分钟，我先简单给大家介绍一点有关歌仔戏的知识。

歌仔戏又称“台湾歌仔戏”，广泛流行于台湾各个地区。明末清初大批闽南人随郑成

功移居台湾，同时带去了锦歌、车鼓弄、采茶褒歌等曲艺说唱，至20世纪20年代开始融合为小戏演出。后受正字戏、高甲戏、潮剧、京剧的影响，逐渐丰富定型，搬上舞台。1928年，台湾歌仔戏班三乐轩以回乡祭祖为名，回闽南厦门、漳州等地演出，接着霓光班、霓进社接踵而来，轰动一时。歌仔戏唱腔特点是曲多白少，格律自由，具有较强的艺术表现力。主要曲调有七字仔调、杂念调、大调、倍思及其他民歌、时曲。伴奏乐器有壳子弦、大广弦、台湾笛、月琴等。唱词通俗，颇多生动的民间词汇，乡土气息浓厚。剧目除取材于锦歌唱本如《陈三五娘》、《孟姜女》外，还吸收了其他剧种的不少剧目，如《薛刚反唐》、《千里送京娘》等。

欣赏性娱乐活动，客人大多是被动地去看去听，所以导游人员的启发引导尤其重要，因为看和听的目的就是为了了解，如果稀里糊涂地去看，不仅达不到了解的目的，有时客人会觉得厌烦，所以导游人员应提供周到热心的服务和画龙点睛的讲解，以激起游客的兴趣。

二、参与性娱乐活动的服务

(一)导游人员在参与性娱乐活动中的作用

相当一部分游客出行的目的是为了彻底放松消遣，或者寻求刺激探险的经历，他们希望用这种方式丰富自己的人生，所以导游员在组织这类娱乐活动时应体现联络协调和安全保障的作用。

1.联络协调作用

参与性娱乐活动，不论是休闲、探险，还是娱乐方式，都与接待有关，这就要求导游人员事先帮助客人联络，达成协议，约定事项，满足客人的愿望。如果出现有分歧的问题，导游人员不可坐视旁观，应积极协调，找出问题的症结，力争有一个比较妥善的解决办法。

2.安全保障作用

在参与性娱乐活动中，有一些刺激历险的项目虽然只是有惊无险，但作为工作人员，导游人员必须足够重视，时时处处强调安全，并主动和全陪、领队合作，注意客人周围环境。还应对游客多提醒、多关照，对潜在的危险应有必要的预见性，并且对客人要作出真实的说明和明确的警示，既不含糊，也不夸大，以避免发生意外。因此，导游人员的安全意识是至关重要的。

(二)参与性娱乐活动的主要形式

1.休闲娱乐活动

这类休闲活动比较轻松愉快，一般没有什么大的危险，客人在参与这类活动时多数会非常尽兴，但导游员绝对不可以掉以轻心，和客人一起狂欢应注意提高警惕，防止乐极生悲。

这类休闲活动诸如骑马驰骋、少数民族的对歌会、海上垂钓等，都是十分逍遥自在的。在活动中，导游人员如果能让客人心情放松、渐入佳境，那么他的工作是成功的。

2.探险经历

探险之旅也迷醉了许多旅行者的眼睛，如蹦极、漂流、山坡滑翔等。越来越多的游客开始接受并尝试这些探险项目，在其中寻找乐趣、挑战自我，寻求生命之光。导游人员在协助游客参与的前提下，一定不能忘记安全保障，多提醒、多检点，细心地做到自己该做的一切。

探险之旅紧张、刺激又让人兴奋，但导游人员要时刻保持冷静清醒的头脑，只有客人在安全的前提下尽兴了，才能说明导游人员提供了高质量的服务。

3.自娱活动

旅游团队往往由一些比较熟悉的朋友、同学、家人组成，或者由于旅行缘分，由生人变成朋友。在旅行期间，他们有时会通过自娱自乐的方式加深感情、增进友谊。一般情况下，游客的自娱方式主要有聚餐和舞会两种形式，导游人员要见机行事，不可强行陪同或不理不睬。

(1)游客自费聚餐

通常情况下，导游人员不陪同前往，但如需要联络、安排和推荐时，应尽力帮忙。若游客执意要求，不可反客为主，适当地与客人进行交谈即可。

(2)游客自发组织的娱乐性舞会

游客自发组织的娱乐性舞会，地陪可代为联络、购票，是否参加自便，但无陪舞的义务。

在游客的自娱活动中，导游人员应做到不卑不亢、有礼有节、把握好分寸，除自娱活动外，导游人员要自始至终陪同，坚守岗位。

任务作业

选择一个当地有特色的娱乐活动进行介绍。

学习情境六

游客个别要求的处理

学习目标

1.学会处理游客在餐饮方面提出的个别要求
2.学会处理游客在住宿方面提出的个别要求
3.学会处理游客在娱乐方面提出的个别要求
4.学会处理游客在购物方面提出的个别要求
5.学会处理游客在游览中自由活动的要求
6.学会处理游客在其他方面的个别要求

任务一　餐饮方面个别要求的处理

技能实训

实训项目	餐饮方面个别要求的处理
实训要求	能够应对游客在旅游途中提出的各种餐饮方面的特殊要求，及时找到应对的处理方法和技巧，尽可能使游客满意。实训后，学生要认真自我总结。
实训地点	餐厅实训室
实训材料	圆桌
实训内容与步骤	一、实训准备 学生分成两组，一组扮演不同类型的游客，一组扮演导游员。 二、实训开始 1.旅游团中有人忌荤，不吃猪肉或其他肉食； 2.游客要求将原定的中餐换成西餐，将原定的团队餐换成风味餐； 3.游客原与团队一起用餐，现要求单独用餐；

续表

实训内容与步骤	4.游客要求提供客房用餐服务； 5.游客要求自费品尝风味餐； 6.游客要求推迟晚餐时间。 三、实训结束

实训考核

组别：＿＿＿＿＿＿　姓名：＿＿＿＿＿＿　时间：＿＿＿＿＿＿

项　　目	应　得　分	实际得分
态度	20	
情绪	20	
考虑问题的周全性	20	
问题处理的及时性	20	
问题处理的合理性	20	
合　　计	100	

考核时间：　　　年　　月　　日　　　考评师(签名)：

知识链接

一、饮食方面特殊要求的处理

在接待过程中，由于游客在宗教信仰、生活习惯、身体状况等方面都有所差异，所以会在饮食方面提出特殊的要求，例如，不吃荤，不吃油腻、辛辣的食品，不吃猪肉或其他肉食，甚至不吃盐或糖等等。

(1)若游客所提要求在旅游协议中有规定，接待方应不折不扣地兑现；

(2)若游客所提要求在旅游团抵达后提出，一般情况下地陪应与餐厅联系，尽量满足其要求，如有困难，地陪可协助其自行解决，费用自理，原定餐费不退。

二、游客要求换餐的处理

有时游客会要求换餐，如将中餐换成西餐或将原定的团队餐换成风味餐等等。

(1)若用餐者在餐前3小时前提出换餐，导游员应尽量与餐厅联系，按有关规定办理。

(2)若接近用餐时间，一般不接受要求，导游员做好解释工作；若游客坚持换餐，导游员可建议他们自己点菜，费用自理，原餐费不退。

三、游客要求单独用餐处理

由于旅游团内部矛盾或其他原因，个别游客要求要单独用餐。

(1)导游员应耐心解释，说明我方难以照办的理由；

(2)请领队出面调解、协商，自行解决矛盾；

(3)如仍有人坚持分餐，可协助其与餐厅联系，须告知餐费自理，综合费用不退。

四、游客要求提供客房用餐服务的处理

游客由于生病或其他方面的原因，有时会要求提供客房用餐服务。

(1)若游客生病，导游员应与饭店联系，主动提供送餐服务，以示关怀。

(2)若是健康的游客，视情况而定；如果饭店餐厅能提供此项服务，导游人员应协助满足其要求，但应告知客人送餐服务费自理。

五、游客要求自费品尝风味的处理

游客外出旅游，有着求新、求奇、求异的心理，个别游客会提出自费品尝风味的要求。

(1)导游员应协助与有关餐厅联系订餐；

(2)若订妥后旅游团又不想去，应劝他们在约定时间前往餐厅，并说明若不去用餐须赔偿餐厅的损失。

六、游客要求推迟晚餐时间的处理

游客因生活习惯或其他方面的原因要求推迟晚餐时间。

(1)导游员应与餐厅联系，视餐厅的具体情况处理；

(2)一般情况下，导游要向旅游团说明餐厅有固定的用餐时间，超过时间用餐需另付服务费；

(3)若旅游团同意付费，可满足其要求。

案例・分析

订了餐又退餐

小江在带团中常碰到有的客人不愿随团就餐，原因是团队餐不好吃。遇到这样的情况，小江一般是说服，并根据其要求与餐厅联系，在口味上尽量符合其要求，或者在客人愿意支付额外点菜费用情况下，让其自行点菜。但一次在一个浙江团中，在距离吃晚餐时间不到半个小时时，几乎所有的人都不愿意去已订好的餐厅，一致要求导游另找一家上档次的江浙菜馆，并表示多余的费用自己承担。小江感到很为难，他说："现在退餐又订餐，肯定来不及了，原订的餐要承担100％的退餐费，且改订另一家餐厅不知还能否订得上？"领队道："你先联系了再说。"小江先与原订餐餐厅联系，对方表示承担损失方可退餐，至于新的就餐地点小江一时也确定不了去哪家，更没有联系方式，于是他还是努力说服客人，并保证明天的餐一定提前安排，总算让客人很不乐意地接受了。次日因行程紧，而景点沿线又没有合适的江浙菜馆，客人要求仍未得到满足，终于导致客人拒绝用餐并投诉导游。

提示分析：按旅行社的一般安排，除了早餐在原宾馆用餐外（当然也有个别旅游团在外面用餐的），其余的中、晚餐都在宾馆外面不同的餐馆用餐。因此，导游员在订餐时，除了应考虑不同的餐馆用餐质量外，还应根据客人要求和口味情况考虑该餐馆的特色和风味是否适合客人，当客人有意见和要求时，应本着合理而可能的原则尽可能去满足和实现。小江怕麻烦，没有满足客人的要求，之后仍未努力去改进，本来不大的事变成了大事，这是不应发生的失误。

吃到家乡菜

全陪小宋和一个来自德国的旅游团坐长江豪华游船游览长江三峡，一路上相处十分愉快。游船上每餐的中国菜肴十分丰盛，且每道菜没有重复。但一日晚餐过后，一游客对小宋说："你们的中国菜很好吃，我每次都吃得很多，不过今天我的肚子有点想家了，你要是吃多了我们的面包和黄油，是不是也想中国的大米饭？"旁边的游客也笑了起来。虽说是一句半开玩笑的话，却让小宋深思。晚上，小宋与游船上的餐厅取得联系，说明了游客的情况，提出第二天安排一顿西餐的要求。第二天，当游客发现吃西餐时，个个兴奋地鼓掌。

提示分析：这是一次对客服务超成功的案例，导游在对客服务时，应考虑游客的饮食习惯，在游客含蓄提出换餐后，导游人员要尽量与餐厅联系，看是否可行，如需增加费用，应征求游客意见。

任务二　住宿方面个别要求的处理

技能实训

实训项目	住宿方面个别要求的处理
实训要求	能够应对游客在旅游途中提出的各种住宿方面的特殊要求，及时找到应对的处理方法和技巧，尽可能使游客满意。实训后，学生要认真自我总结。
实训地点	客房实训室
实训材料	情景模拟
实训内容与步骤	一、实训准备 学生分成两组，一组扮演不同类型的游客，一组扮演导游员。 二、实训开始 1.游客向旅行社所安排的住房标准提出异议，要求调换房间； 2.游客要求住高于合同规定标准的房间； 3.原住双人间的游客要求住单间。 三、实训结束

实训考核

组别：__________　　姓名：__________　　时间：__________

项　　目	应　得　分	实际得分
态度	20	
情绪	20	
问题考虑的周全性	20	
问题处理的及时性	20	
问题处理的合理性	20	
合　　计	100	

考核时间：　　年　　月　　日　　　　考评师(签名)：

知识链接

一、游客要求调换房间的处理

旅行社应按照合同标准为游客安排住宿，个别游客会对客房的标准提出异议，或因为房内设施不干净等方面的原因要求调换房间。

(1)若游客对客房的星级标准有异议，导游员必须对客房情况进行调查，如果所提供的客房确实低于标准，须马上报告旅行社予以调换；实有困难须向游客说明原因，并提出补偿条件。

(2)若房内有蟑螂、臭虫、老鼠等，游客要求换房，应给予满足。

(3)若房内设施出现故障或不符合卫生标准，游客要求换房，应给予满足。

(4)若游客要求换不同朝向的同一标准客房，若饭店有空房，可适当予以满足，或请领队在内部调配；无法满足时，应耐心解释，并向游客道歉。

二、游客要求更高标准客房的处理

在旅游过程中，个别游客会要求入住高于合同标准的客房。

如有空房，导游员可以给予满足，但游客移住高于合同规定标准的饭店应交付原定饭店的退房费和房价差额。

三、游客要求入住单间的处理

由于与同房间者产生矛盾或生活习惯不同或其他方面的原因，住双人间或多人间的游客，有时会要求入住单间。遇到这种情况时，导游员应：

(1)首先请领队在团队内进行调整；

(2)调整不成时，可与饭店联系解决；

(3)若重开单间,应事先说明房费由提出要求者现付。

案例·分析

因"打鼾"引起的麻烦

一位客人刚入境两天就向全陪提出要求,因同房间者夜间打鼾使其无法休息,所以想调换房间。地陪一听,感到问题大了:老年人打鼾非常普遍,这本来就是一个老年团队,这个口子一开全团住房安排就要乱了。于是对几位解释道:"老年人睡觉打鼾是正常的,你们自己睡觉也肯定打鼾,出来旅游嘛,大家多体谅一点,几天时间挺一下就过去了。"结果,几位游客饭也顾不上吃,对这位地陪的态度向领队提出了口头投诉。

提示分析:老年人睡觉打鼾确实比较普遍,本旅游团又是一个老年团队,突然有这么多客人因此提出换房要求,对导游员的工作造成的压力自然不在话下。但是,导游员不能见困难就退。当接到数位游客的换房要求后,作为地陪一方面要做好安抚工作,不要使问题失控;另一方面要与领队协商,听取领队的意见。原则上应请领队出面在团队成员中协调,在游客自愿的基础上,对住房重新进行安排,使问题得到合理的解决。如果此举还不能完全解决问题,可建议游客住单人间,但费用必须自理。这位地陪对游客所表现出的冷漠态度,导游人员应该引以为戒。

任务三　娱乐方面的个别要求

技能实训

实训项目	娱乐方面个别要求的处理
实训要求	能够应对游客在旅游途中提出的各种娱乐方面的特殊要求,及时找到应对的处理方法和技巧,尽可能使游客满意。实训后,学生要认真自我总结。
实训地点	导游模拟实训室
实训材料	1.麦克风 2.导游旗
实训内容与步骤	一、实训准备 学生分组扮演旅游团与导游。 二、实训过程 1.变更计划内的文娱活动; 2.参与计划外的文娱活动。 三、实训结束

实训考核

组别：__________　　姓名：__________　　时间：__________

项　　目	应　得　分	实际得分
态度	20	
情绪	20	
问题考虑的周全性	20	
问题处理的及时性	20	
问题处理的合理性	20	
合　　计	100	

考核时间：　　　年　　月　　日　　　考评师(签名)：

知识链接

文娱活动，既有合同规定内的，也有游客要求自费观赏的文艺演出。游客的爱好各不相同，不应强求统一。游客提出的种种要求，导游员应本着"合理而可能"的原则，视具体情况妥善处理。

一、变更计划内的文娱活动

旅行社已按计划安排好观赏文艺演出，但有的游客要求变更原定的计划。

(1)若全体游客要求变更原定计划，如时间许可，又有可能调换，可请旅行社进行调换。

(2)如无法安排，导游员要耐心地解释，并明确告知票已订好、不能退换，请他们谅解；若游客坚持观看别的演出，导游员可协助，但费用自理；

(3)若团内只有一小部分人要求观看别的演出，导游员可与领队协商，先行劝说，如对方坚持，导游员可协助，但告知费用自理；如两个演出地点在同一线路上，导游员可与司机商量，为少数游客提供方便；若不同路，则应为他们安排车辆，但费用自理。

二、参与计划外的文娱活动

(1)导游员一般应予以协助，如帮助购买门票、预定交通车辆；

(2)导游员不必陪同前往，要提醒游客注意事项，如交通、安全等；如果游客所去的场所比较混乱，导游员应在征询游客意见后陪同前往。

案例·分析

一个温州的团队到达福州后，在用完晚餐准备去游览福州步行街时，有几个客人表示已经去过了，想去江滨公园游览，并请求旅游车接送。

分析：首先，面对这种情况，导游员在时间许可又有可能安排的情况下，导游员应尽量安排，同时与司机商量，尽量为客人提供方便，如果用本车不方便，可让客人坐租车去，并给予线路指点。导游员应提醒客人记住酒店名称、电话号码，提醒其回酒店不要太迟，注意安全；并告知客人租车以及江滨公园门票均需自理，综合服务费中的步行街一段的单项服务费不予退还。

任务四　购物方面的个别要求处理

技能实训

实训项目	购物方面个别要求的处理
实训要求	能够应对游客在旅游途中提出的各种购物方面的特殊要求，及时找到应对的处理方法和技巧，尽可能使游客满意。实训后，学生要认真自我总结。
实训地点	导游模拟实训室
实训材料	情景模拟
实训内容与步骤	一、实训准备 学生分组扮演旅游团与导游。 二、实训过程 1.要求单独外出购物； 2.要求调换商品； 3.要求再去商店购买相中的商品； 4.要求购买古玩和仿古艺术品； 5.要求购买中药材、中成药； 6.要求代为托运； 7.要求代为购买当时无货的物品并托运。 三、实训结束

实训考核

组别：__________　姓名：__________　时间：__________

项　　目	应　得　分	实际得分
态度	20	
情绪	20	
问题考虑的周全性	20	
问题处理的及时性	20	
问题处理的合理性	20	
合　　计	100	

考核时间：　　　年　　月　　日　　　　考评师(签名)：

知识链接

购物活动是参观游览活动的重要补充，销售旅游商品是旅游收入的重要组成部分。在购物方面，游客往往会提出各种各样的特殊要求，导游员要不怕麻烦地设法给予满足。

一、游客要求多安排购物时间的处理

由于游客对当地的特色物品感兴趣，有时会要求导游员多安排购物时间：

(1)导游员应尽量满足他们的要求，并做好购物参谋；

(2)若游客要求单独外出购物，导游员应予以协助，可建议他去哪家商店购买，可为他安排出租车或写便条让其带上(便条上写清商店名称、地址和饭店名称等)；

(3)若旅游团快离开本地时，应劝阻，以免影响行程。

二、游客要求调换商品的处理

游客购物后发现是残次品、计价有误或对物品不满意，要求导游员帮其退换：

(1)导游员首先要问清原因，应给予积极的协助，比如，提醒旅游者退货时要带好发票，安排好出租车，写好一张便条，上面标明商店名称、地址等；

(2)必要时应协助旅游者一同前往。

三、游客要求再去商店购买相中商品的处理

游客在某家商店相中某一(贵重)商品，当时犹豫不决，回饭店后下决心购买，要求导游员协助：

(1)在时间允许的前提下，导游员可写个便条(写上商品名称及请售货员协助之类的话)让其自行坐车前往购买；

(2)必要时可陪同前往。

四、游客要求购买古玩或仿古艺术品的处理

游客对当地古玩感兴趣,要求购买古玩或仿古艺术品:

(1)建议去文物商店或其他指定商店购买,买妥物品后要提醒他保存发票,不要将物品上的火漆印去掉,以便海关查验;

(2)若发现个别游客有走私文物的可疑行为,须及时报告有关部门。

五、要求购买中药材、中成药的处理

游客要求导游员带他们去购买中药材、中成药:

(1)导游员应告知我国海关的规定:入境游客出境时可携带用外汇购买的数量合理的中药材、中成药,需向海关交验盖有国家外汇管理局统一制发的“外汇购买专用章”的发货票,超出自用合理数量范围的,不准带出;

(2)虎骨、犀牛角、麝香等不准带出境,并向游客说明具体原因。

六、要求代为托运的处理

游客购买大件物品后,要求导游员代为托运:

(1)导游员可告知游客,商店一般都经营托运业务,可就地办理;

(2)若商店没有此项业务,导游可协助游客去其他地方办理托运手续。

七、要求代为购买当时无货的物品并托运的处理

游客因欲购买商品暂时缺货,而要求导游员代购代运:

(1)导游员一般应该婉言拒绝;

(2)若推托不了,要请示领导;

(3)认真办理委托事宜:收取足够钱款,购买并托运,事后将发票、托运单、托运费收据及余款寄给游客,旅行社保存复印件,以备查验。

案例·分析

小王错在哪里

美国ABC旅游团一行18人参观湖北某地毯厂后乘车返回饭店。途中,旅游团成员史密斯先生对地陪小王说:“我刚才看中一条地毯,但没拿定主意。跟太太商量后,现在决定购买。你能让司机送我们回去吗?”小王欣然应允,并立即让司机驱车返回地毯厂。

在地毯厂,史密斯夫妇以1 000美元买下地毯。但当店方包装时,史密斯夫人发现地毯有瑕疵,于是决定不买。

两天后,该团离开湖北之前,格林夫妇委托小王代为订购同样款式的地毯一条,并留下1 500美元作为购买和托运费用。小王本着“宾客至上”的原则,当即允诺下来。史密斯夫人十分感激,并说:“朋友送我们一幅古画,但画轴太长,不便携带。你能替我们将画和地毯一起托运吗?”小王建议:“画放在地毯里托运容易弄脏和损坏。还是随身携带比较好。”史密斯夫人认为此话很有道理,称赞他考虑周到、服务热情。然后满意地离去。

送走旅游团后，小王即与地毯厂联系办理了购买和托运地毯的事宜，并将发票、托运单、350美元托运手续费收据寄给格林夫妇。试分析小王处理此事过程中的不妥之处。

提示分析：导游员小王犯了以下错误：

(1)立即让司机返回。正确处理方法是写个便条让其自行租车前往购买或地陪陪同返回，全陪陪同其他游客回酒店，也可以与其他游客商议后决定是否立即返回。

(2)直接同意代购代运的要求，未请示旅行社领导。正确处理方法是婉言拒绝，如不能推托，则需请示领导，在领导批示后收取足够钱款，购买后将发票、托运单及托运费收据寄给格林夫妇，但旅行社须保存复印件。

(3)忽视古画价值。正确处理方法是提醒格林夫妇中国有关文物的规定，提醒其办理有关证明。

(4)未退回剩下的150美元。正确处理方法是将余额交给旅行社退还。

任务五　游客要求自由活动的处理

技能实训

实训项目	游客要求自由活动的处理
实训要求	能够应对游客在旅游途中提出的自由活动的特殊要求，及时找到应对的处理方法和技巧，尽可能使游客满意。实训后，学生要认真自我总结。
实训地点	模拟导游实训室
实训材料	1. 标准旅游车，旅游车用麦克风 2. 导游旗
实训内容与步骤	一、实训准备 学生分组扮演旅游团与导游。 二、实训过程 1.要求不参加某日某项活动； 2.要求不按规定的线路游览； 3.要求晚间自由活动。 三、实训结束

实训考核

组别：__________ 姓名：__________ 时间：__________

项　　目	应　得　分	实际得分
态度	20	
情绪	20	
问题考虑的周全性	20	
问题处理的及时性	20	
问题处理的合理性	20	
合　　计	100	

考核时间：　　　年　　月　　日　　　考评师(签名)：

知识链接

游客要求自由活动或单独活动的原因多种多样，导游人员应根据不同情况，按“合理而可能”的原则妥善处理，并认真回答游客的咨询，提出建议，尽量满足他们的要求。

一、游客要求不参加某日某项活动的处理

由于有的游客对某一旅游景点游览过多次，或某日想去探视亲友等各方面原因，所以提出希望当日不随团活动：

(1)若不影响旅游活动计划的顺利进行，那么就可以答应，并提供必要的协助：如提醒其带上饭店的店徽，写一便条交游客(上写前往目的地的名称、地址及下榻饭店的名称和电话)，帮助找出租车，提醒旅游者晚饭的用餐时间和用餐地点等。但应告知未参与的部分综合服务费是不予退还的。

(2)若旅游团计划去另一地游览，第二天才会回来，那么导游员应劝游客随团活动。

二、游客要求不按规定线路游览的处理

到达某一景点后，个别游客希望不按规定的线路游览而希望自由游览：

(1)若环境允许，可满足其要求；

(2)应建议其不要走得太远，不要去秩序较乱的场所；

(3)导游员要提醒其集合的时间和地点及旅游车的车号，必要时留一张字条，写上集合时间、地点和车号及饭店名称和电话号码，以备不时之需。

三、游客要求晚间自由活动的处理

由于旅游团队在晚上一般都比较少安排旅游行程，所以个别游客会要求晚间自由活动，到附近公园参观游览或到商场购物等等：

(1)导游员应建议其不要走得太远、不要去秩序较乱的场所、不要回来太晚等；

(2)可让游客带上饭店的便签，以防迷路。

案例·分析

宗教活动

某一境外宗教旅游团，到达福州后就向导游员提出要在周末到教堂过礼拜，导游员思考了片刻，就答应了旅游团队的要求，导游员这样做对吗？

提示分析：

1.导游员可答应先与宗教和公安部门联系后答复；

2.取得宗教和公安部门同意后，方可安排前往指定教堂；

3.若客人散发宗教宣传品，应予劝阻，并宣传中国宗教政策，指出不经我国宗教团体邀请和允许，外国人不得在中国布道、主持宗教活动和散发宗教宣传品；

4.对不听劝阻者，应迅速报告公安部门处理。

难带的年轻人

一个团里竟有十几个高中生，导游王小姐的心里一阵不安。这些年轻人平时娇生惯养，根本不把她放在眼里，不听她的招呼。这不，刚进石林就不见了好几个人的踪影，好不容易将他们找回来，又有几个不见了，直至发车返程了，还是找不到。她请了公园保安协助，依然如大海捞针。无奈，她只好请公园继续帮助寻找并留下所住酒店地址，自己带其他人先返昆明。回到酒店，她打电话询问公园，依然没有消息，这使她更焦急万分，直到深夜，那几个失踪的年轻人总算才回到酒店。原来他们趁她不注意，也不打招呼，溜出公园去网吧玩，忘了乘车返回，只好自己打的回来。

提示分析：年轻人最大的特点是喜欢多动多看，他们有自己偏爱，在旅途中也时常表现出激动、好奇和不愿听招呼，导游员带领年轻人旅游团进行参观游览时，要了解他们的心理活动特点。想多一点自由活动的时间，想多玩一些自己喜欢的方面是其最大的需求。在这种情况下，他们总是先玩为快，慢慢听导游员没有重点特点、没完没了的讲解是他们所不欢迎的。随着活动的进一步开展，他们会变得更加活跃，容易迟到，许多人还会丢三落四。他们还特别会弄出各种各样、名目繁多的奇异问题。这时候导游员的基本做法是：尊重他们，参观游览时，要在不违反旅游接待计划的基础上，尽量满足他们“合理而可能的要求”，热情服务、讲解要更有特点和生动，在带团中控制好整个团队的旅游节奏，有紧有松，导、游结合并清楚地交代好各方面的注意事项。

不随团活动

小高一次带团，有两位旅游者提出留在宾馆休息不随团活动，小高觉得不可思议，以为是不是他们有意见，心里很是不安，不知如何是好。

提示分析：

其实旅游者提出留在宾馆休息不随团活动的原因有许多，有的身体确实不舒服想留在宾馆休息，有的是想会见亲朋好友，还有的是对旅游景点不感兴趣而想做自己想要做的事情等等。

对于旅游者的这一要求，导游员不必多做劝说工作，也不要勉强其随团活动，而工作重点应放在提醒旅游者注意安全，同时协助办理必要的手续，必须说明综合服务费以及门票、餐费不退，在宾馆用餐费用自理等。

还有，要重点关心那些身体确实不舒服而想留在宾馆休息的旅游者。具体做法有几条：一是告之与导游员联系的方法，若有事可及时联系；二是告诉旅游者宾馆医务室的房间号码；三是通知餐厅安排好午、晚餐，根据旅游者的需求提供房间送餐服务；四是请求客房服务员多关心照顾该旅游者；五是参观游览结束后要主动看望旅游者，并帮助解决一些生活上的困难。

任务六　游客其他个别要求的处理

技能实训

实训项目	游客其他个别要求的处理
实训要求	能够应对游客在旅游途中提出的其他个别特殊要求，及时找到应对的处理方法和技巧，尽可能使游客满意。实训后，学生要认真自我总结。
实训地点	模拟实训室
实训材料	1.标准旅游车，旅游车用麦克风 2.导游旗
实训内容与步骤	一、实训准备 学生分组扮演旅游团与导游。 二、实训过程 1.要求探视本地亲友； 2.要求本地亲友随团活动； 3.要求导游员转递物品； 4.游客要求中途退团； 5.游客要求延长旅游期限。 三、实训结束

实训考核

组别：＿＿＿＿＿＿　　姓名：＿＿＿＿＿＿　　时间：＿＿＿＿＿＿

项　　目	应 得 分	实际得分
态度	20	
情绪	20	
问题考虑的周全性	20	
问题处理的及时性	20	
问题处理的合理性	20	
合　　计	100	

考核时间：　　　年　　月　　日　　　考评师(签名)：

知识链接

一、游客个别要求的类型和处理方式

(一)要求探视本地亲友的处理

很多海外游客到达某地旅游的重要目的就是要探望亲友，所以导游员帮助其寻找、协助安排见面等等，这都有利于拉近与游客之间的距离。

(1)如果游客知道亲友的姓名、地址，导游人员应帮助联系，并向他们讲明具体的乘车路线。

(2)如果游客只知道亲友的姓名或某些线索，具体地址不详，导游人员可通过旅行社请公安部门帮助寻找，找到后及时转告游客并帮助联系。若没找到，可请游客留下联系地址和电话，找到其亲友后立即通知他们。

(3)游客要求会见中国同行洽谈业务、联系工作、捐款捐物或进行其他活动，导游人员应向旅行社领导汇报，根据领导指示给予协助；

(4)游客慕名求访某位名人，导游人员应了解他们要求会见的目的，向领导汇报后按规定办理。

(二)要求本地亲友随团活动的处理

有的游客到达某地后，要求本地的亲友跟随旅游团一起活动，甚至一起到外地旅行游览：

(1)导游员要先征得领队和旅游团其他成员的同意；

(2)与旅行社有关部门联系，如无特殊情况可到旅行社办理入团手续，出示有效证件，填写表格、交纳费用；

(3)如果是使领事馆的工作人员，导游员应了解其姓名、身份、活动内容；

(4)如果是记者,一般不予同意,特殊情况须请求有关部门批准。

(三)游客要求导游员转递物品的处理

有的游客要求旅行社和导游员帮助其向有关部门或亲友转递物品及信件:

(1)导游员应先问清是何物;

(2)若是应税物品,应促其纳税。若是贵重物品,导游一般要婉拒;无法推托时,应请旅游者书写委托书,注明物品名称和数量,并当面点清,签字并留下详细通讯地址。

(3)收件人收到物品后要写收条并签字盖章,导游人员将委托书和收条一并交旅行社保管。

4.如果该物品是食品,导游人员应婉言拒绝,请其自行处理。

(四)游客要求中途退团的处理

游客在旅行中,因患病或家中出事,或因工作上的需要,或其他特殊原因,要求提前离开旅游团并终止旅游活动:

(1)经接待方旅行社与组团社协商后可以满足其要求;

(2)旅游综合服务费和剩余部分应按规定,部分退还或不予退还;

(3)协助旅游者重订航班、机座,办理分离签证及其离团手续,所需费用由旅游者自理。

(五)游客要求延长旅游期限的处理

外国游客由于伤病原因,需要延长在旅游目的地的停留时间:

(1)若不需延长签证期限,一般可满足其要求;若需要延长签证期限,原则上应婉言拒绝。

(2)若确有特殊原因,应请示旅行社领导,然后方可提供必要的帮助:协助其持旅行社证明、护照及集体签证去当地公安部门办理分离签证手续和延长签证手续。

(3)协助其重订航班、机座,帮其订妥客房,所需费用均由旅游者自理。

案例·分析

游客中途返回

某旅行社导游员小郭接待一个来自美国旧金山的旅游团,该团原计划9月27日飞抵D市。9月26日晚餐后回到房间不久,领队陪着一位女士找到小郭说:“玛丽小姐刚刚接到家里电话,她的母亲病故了,需要立即赶回旧金山处理丧事。”玛丽小姐非常悲痛,请小郭帮助。小郭得知此事后应该如何妥善处理?

提示分析:

(1)安定玛丽小姐的情绪;

(2)地陪、全陪、领队商议,通知旅行社;

(3)办理重订航班、机座,分离签证及其他离团手续;

(4)如需要在本地滞留应协助安排食宿,解决生活问题;

(5)请旅行社领导出面向玛丽小姐表达慰问,期待她下次来访;

(6)带领其他游客继续原定行程;

(7)通知旅行社进行费用结算;

(8)办理手续所需费用由游客玛丽小姐自理。

二、游客个别要求的处理原则和处理程序

处理好旅游者提出的各种各样的特殊要求,对导游人员是一个考验,也是保证并提高旅游服务质量的重要条件之一。

(一)处理原则

(1)面对游客提出的合理而可能的要求时,导游人员要努力满足;

(2)面对游客提出的合理但旅游合同上并没有的服务时,导游人员要认真倾听、耐心解释,必要时协助其自行解决;

(3)面对游客提出的不合理甚至是无理的要求时,导游人员仍要尊重游客,坚持做到有理、有利、有节,不卑不亢,继续服务。

(二)处理程序

1.明确游客的个别要求

面对游客的种种特殊要求,导游人员绝不能掉以轻心。首先要耐心地倾听,并细心地观察游客的言行举止,设法了解游客的心理活动,以便更好地满足游客的需要。

2.判断能否满足游客的要求

首先要分析原因,不同原因引起的,处理方式也有所不同。例如游客提出调换房间,有可能是旅行社安排的低于合同标准、有可能是游客对房间的要求高于合同标准、有可能是与同房间者发生矛盾等,导游人员只有通过交谈、询问等方式了解真正的原因,才有利于作出判断。

其次,游客提出的个别要求有时会与旅游相关部门有关联,要了解有关规定,并及时与相关部门进行沟通。

3.作出决定

如果不能满足游客的要求,要耐心地做好解释工作,求得他们的理解。必要时还可协助游客,解决相关问题。

如果可以满足游客的要求,应注意:所增加的费用要及时告知游客;切忌置全团不顾去满足个别游客的要求;明确导游人员的权限,必要时要向旅行社请示和报告。

资料库:限制进出境物品

(1)文物:旅客携带文物进境,如需复带出境,请向海关详细报明。文物(含已故现代著名画家的作品)出境前须送交国家文化行政管理部门鉴定。

携带文物出境时,请向海关详细申报。海关验凭文化部指定的文化行政管理部门盖的鉴定标志,及文物外销发货票或开具的许可出口证明查验放行。

(2)旅游商品:用带进的外汇在我境内购买的旅游纪念品、工艺品,除国家规定应申领出口许可证或者征收出口税的商品外,海关验凭盖有国家外汇管理局统一制发的"外汇购买章"的发票核查放行。

(3)中药材、中成药:旅客携带中药材、中成药出境,前往国外的,总值限人民币300元;前往港澳地区的,总值限人民币150元。寄往国外的中药材、中成药,总值限人民币

200元；寄往港澳地区的，总值限人民币100元。中药材、中成药的价格，均以境内法定商业发票所列价格为准。

入境旅客出境时携带用外汇购买的、数量合理的自用中药材、中成药，海关验凭盖有国家外汇管理局统一制发的“外汇购买专用章”的发货票和外汇兑换水单放行。超出自用合理数量范围的，不准带出。

麝香以及超出上述规定限值的不准出境，严禁携带犀牛角和虎骨进出境。

任务作业

1.以小组为单位，编写一个案例，以游客在游览过程中可能遇到的问题并向导游提出要求解决为内容，写出解决方法，并分角色扮演游客和导游，进行情景模拟。

2.假定有一个40人的旅游团到某地游览，其中有30人想坐索道上山，其余10人则要求走路上山，如果你是地陪，你会如何处理？

3.某游客在某地的花鸟市场买了一件高档瓷器，但回住所一看，发现是次品，很着急，于是找到导游员，请求帮助退换。假定你是该团的导游员，你该怎么办？

学习情境七

突发事件处理

学习目标

1.学会妥善处理在旅游过程中出现的由于主观或客观原因导致的旅游计划变更问题，协调各方面的工作关系；

2.学会妥善处理旅游过程中游客丢失物品的事件，以及采取各种措施预防此类问题的发生，保证旅游者顺利完成旅游活动，培养导游工作责任心

3.学会妥善处理在旅游过程中出现的游客患病、死亡问题，以及做好患病的预防工作

4.学会妥善处理在旅游过程中出现的交通、治安、火灾、食物中毒等安全事故问题以及做好各类安全事故的预防工作

任务一　旅游路线和日程变更的处理

技能实训

实训项目	旅游线路和日程变更
实训要求	妥善处理计划变更问题，协调各方面的工作
实训地点	校内或模拟导游实训室
实训材料	各种事故的案例、摄像机等
实训内容与步骤	一、实训准备 学生分组扮演旅游团与导游。 二、实训内容 1.旅游者(团)要求变更路线或日程； 2.客观原因需要变更路线或日程； 3.教师对学生情景模拟过程进行考核，并做指导。 三、实训结束

实训考核

组别：__________ 姓名：__________ 时间：__________

项　　目	应　得　分	实际得分
知识准备	20	
态度	20	
操作规范性、正确性	20	
仪容仪表(着装、表情)	20	
语言表达	20	
合　　计	100	

考核时间：　年　　月　　日　　　　考评师(签名)：

知识链接

旅游计划变更包括：个别旅游者提出变更计划要求、整个旅游团提出变更计划、缩短或取消一地的旅游时间、延长一地的旅游时间、在一地的旅游时间不变但活动内容发生变化。

旅游计划因为主观或客观原因变更在旅游活动中时常可见，其中，旅游团(者)要求变更计划、客观原因(如天气、自然灾害、交通问题等)需要变更计划是较为常见的原因。

一、旅游团(者)要求变更计划行程

旅游(团)者要求变更计划行程的处理方法有：

(1)原则上应按旅游合同执行；

(2)遇有较特殊的情况或由领队提出，导游人员也无权擅自做主；

(3)要上报组团社或接待社有关人员，须经有关部门同意，并按照其指示和具体要求做好变更工作。

注意事项：导游人员对客人要态度和蔼，未得到主管部门同意，不可随意答应客人要求。

资料库：旅游合同

"旅游合同"是外出旅游必须履行的一项重要手续，它可以维护和保障旅游者及旅游企业双方的合法权利和义务。

《旅行社条例》明确规定，旅行社为旅游者提供服务，应当与旅游者签订旅游合同并载明下列事项：

(一)旅行社的名称及其经营范围、地址、联系电话和旅行社业务经营许可证编号；

(二)旅行社经办人的姓名、联系电话；

(三)签约地点和日期；

(四)旅游行程的出发地、途经地和目的地；

(五)旅游行程中交通、住宿、餐饮服务安排及其标准；

(六)旅行社统一安排的游览项目的具体内容及时间；

(七)旅游者自由活动的时间和次数；

(八)旅游者应当交纳的旅游费用及交纳方式；

(九)旅行社安排的购物次数、停留时间及购物场所的名称；

(十)需要旅游者另行付费的游览项目及价格；

(十一)解除或者变更合同的条件和提前通知的期限；

(十二)违反合同的纠纷解决机制及应当承担的责任；

(十三)旅游服务监督、投诉电话；

(十四)双方协商一致的其他内容。

案例・分析

某旅游团17日早上到达K市，按计划上午参观景点，下午自由活动，晚上19:00观看文艺演出，次日乘早班机离开。抵达当天，适逢当地举行民族节庆活动，并有通宵篝火歌舞晚会等丰富多彩的文艺节目。部分团员提出，下午想去观赏民族节庆活动，并放弃观看晚上的文艺演出，同时希望导游员能派车接送。

针对此种情况，导游员应怎样处理？应做好哪些工作？

分析：

1.可以允许部分游客利用自由活动时间去观赏民族节庆活动。

2.如果节庆活动地点与文艺演出地点在同一路线，且时间上不冲突，可以满足他们派车的要求，与其他游客同车前往。如不同路，则应协助安排用车，车费自理。

3.参观民族节庆活动费用自理，放弃观看文艺演出费用不退。

4.提醒游客注意安全，尽早回宾馆，绝对不能通宵逗留；告诫游客尊重当地民族风俗习惯。

5.提醒游客记好饭店名称、联系方法及交通路线，如果可能，地陪与全陪分别陪同前往不同地点活动。

二、客观原因需要变更计划和日程

旅游过程中，因客观原因、不可预料的因素(如天气、自然灾害、交通问题等)需要变更旅游团的旅游计划、路线和活动日程时，导游人员应按处理规程采取应变措施。

(一)导游人员可采取的一般应变措施

(1)制订应变计划并报告旅行社；

(2)做好游客的工作；

(3)适当给予物质补偿。

(二)针对不同情况要有灵活的应变措施

1. 缩短在某地的游览时间

(1)尽量抓紧时间,将计划内的参观游览安排完成;如确有困难,应突出本地最有代表性、最具有特色的旅游景点,以求游客对本地的旅游景观有基本了解。

(2)如计划提前离开,要及时通知下一站。

(3)向旅行社领导及有关部门报告,做好变更后的安排工作。

2. 延长旅游时间

(1)制订新的接待计划,与旅行社有关部门联系,重新落实该团用餐、用房、用车的安排。

(2)调整活动日程,酌情增加游览景点;适当延长在主要景点的游览时间;晚上安排文体活动,努力使活动内容充实。

(3)如系推迟离开本部,要及时通知下一站。

3. 逗留时间不变,但被迫改变部分旅游计划

(1)减少或取消一地的游览时间,全陪应报告组团社,且一般应予以游客一定方式的补偿或退赔相关费用;

(2)被迫取消某一活动,由另一活动代替,导游人员要以精彩的介绍、新奇的内容和最佳的安排激起游客的兴趣,使游客欣然接受新的计划安排。

案例·分析

某旅游团按计划于10月5日17:30分飞抵D市,10月7日20:30乘飞机离开D市。由于时值旅游旺季,接团社未能按计划为该团买到机票,只得安排该团乘加班机,提前到10月6日13:05飞离D市。如果你是该团的导游员,应该怎样做好客人的工作,使他们在得知计划更改时不致起哄?又应该采取哪些补救措施,尽量使客人在D市逗留期间过得愉快?

分析:

1.先找全陪,说明情况,提出应变计划,协商达成一致意见;

2.找旅游团领队和团中有影响的人物,实事求是地说明困难,诚恳地赔礼道歉,讲清补救措施,争取他们的谅解和支持;

3.分头找团员做工作,求得他们的谅解;

4.积极执行补救计划:利用有限时间让游客游览本地最具代表性的景点,把计划中的风味餐和文艺演出提前到旅游团抵达的那天晚上,导游员的讲解要更精彩,服务要更热情、更周到;

5.必要时,经领导批准,可以加酒、加菜、赠送具有本地特色的小纪念品,甚至让领导出面向全团说明实际困难、赔礼道歉;

6.旅行社有关部门要及时将更改情况通知下一站接待旅行社。

任务作业

1.旅游旺季,某旅游团在去旅游目的地的过程中,由于前方发生交通意外造成交通拥

堵，结果导致到达时间延误，如果你是该团导游，应采取哪些补救措施，尽量使客人在该地逗留期间过得愉快？

2.某旅游团在南方某地游览期间，因前一天晚上强风暴雨破坏了当地的电力系统，导致第二天不能按计划到游乐场游玩，被迫改变部分旅游计划。遇到这种情况，地陪应该采取哪些处理措施？

任务二　物品丢失的预防和处理

技能实训

实训项目	物品丢失问题的预防和处理
实训要求	能够妥善处理丢失问题，掌握补办丢失证件的相关程序，学会帮助寻找丢失行李的方法，培养导游工作的责任心
实训地点	校内或模拟导游实训室
实训材料	各种事故的案例、摄像机、相关证件等
实训内容与步骤	一、实训准备 学生分组扮演旅游团与导游。 二、实训内容 1.模拟导游员了解旅游者丢失证件、物品、行李情况的场景； 2.模拟导游员提醒失主回忆情况、协助失主寻找失物、安慰失主； 3.向失主介绍报失及补办证件的程序； 4.教师对学生情景模拟过程进行考核，并做指导。 三、实训结束

实训考核

组别：＿＿＿＿＿＿　姓名：＿＿＿＿＿＿　时间：＿＿＿＿＿＿

项　　目	应　得　分	实际得分
丢失证件问题的处理	20	
丢失钱物的处理	20	
丢失行李的处理	20	

续表

项　　目	应　得　分	实际得分
操作的规范性	20	
语言表达	20	
合　　计	100	

考核时间：　　　年　　月　　日　　　考评师(签名)：

知识链接

在旅游活动期间，由于不慎容易发生旅游者丢失证件、财物、行李等问题，这不仅给游客造成诸多不便和经济损失，也给导游的工作带来不便和困难。导游人员应关注这方面的安全情况，采取各种措施预防此类问题的发生。

一、丢失问题的预防

(1)应多做提醒工作。

(2)导游人员在工作中不代游客保管证件。如需要游客的证件时，要经由领队收取，用毕立即如数归还，不要代为保管；还要提醒游客保管好自己的证件。

(3)切实做好每次行李的清点、交接工作。

(4)每次游客下车后，导游人员都要提醒司机清车、关窗并锁好车门。

案例·启示

在旅游过程中，导游人员要时刻做好提醒工作。曾经有一位导游员把“提醒”编成歌，每次上车出发前，都会带领大家一起唱：“摸、摸、摸，摸来摸去摸证件；摸、摸、摸，摸来摸去摸钱包；摸、摸、摸，我的电话在哪里……”使客人在兴趣中每一次都万无一失，从而减少许多不必要的麻烦。

二、丢失证件问题的处理

在旅游过程中，一旦发生丢失证件的情况，应请失主冷静地回忆，详细了解丢失情况，找出线索，尽量协助寻找。如确已丢失，马上报告公安部门、接待社领导和组团社，并留下游客的详细地址、电话。根据领导或接待社有关人员的安排，协助失主办理补办手续，所需费用由失主自理。

(一)丢失外国护照和签证

(1)由旅行社出具证明；

(2)请失主准备照片；

(3)失主本人持证明去当地公安局(外国人出入境管理处)报失，由公安局出具证明；

(4)持公安局的证明去所在国驻华使、领馆申请补办新护照；

(5)领到新护照后，再去公安局办理签证手续。

(二)丢失团体签证

(1)由接待社开具遗失证明；

(2)原团体签证复印件(副本)；

(3)重新打印与原团体签证格式、内容相同的该团人员名单；

(4)该团全体游客的护照；

(5)持以上证明材料到公安局出入境管理处报失，并填写有关申请表(可由一名游客填写，其他成员附名单)。

(三)华侨丢失中国护照和签证

(1)接待社开具遗失证明；

(2)失主准备彩色照片；

(3)失主持证明、照片到公安局出入境管理处报失并申请办理新护照；

(4)持新护照到其居住国驻华使、领馆办理入境签证手续。

(四)中国公民出境旅游时丢失护照、签证

(1)请当地陪同协助在接待社开具遗失证明，再持遗失证明到当地警察机构报案，取得警察机构开具的报案证明；

(2)持当地警察机构的报案证明和遗失者照片及有关护照资料到我驻该国使、领馆办理新护照；

(3)新护照领到后，携带必备的材料和证明到所在国移民局办理新签证。

(五)丢失港澳居民来往内地通行证

失主须持当地接待旅行社的证明向遗失地的市县公安部门报失，经查实后由公安机关的出入境管理部门签发一次性有效的《中华人民共和国入出境通行证》。

(六)丢失台湾同胞旅行证明

失主向遗失地的中国旅行社或户口管理部门或侨办报失，核实后发给一次性有效的入出境通行证。

(七)丢失中华人民共和国居民身份证

(1)由当地旅行社核实后开具证明；

(2)失主持证明到当地公安局报失；

(3)经核实后开具身份证明，机场安检人员核准放行。

案例·分析

某旅游团从A地飞往B地，在A地机场办理登机手续时，要求检查护照。全陪匆匆地向游客收取护照，办理完登机手续后，他随手将护照递给了领队，自己向游客分发登机卡。到B地后，游客彼得告诉全陪他的护照不见了，还说在A地机场收护照后好像没有还给他，但领队说他肯定将护照还给了彼得。请问：

1.在A地机场，全陪的行为有哪些不妥？

2.导游员怎样处理游客丢失护照的问题?

3.什么是导游员对待游客的护照等证件的正确态度?

分析:

1.在A地机场,全陪的做法确有不妥之处:

需要证件时不应由全陪直接向游客收取,用完后应将证件交还领队,且应当面点数。

2.处理游客丢失护照问题的过程:

(1)问清情况,帮助游客回忆:真的没有收到护照还是忘在什么地方;

(2)与领队联系:没有将护照还给游客还是已经还给他了,以求分清责任;

(3)与领队一起协助游客寻找护照;

(4)确定护照丢失,地方接待旅行社要开具遗失护照证明;

(5)失主持旅行社的证明到当地公安局挂失并开具遗失证明;

(6)失主持公安局的遗失证明到他所在国驻华使、领馆申请领取新护照或临时证件;

(7)领到新证件后要到我国省、市、自治区级公安局或其派出机构办理签证手续;

(8)费用问题待分清责任后处理。

3.对海外游客的证件,导游员的正确做法是:

(1)不保管游客的护照等证件;

(2)需要时由领队收取,中方导游员在接收证件时要点清数目,用完后立即将证件交还领队并点清数目;

(3)旅游团离开本地或离境时,导游员要检查自己的行李,若有游客的证件,立即归还。

三、丢失钱物的处理

若丢失的是进关时登记并须复带出境的或保险的贵重物品时:

(1)导游人员要详细了解物品的形状、特征、价值,分析物品可能丢失的时间和地点;

(2)寻找不到时协助游客找接待社出具证明;

(3)游客持证明到当地公安局开具遗失证明,以备出海关时查验或向保险公司索赔。

案例·分析

导游员小王接待的某旅游团原计划于12月23日16:00乘飞机由Y市飞抵A市。22日晚饭后,小王突然接到内勤通知,该团因故必须乘23日8:00的航班提前离开Y市。该团即将抵达机场时,团员怀特夫人神色慌张地告诉小王,她将一条钻石项链放在枕头下面,因离店时匆忙,忘记取出,要求立即返回饭店。

1.在此情况下小王接到内勤变更通知后,如何处理?

2.得知怀特夫人将项链遗失时又该如何处理?

分析:

1.导游员接到通知后应:

(1)立即与全陪联系;

(2)对领队和团中有影响人士实事求是地说明情况,诚恳地赔礼道歉,求得他们的谅解和支持，然后分别做全团的工作；

(3)请旅行社领导出面说明情况并道歉，经领导批准赠送纪念品。

2.基本安定旅游团后，导游员要：

(1)通知饭店有关部门，协助饭店与有关游客结清账目；

(2)与领队商定第二天叫早、出行李、用早餐和出发的时间，由领队向大家宣布；

(3)提醒旅行社通知下一站接待旅行社。

3.得知怀特夫人的项链遗忘在饭店房间的枕头下的事后，导游员应：

(1)阻止怀特夫人返回饭店寻找项链，并说明原因。

(2)用手机或到机场后立即与饭店联系(或通过旅行社与饭店联系)，请其协助寻找。

(3)找到项链后，请饭店或旅行社立即派人将项链送还怀特夫人；如果时间来不及，请他们将项链送到下一站旅游团下榻的饭店；将找到项链的消息告诉怀特夫人并告知处理办法；所需费用由怀特夫人自理；如果找不到项链，表示歉意，让她详细回忆，让饭店继续寻找。

(4)钻石项链是珍贵物品，确定找不着时，地陪要让旅行社开具遗失证明，再到当地公安局挂失，开具证明，设法送交怀特夫人，以便她出中国海关及回国后向保险公司索赔。

四、丢失行李的处理

(一)来华途中丢失行李

(1)带失主到机场失物登记处办理行李丢失和认领手续。失主须出示机票及行李牌，详细说明始发站、转运站，说清楚行李件数及丢失行李的大小、形状、颜色、标记、特征等，并一一填入失物登记表；将失主下榻饭店的名称、房间号和电话号码(如果已经知道的话)告诉登记处并记下登记处的电话和联系人，记下有关航空公司办事处的地址、电话，以便联系。

(2)游客在当地游览期间，导游人员要不时打电话询问寻找行李的情况，一时找不回行李，要协助失主购置必要的生活用品。

(3)离开本地前行李还没有找到，导游人员应帮助失主将接待旅行社的名称、全程旅游线路以及各地可能下榻的饭店名称转告有关航空公司，以便行李找到后及时运往相宜地点交还失主。

(4)如行李确系丢失，失主可向有关航空公司索赔或按国际惯例赔偿。

(二)在中国境内丢失行李

(1)仔细分析，找出差错的线索或环节。

(2)做好善后工作。

(3)随时与有关方面联系，询问查找进展情况。

(4)若行李找回，及时将找回的行李归还失主。若确定行李已丢失，由责任方负责人出面向失主说明情况，并表示歉意。

(5)帮助失主根据有关规定或惯例向有关部门索赔。

(6)事后写出书面报告(事故的全过程：行李丢失的原因、经过、查找过程、赔偿情况及失主和其他团员的反映)。

任务作业

1.导游小李接待了一个外国旅游团，该团在北京游览期间，小李多次提醒游客看好自身物品，几日后有一游客声称自己的护照和签证丢失，经多方查找后未果，需要补办证件，小李此时应该怎么做？

2.旅游旺季，导游小黄在接待一个从广东来的旅游团，当他带领游客游览完某个人数较多的景点时，一位游客声称自己钱包被偷，内有现金若干，小黄引导游客回忆钱包确为在游览过程中丢失，此时小黄应该怎样处理？

任务三　旅游者患病、死亡的处理

技能实训

实训项目	旅游者患病、死亡的处理
实训要求	掌握游客患病的应急处理办法，熟悉一般疾病的预防常识，能妥善处理游客的患病和死亡问题，培养关心照顾游客的意识和方法。
实训地点	校内或模拟导游实训室
实训材料	各种事故的案例、摄像机等
实训内容与步骤	一、实训准备 学生分组扮演旅游团与导游。 二、实训内容 1.游客患一般疾病的处理； 2.游客突患重病的处理； 3.游客因病死亡的处理； 4.教师对学生情景模拟过程进行考核，并做指导。 三、实训结束

实训考核

组别：＿＿＿＿＿ 姓名：＿＿＿＿＿ 时间：＿＿＿＿＿

项　　目	应　得　分	实际得分
知识准备	20	
态度	20	
操作规范性、正确性	20	
仪容仪表(着装、表情)	20	
语言表达	20	
合　　计	100	

考核时间：　　　　年　　月　　日　　　　考评师(签名)：

知识链接

由于旅途劳累、气候变化、水土不服、起居习惯改变等原因，旅游者尤其是年老体弱的游客常常会感到身体不适，严重的乃至患病；在旅游过程中，旅游者突然患病，甚至死亡的事情时有发生。为避免此类事件的发生，导游人员应了解旅游者的身体状况，安排好他们的生活，掌握患病、死亡的预防和处理方法。

一、游客患病的预防

(1)了解旅游团成员的健康状况；

(2)活动安排留有余地；

(3)提醒游客注意饮食卫生，如不要买小贩的食品、不喝生水和不洁的水等；

(4)做好天气预防工作。

二、游客患病的处理

(一)游客患一般疾病的处理

(1)劝其及早就医并多休息；

(2)关心游客的病情。如果客人留在饭店休息，导游人员要前去询问其身体状况并安排好用餐，必要时通知餐厅为其提供送餐服务；

(3)向游客讲清看病费用自理；

(4)严禁导游人员擅自给患者用药。

(二)游客突患重病时的处理

(1)在旅行途中游客突然患重病，导游人员应采取措施就地抢救，请求机组人员、列车员或船员在飞机、火车、轮船上寻找医生并通知下一站急救中心和旅行社准备抢救。

(2)若乘旅游车前往景点途中游客患重病,必须立即将其送往就近的医院,或拦车将其送往医院,必要时暂时中止旅行,让旅行车先开到医院;还应及早通知旅行社,请求指示和派人协助。

(3)在饭店有游客患重病,先由饭店医务人员抢救,然后送医院。

案例·启示

旅行社陪同张某带一香港团上五台山朝拜,因是朝拜团,所以此团每天均有早晚课。但五台山气候温差较大,有一位老人家有一天在做过晚课后回到酒店,突发脑出血,同来的客人围绕着老人家大声念"观音菩萨"名号,以期用这种方式帮助老人。但紧急关头,我们必须相信科学、依靠医学。张某当机立断,行请五台山医院大夫控制病情,而后通知旅行社有关人员以最快的速度将患者转至太原市医院,并通知其家属尽快赶来。游程结束后,张某主动去医院探视,并帮助他们解决处理一些生活上的问题,最终老人家转危为安,同亲人一同返回香港。

(三)游客病危时的处理

(1)游客病危时,导游人员应立即协同领队和亲友送病人去急救中心或医院抢救,或请医生前来抢救。患者如系国际急救组织的投保者,导游人员还应提醒领队及时与该组织的代理机构联系。

(2)在抢救过程中,导游人员应要求领队或患者亲友在场,并详细记录患者患病前后的症状及治疗情况。导游人员还应随时向当地接待社反映情况,按实际需要进行人员调配。

(3)若患者病危其亲属不在身边时,导游人员应提醒领队及时通知患者亲属。如患者亲属系外籍人士,导游人员应提醒领队通知所在国使、领馆;若找不到亲属,一切按使、领馆的书面意见处理。患者家属到来后,导游人员应协助其解决生活方面的问题。

(4)导游人员这时应安排好旅游团其他游客的活动,全陪应继续随团旅游,对于需要讲解、引导的景点地陪也应争取在团,或由旅行社另派导游。

(5)患者转危为安但仍需住院治疗、不能随团离境时,旅行社领导和导游人员(主要是地陪)要不时去医院探望,帮助患者办理分离签证、延期签证以及出院手续、回国手续、交通票证等善后事宜。

(6)患者住院及医疗费用自理,患者离团住院未享受的综合服务费由旅行社之间结算,按规定退还本人;患者亲属在华期间的一切费用自理。

(四)游客因病死亡的处理

(1)出现游客死亡的情况时,导游人员应立即向当地接待社报告,按当地接待社领导的指示做好善后工作。同时,导游人员应稳定其他游客的情绪,并继续做好旅游团的接待工作。

(2)如死者的亲属不在身边,导游人员必须立即通知其亲属;如死者的亲属系外籍人士,应提醒领队或经由外事部门尽早通知死者所属国驻华使、领馆。

(3)由参加抢救的医师向死者的亲属、领队及死者的好友详细报告抢救经过,并写出

抢救经过报告、死亡诊断证明书，由主治医师签字后盖章并复印，分别交给死者的亲属、领队和旅行社。

(4)对死者一般不做尸体解剖，如要求解剖尸体，应由死者的亲属或领队提出书面申请，经医院同意后方可进行。

(5)死者的遗物由其亲属或领队、死者生前好友代表与全陪、接待社代表共同清点，列出清单，一式两份，上述人员签字后分别保存，遗物由死者的亲属或领队带回。

(6)如需要，请领队向全团宣布对死者的抢救经过。

(7)遗体的处理，一般应以在当地火化为宜。

(8)死者的亲属要求将遗体送回国的，由殡仪馆成殓，并发给装殓证明书。

案例·分析

美 BTS 旅游团一行 15 人按计划于 5 月 3 日由 A 市飞往 B 市，5 月 7 日离境。在从 A 市飞往 B 市途中，团内一位老人心脏病复发，其夫人手足无措。该团抵达 B 市后，老人马上被送往医院，经抢救脱离危险，但仍需住院治疗。半个月后老人痊愈、返美。

请问：

1.老人在途中心脏病复发，全陪应该采取哪些措施？

2.在医院抢救过程中，地陪要做哪些工作？

3.老人仍需住院治疗期间，地陪要做哪些工作？

分析：

1.全陪在途中应采取的措施：

(1)让老人平躺，头略高

(2)让其夫人或旅游团成员在老人身上找药，让其服下；

(3)请空中小姐在飞机上找医生，若有，请其参加救护工作；

(4)请机组与 B 市的急救中心和接待旅行社联系。

2.老人在医院抢救期间，地陪的工作如下：

(1)请领队、老人的夫人及旅行社领导到现场；

(2)详细了解老人的心脏病史及治疗情况，做好文字记录，以备医院参考；

(3)医院要采取特殊措施时，要征得老人夫人的同意并由其签字；

(4)老太太身体不支，需要其子女来华时，应协助与其子女联系，其子女来到后要安排好他们的生活。

3.老人脱离危险，但仍需住院治疗时，不仅不能随团活动，而且不能按时离境，地陪要做如下工作：

(1)不时去医院探视，帮助解决老人及亲属生活方面的问题；

(2)帮助办理分离签证手续，必要时办理延长签证手续；

(3)出院时帮其办理出院手续；

(4)帮助老人夫妇重订航班、机座；

(5)上述各项所需费用均由老人自理，在他离团住院期间未享受的综合服务费由中外旅行社之间结算，按旅游协议书规定退还老人。

案例·分析

一天，全陪发现一位每天准时用早餐的住单人房间的游客没有来吃早饭，他有点纳闷，但以为已起身外出散步，没有在意。但集合登车时还没有见此游客，他就找领队询问，领队也不知道；于是打电话，没人接，他们俩就上楼找。敲门；无人答应；推门，门锁着；问楼层服务员，回答说没见人外出。于是请服务员打开门，发现游客已死在床上。两人吓得跑到前厅，惊恐地告诉大家该游客死亡的消息。地陪当即决定取消当天的游览活动，并赶紧打电话向地方接待旅行社报告消息，请领导前来处理问题。然后就在前厅走来走去，紧张地等待领导。

请问：在上述描述中，导游员在哪些方面做得不对？应该怎样做？

分析：

1.导游员行为的不妥之处：

(1)发现游客死在床上，两人不应该都跑下来；

(2)不应该惊恐地当众宣布死讯；

(3)地陪不应该立即宣布取消当天的游览活动；

(4)地陪不应该只打电话向旅行社报告游客死亡的消息；

(5)不应该在大厅焦急地等待旅行社领导而不管其他游客。

2.导游员正确的做法是：

(1)应有一人留在原地与楼层服务员一起保护现场；

(2)应与地陪商量后向游客宣布死讯；

(3)应安定其他游客的情绪；

(4)地陪(或由旅行社另派地陪)应继续带团到预定地点游览；

(5)在通知旅行社的同时要通知饭店保卫部门；

(6)向旅行社领导作翔实报告；

(7)有关部门来调查时，应积极配合。

任务作业

1.北京导游员小孙在接待某旅游团的时候，游览中发现某位游客面色苍白、精神萎靡，经量体温有点发烧，小孙就给游客服用了退烧药，半天后该游客病症并未消失，请问小孙的做法是否有不妥之处，应该如何处理？

2.导游员小吴接待了来自北京的旅游团，游览几日后，在一次登山过程中，游客闫某突发心脏病猝死，如果你是小吴你应该怎么处理？

任务四　安全事故的预防和处理

技能实训

实训项目	安全事故的预防和处理
实训要求	能妥善处理各种安全事故
实训地点	校内或模拟导游实训室
实训材料	各种事故的案例、摄像机等
实训内容与步骤	一、实训准备 学生分组扮演旅游团与导游。 二、实训内容 1.交通事故的预防和处理; 2.治安事故的预防和处理; 3.火灾事故的预防和处理; 4.食物中毒的预防和处理; 5.教师对学生情景模拟过程进行考核,并做指导。 三、实训结束

实训考核

组别:＿＿＿＿＿＿　姓名:＿＿＿＿＿＿　时间:＿＿＿＿＿＿

项　　目	应　得　分	实际得分
知识准备	20	
态度	20	
操作规范性、正确性	20	
仪容仪表(着装、表情)	20	
语言表达	20	
合　　计	100	

考核时间:　　　　年　　月　　日　　　　考评师(签名):

知识链接

旅游安全是旅游业发展的生命线，没有安全，就没有旅游。我国政府十分重视旅游安全和旅游保险等问题，《旅游法》《旅游安全管理办法》等一系列法律法规的出台，确保了旅游者在旅游行程中的安全得到保障。

一、交通事故的预防和处理

(一)交通事故的预防

(1)接待游客前，提醒司机检查车辆，发现事故隐患及时提出更换车辆的建议。

(2)导游人员在安排活动日程的时间上要留有余地，不催促司机为抢时间赶日程而违章、超速行驶。

(3)遇有天气不好(如下雨、下雪、大雾)交通拥挤、路况不好等情况，要主动提醒司机注意安全、谨慎驾驶。

(4)导游人员应阻止非本车司机开车，还要提醒司机不要饮酒。如遇司机酒后开车，导游人员要立即阻止，并向旅行团领导汇报，请求改派其他车辆或调换司机。

(二)交通事故的处理

1.立即组织抢救

导游人员应立即组织现场人员迅速抢救受伤的游客，特别是抢救重伤员，并尽快让游客离开事故车辆。立即打电话叫救护车(医疗急救中心电话:120)或拦车将重伤员送往距出事地点最近的医院抢救。

2.立即报案，保护好现场(电话:122)

事故发生后，不要在忙乱中破坏现场，要设法保护现场，并尽快通知交通、公安部门(交通事故报警台电话:122)，争取让他们尽快派人来现场调查处理。

3.迅速向接待社报告

地陪应迅速向接待社领导和有关人员报告，讲清交通事故的发生和游客伤亡情况，请求派人前来帮助和指挥事故的处理，并要求派车把未伤和轻伤的游客接走送至饭店或继续旅游活动。

4.做好安抚工作

事故发生后，交通事故的善后工作将由交运公司和旅行社的领导出面处理。导游人员在积极抢救、安置伤员的同时，做好其他游客的安抚工作，力争按计划继续进行参观游览活动。待事故原因查清后，请旅行社领导出面向全体游客说明事故原因和处理结果。

5.开具证明

请医院开出诊断和医疗证明书，并请公安局开具交通事故证明书，以便向保险公司索赔。

6.写出书面报告

交通事故处理结束后，需有关部门出具有关事故证明、调查结果，导游人员要立即写出书面报告。内容包括:事故的原因和经过、抢救经过和治疗情况、人员伤亡情况和诊断

结果、事故责任及对责任者的处理结果、受伤者及其他游客对处理的反映等。书面报告力求详细、准确、清楚、实事求是(最好和领队联名签署报告)。

二、治安事故的预防和处理

在旅游活动过程中，遇到坏人行凶、诈骗、偷窃、抢劫，导致游客身心及财物受到不同程度的损害的，统称治安事故。

(一)治安事故的预防

(1)提醒游客不要将房号随便告诉陌生人；不要让陌生人或自称饭店维修人员的人随便进入房间；出入房间锁好门，尤其是夜间不可贸然开门，以防意外；不要与私人兑换外币等。

(2)住进饭店后，导游人员应建议游客将贵重财物存入饭店贵重物品保险箱，不要随身携带或放在房间内。

(3)离开游览车时，导游人员要提醒游客不要将证件或贵重物品留在车内，游客下车后，导游人员要提醒司机锁好车门、关好车窗。

(4)在旅游活动中，导游人员要始终和游客在一起，注意观察周围的环境，经常清点人数。

(5)汽车行驶途中，不得停车让无关人员上车；若有不明身份者拦车，导游人员要提醒司机不要停车。

(二)治安事故的处理

1.全力保护游客

遇到歹徒向游客行凶、抢劫，导游人员应做到临危不惧、毫不犹豫地挺身而出，奋力与坏人拼搏，勇敢地保护游客。同时，立即将游客转移到安全地点，力争在在场的群众和公安人员的帮助下缉拿罪犯，追回钱物，但也要防备犯罪分子携带凶器狗急跳墙。所以，切不可鲁莽行事，要以游客的安全为重。

2.立即报警(电话:110)

治安事故发生后，导游人员应立即向公安局报警，如果罪犯已逃脱，导游人员要积极协助公安局破案。要把案件发生的时间、地点、经过、作案人的特征，以及受害人的姓名、性别、国籍、伤势及损失物品的名称、数量、型号、特征等向公安部门报告清楚。

3.及时向接待社领导报告

导游人员在向公安部门报警的同时要向接待社领导及有关人员报告；如情况严重，请求领导前来指挥处理。

4.妥善处理善后事宜

治安事件发生后，导游人员要采取必要措施稳定游客情绪，尽力使旅游活动继续进行下去；并在领导的指挥下，准备好必要的证明、资料，处理好受害者的补偿、索赔等各项善后事宜。

5.写出书面报告

事后，导游人员要按照有关要求写出详细、准确的书面报告。

三、火灾事故的预防和处理

（一）火灾事故的预防

1.做好提醒工作

提醒游客不要携带易燃、易爆物品，不乱扔烟头和火种，不要躺在床上吸烟；向游客讲清，在托运行李时应按运输部门有关规定去做，不得将不准作为托运行李运输的物品夹带在行李中。只有这样，才能尽可能地减少火灾。

2.熟悉饭店的安全出口和转移路线

导游员带领游客住进饭店后，在介绍饭店内的服务设施时，必须介绍饭店楼层的太平门、安全出口、安全楼梯的位置，并提醒游客进入房间后，看懂房门上贴的安全转移路线示意图，掌握一旦失火时应走的路线。

3.牢记火警电话（火警：119）

导游人员一定要牢记火警电话；掌握领队和全体游客的房间号码，一旦火情发生，能及时通知游客。

（二）火灾事故的处理

（1）立即报警。

（2）迅速通知领队及全团游客。

（3）配合工作人员，听从统一指挥，迅速通过安全出口疏散游客。

（4）引导大家自救。

①如发生紧急情况，千万不要搭乘电梯或随意跳楼，导游人员要镇定地判断火情，引导大家自救。

②若身上着火，可就地打滚，或用厚重衣物压灭火苗；

③穿过浓烟时，必须用浸湿的衣物披裹身体，捂着口鼻，贴近地面顺墙爬行；

④大火封门无法逃出时，可用浸湿的衣物、被褥堵塞门缝及泼水降温，等待救援；

⑤摇动色彩鲜艳的衣物呼唤救援人员；

⑥协助处理善后事宜。

四、食物中毒事故的预防和处理

游客因食用变质或不干净的食物常会发生食物中毒。其特点是：潜伏期短，发病快，且常常集体发病，若抢救不及时会有生命危险。

（一）食物中毒事故的预防

为防止食物中毒事故的发生，导游人员应：

（1）严格执行在旅游定点餐厅就餐的规定；

（2）提醒游客不要在小摊上购买食物；

（3）用餐时，若发现食物、饮料不卫生，或有异味变质的情况，导游人员应立即要求更换，并要求餐厅负责人出面道歉，必要时向旅行社领导汇报。

（二）食物中毒事故的处理

（1）立即采取排毒措施。设法为患者催吐，并让患者多喝水以加快排泄，缓解毒性。

(2)请医生开具证明。立即将患者送医院抢救、治疗,请医生开具诊断证明。

(3)迅速报告旅行社并追究供餐单位的责任。

案例·分析

1998 年,某地某旅行社接待了一个从山西来的 30 个人的旅游团。在游览当地的一个山地风景名胜区的过程中,导游告诉游客山上有很多野果可以食用,如果游客愿意,可以随便摘着吃。有一位游客吃了一种野果后,便觉得不舒服,回来途中即发高烧,经诊断是轻度中毒,和他在一起的其他游客也吃了这种果子却都安然无恙。后来,该游客投诉了旅行社,并要求赔偿。经交涉,旅行社赔偿其医药费 3 000 元。

分析、总结:

游客在异地他乡或异国旅游,大多情况下是人地两生,所以导游对客人的提醒、告诫、警示与导游讲解同样非常重要。关于导游讲解,一般说来,应该有趣、潇洒和幽默,能吸引客人的注意力,但在涉及游客的安全和切身利益的关键时候,用词一定要严谨、认真和庄重。对安全隐患应该多提醒,以避免事故的发生。此案例属于饮食卫生安全方面的案例,游客的中毒事实上未必就是因为误食野果,但由于该导游没有做相关的提醒,反而鼓动在先,发生纠纷当然难逃其责。

任务作业

某地陪率团从某景区返城,地陪带领旅游团于途中某旅游商店购物,因耗时较长,地陪怕耽误晚间娱乐活动遂催促司机加快速度,一路上,导游与游客同司机有说有笑,很是开心。在接近城区时,前方一人骑车横穿公路,司机因躲闪不及而将骑车人撞成重伤,旅游车也连人带车滚进了路边农田里,部分游客被撞伤,车内顿时一片大乱。导游一阵尖叫,吓得手足无措,好几分钟后,才打开车门,给旅行社打去电话,惊慌失措地在路边等待旅行社的救援;并立即告诉旅游者晚上娱乐活动取消。

分析:在此次交通事故前后,导游有哪些不妥行为?旅游团不幸遇到交通事故,导游人员通常应如何处理?

学习情境八

特殊旅游团队的导游服务

学习目标

1.掌握为大型旅游团提供导游服务的技巧
2.掌握为专业人士考察团提供导游服务的技巧
3.掌握为宗教旅游团提供导游服务的技巧
4.掌握为探险旅游团提供导游服务的技巧
5.掌握为高龄旅游团提供导游服务的技巧

任务一　大型旅游团的导游服务

技能实训

实训项目	大型旅游团的导游服务
实训要求	掌握如何为大型旅游团提供导游服务
实训地点	导游模拟实训室
实训材料	接站牌、导游旗、编号牌(贴)、喇叭、桌签
实训内容与步骤	一、实训准备 学生分成两组,一组扮演游客,一组扮演导游员。 二、实训开始 1.接站:旅游车按编号顺序依次停放;接到旅游团应与全陪核实人数;将游客分成小团;由各车(小团)导游人员召集自己负责接待的游客;集中清点行李,与行李员交接后登车。 2.入住酒店:接团前向酒店领取房间号,将房间号交给全陪分配,将住房名单交给饭店前台,领取钥匙,游客进房后,由导游员照顾各自小团的行李进房。 3.用餐:事先在餐桌上摆上带编号的桌签,要求游客按小团编号就座。

续表

实训内容与步骤	4.登车出发游览：各车(小团)清点完人数后，总负责人通知首车开车，其余车辆按顺序跟行。 5.游览讲解：打好时间差和空间差，交错游览，避免拥挤。 6.送团：做好行李的交接与托运，留出较多时间前往机场(车站、码头)。 三、实训结束

实训考核

组别：＿＿＿＿＿＿　姓名：＿＿＿＿＿＿　时间：＿＿＿＿＿＿

项　　目	应　得　分	实际得分
准备的充分性	20	
导游服务的规范性	30	
导游服务中的协作性	30	
局面的掌控性	20	
合　　计	100	

考核时间：　　　年　　月　　日　　　　考评师(签名)：

知识链接

特殊团队，是指旅游团队的组成人数、组成成分、年龄结构、旅游目的等方面具有非一般性特征的群体。其提出的要求也和一般团队接待要求不同，必须要有针对性地提供服务。

一、大型团队的特征

(一)人数众多

随着交通的发展、旅游人数的增多，100人以上的团队是越来越多了，在这些团队的接待中，需要提供三辆以上的车、三个以上的导游来进行服务。

资料库：我国有史以来最大的出境旅游团队

国旅总社于2005年组织某大型健康产业集团企业7 000人的大型旅游团，于10月8日至10月19日分三批从国内33个地点出发，由6个口岸飞往泰国进行旅游观光，境外行程为5晚6天。据悉，这是我国截至2005年以来最大的出境旅游团队。

(二)标准一致

随着我国旅游业的迅速发展，旅游标准化日渐成为规范行业行为、加强行业管理、提高经营服务水平的重要手段。一个大型的团队虽然有可能分为经济团、标准团、豪华团，但是各个团队内的标准是一致的。

一视同仁是处理人际关系的一项行为准则。导游人员与旅游团中的每位旅游者都应保持同等距离,切不可以貌取人、以金钱地位取人,不然就会顾此失彼,其结果不但会引起旅游者对导游人员的不满,还会影响旅游者彼此间的关系。

(三)日程紧张

大型团队人数众多,在各个环节集合的时候就比较拖沓。比如:一个10人团,参观完景点后很容易就集合在一起,可以马上出发到下个景点;但是团队人数一多,肯定有些游客没听清集合时间,或在景点流连忘返,以至于耽误了集合的时间。这样,每个环节在集合的时间上就比一般团队要多些。

(四)有从众心理

"从众行为"是行为科学的名词,是指群体成员个人服从或遵循群体活动规则或行为标准。

从众行为有自觉从众、不自觉从众和不从众之分。自觉从众行为,是指表面从众、内心也从众,即个人与众人行为的真正一致。这是群体内聚力强、个性归属感和认同感极高的表现。不自觉从众行为,是指表面从众内心不从众,即迫于群体压力,人们自觉不自觉地以某种规则或多数人意见为准则,作为社会判断,改变态度,使自己与大多数人习惯较为一致的表现。这种行为虽然不理想,但可以保持群众行动,不至于影响旅游日程。不从众行为,是指表面反对、内心也反对,属于破坏群体行动的行为,往往会影响旅游计划的进行。

对于大型团队中个别游客的不从众行为,导游人员应认真对待,可采取以下方法:

(1)如使旅游计划无法进行,后果严重,导游人员应向个别旅游者说明不从众的后果,设法说服其改变原有的态度,服从群体活动;

(2)如不会影响群体活动,则作适当的安排后,应允许个人自由活动;

(3)如个人确因不可克服的困难(如家中有急事或因病不能随团活动等),则应按特殊事件向旅行社汇报后,作出妥善处理。

导游人员对旅游者的旅游消费目的、旅游者在不同旅游阶段的心理活动规律、不同类型旅游者的心理特征要进行认真分析。在此基础上,努力增强团体的内聚力,促成旅游团的旅游者的从众行为。

二、大型团队导游人员的服务要求

(一)有序接待

1.化整为零,分而不散

如果团队住在不同的宾馆,那么可以分成若干个小团来完成旅游活动,甚至各小团的行程都可以不同。比如:两团间第一天和第二天的行程可以对调,这样可以避免在一些比较小的景点游客人数太多,从而影响旅游质量。

如果把团队化整为零,就必须在团队到达前做好充分的准备。把人数合理分割,并把各小团安排的导游和司机通知给组团社。

2.统一指挥,分工合作

大型团队由于人多、车多、导游多,虽然有时候各个小团是各自为政,但是也有不少的时候需要统一行动,这就需要在各团间有一个为主调度的导游,甚至派一名专门协调各团队之间行程进度,并协调其他相关部门,如饭店、餐馆等的专门人员。

有人统一调度后,还是需要各团队间的服务人员能分工合作。比如在景点参观的时候,由于人数众多,有时候导游不一定能让自己所带团队的成员都听清讲解,这时候可以采取分段讲解法,各导游把景点分成几个部分,各自在部分景点上反复讲解。或采取分批讲解法,根据总团队游客快慢的速度,把所有的游客分为快团、中团、慢团,进行分批讲解,最后统一集合。这样,能让更多的游客听到讲解,更好地参观景点。

3.准备充分,落实稳当

大型团队在预订房、餐、车的时候就要考虑到人数比较多的问题。有的宾馆不一定能住下团队所有的游客,有的餐馆也不一定能同时容纳所有的游客就餐,为了防止“撞车”事件,就需要提前分散预订。

出团时,导游人员应做好相应的物质准备,必须持证上岗,携带计调单、导游旗、喇叭、意见反馈单等相关物品。大型团队除此之外,还应该准备下列物品:旅游车编号、带有小团编号的导游旗、分发给游客的标志、用餐桌签等。

(二)严格控制

1.加强与领队、全陪的合作

地陪与全陪、领队是以遵守协议为前提进行合作共事的工作集体,他们的关系是合作伙伴关系。处理好这种关系,是旅游团队旅行活动顺利进行的重要保证。

一般来说,全陪、领队都深知与地陪合作是带好旅游团的重要保证。为了搞好与全陪、领队的关系,地陪可以从下列几方面努力:(1)尊重他们,支持他们的工作;(2)互相沟通,避免正面冲突;(3)不卑不亢,有理、有利、有节。

大型团队很容易发生游客走失、丢失财物等意外情况,为了减少、杜绝此类情况的发生,就需要地陪与全陪、领队合作。大家分清自己的责任,通力合作。一般说来,在团队行进过程中,地陪领头并讲解,全陪负责查看游客动向,以防走失。在团队入住的时候,由全陪、领队分发房卡等。

2.做好安全保障工作

旅游安全是旅游业发展的基础,是旅游业的生命线。“人命关天”,旅游安全是旅游活动中关系到全局的大事,安全胜于一切,安全压倒一切,安全决定旅游活动的成败。为此,在导游过程中,保障旅游者的人身和财产安全,是导游服务的头等要事,特别是大型团队,人多、人员构成复杂,导游人员对此更不能有任何麻痹思想,不能存有任何侥幸心理,一旦出现事故苗头和安全隐患不能有任何怠慢,因为任何麻痹、侥幸与怠慢都有可能酿成大祸,尤其是对旅游者的人身安全,导游人员必须做到万无一失。

3.使旅游团的活动始终处于控制状态

首先,要能分清自己所带团队的游客。在大型团队中很多游客彼此都是熟人,常常发生“串门”的事情。有的团队混乱,整个行程下来还不清楚总体人数的,就是因为在旅游过程中甲车的游客跑到乙车,乙车的游客又跑到丙车。

其次,导游人员必须作出详细的计划,在做计划的时候还要把游客可能拖延的时间考虑进去，尽量让游客能按既定计划完成行程。

再次，各车导游要及时相互联系，协调行动。

最后，最重要的就是要不停地提醒游客遵守活动时间，激发他们的团队精神，相互帮助、相互提醒，不要出现走失等情况。否则，导游联系再紧密，游客不配合也是枉然。

（三）接待程序

1.接站

旅游团（者）所乘班次的客人出站时，地陪要设法尽快找到所接旅游团（者）。地陪要举接站牌站在明显的位置上，让领队或全陪（或客人）前来联系，或主动询问，问清该团领队（或客人）姓名、人数、国别、团名，大型旅游团还要问清团号，一切相符后才能确定是自己所要接待的旅游团。

2.入住酒店

旅游团（者）抵达饭店后，地陪可让旅游者在饭店大堂内的指定位置稍作等候，并尽快向饭店总服务台讲明团队名称或旅游者姓名（散客）、订房单位，注意各小团队房号可以预先分配好。帮助填写住房登记表，并向总服务台提供旅游团（者）名单，拿到住房卡（房间号）后，再请领队分配房间和分发房门钥匙（或磁卡）。最后地陪应掌握所接待旅游者的房间号，尽量让各小团队不要混淆。

3.用餐

提前请餐厅准备好部分菜肴，否则大批游客涌入，饭店手忙脚乱，会导致上菜速度缓慢。到达餐厅时，导游员亲自带领旅游者进入餐厅，向餐厅领座服务员询问本团的餐桌号，然后引领旅游团（者）成员入座；不时查看游客用餐情况。

4.登车出发

地陪应至少提前15分钟到达集合地点，并督促司机做好各项准备工作提前到达。客人上车时，地陪应恭候在车门一侧，热情地招呼客人。待旅游者上车后，地陪应礼貌地清点人数（切忌指点客人）。一切准备妥当后，地陪可示意司机开车，并进行途中导游、讲解。

5.游览讲解

抵达景点时，下车前，地陪应向旅游者讲清该景点停留时间及参观游览结束后的集合时间和地点；提醒旅游者记住旅行车的型号、颜色、标志、车牌号；在进景点前，地陪应向旅游者讲解游览线路，提醒游览注意事项；在景点导游过程中，地陪应保证在计划时间和费用内，使旅游者充分地游览、观赏，做到导和游相结合，适当集中和分解相结合、劳逸结合；为防止旅游者在游览中走失，除了做好上述提醒工作外，还须做到时刻不离旅游者，并注意观察周围环境，特别关照老弱病残的旅游者。对旅游团，应与领队、全陪一起密切配合，随时清点人数。

6.送团

地陪应在旅游团离开的前一天与领队、全陪商定出行李的时间，并通知每一位旅游者；提醒、督促旅游者尽早与饭店结清所有自费项目账单，否则在最后送团时结账很可能会拖延相当长的时间；送团时应提前相应时间到达交通港。

案例·分析

超级旅行团,旅行真是难

四川ZL旅行社承办的由成都发往昆明的“蓝叶号旅游专列五日游”,组团人数逾千人,是旅行团里的“巨无霸”,但缺点却无处不在,致使游客怨声载道。首先,无端耗费时间。由于此团是一个超级旅行团,抵达昆明后,仅来火车站接客的大客车就达二十多辆,还要求统一行动,因交通拥挤不堪,光编队过程便多耗费了游客一个多小时。而且,大型车队行驶起来并不快,比正常行车多花半个小时,导致游览景点的时间大大缩短。其次,吃饭也成了大问题。在“七彩云南”吃自助餐时,因人太多分两轮轮换吃,由于旅行社负责人安排不当,吃饭场面混乱,浪费惊人,气氛紧张,以致最后一批客人吃饭时无碗可拿、无饭可吃、无菜可夹,只有乱哄哄地胡抢。再次,组织工作漏洞大。团队下榻滇池边的福保文化城时,居然有两三百人安排不上铺位,第二天又因双方接待单位闹矛盾,大队人马被迫搬出福保文化城,被安置在荒郊野外并非二星级标准的疗养院。在“世博会”吉鑫园大宴会厅里集体进餐时,组织方竟要求游客以不进餐方式向接待方施压,游客成了双方纠纷的筹码。而且,因人太多导游已形同虚设,几乎见不到导游的身影了。

提示分析:

1.营销超级旅行团要慎之又慎。超级旅行团声势浩大、规模庞大,具有很好的市场轰动效应,对于宣传旅游、树立企业形象、推出旅游产品都颇具优势。但营销这种“巨无霸”有许许多多难以想象的困难。在我国现阶段的基础设施条件下,千余人的吃住行要整齐划一,还要快速优质,相当困难;大部分景点还不适宜于千余人同时到达、迅速散开、同步离去的要求;再加上部分地区管理的低效率,可以说是雪上加霜,极有可能乱成一锅粥。如本例所述,“编队过程便多耗费了游客一个多小时”、“行车多花半个小时”、吃饭“乱哄哄地胡抢”、住宿“两三百人安排不上铺位”,以及“导游已形同虚设”等等,均属团队规模过大、要求机械呆板、管理效率不高所导致的直接结果。除此之外,人多则易乱,乱则易躁,躁则多纠纷。因而违背了我们组织超级旅行团的目的,容易由此砸旅游企业的牌子,砸旅游产品的牌子。

2.超级旅行团的内容可有所选择。我们认为:如果接待能力有限,旅游景点容量不大,则不妨在超级旅行团的旅游主题及内容安排上有所选择,选择那些气氛喧闹热烈、旅游容量高的项目,如庙会、庆典、草原采风,某些文艺、体育项目等。

3.在接待方式上可以有分有合,以分为主。接待超级旅行团,可由数家甚至十数家旅行社接待,或分为数个甚至十数个小团队接待。在总体安排上,不必强调整齐划一、统一行动,可安排1～2个集体项目以示隆重并烘托气氛,主要活动分散进行、穿插安排。通过这种统一规划之下的有分有合,取超级旅行团之长,避接待安排能力之短,效果也许会好。

4.超级旅行团列车之上的安排应有所强化;组成“旅游专列”之后,列车上的长途旅行为旅行社展示自己的能力与才华提供了空间,也是游客取得良好旅游体验的重要组成部分。旅行社应根据列车的特点和途经路线,利用列车广播、各车厢列车员、导游等,积极组织有分有合、相互呼应的娱乐项目,以凝聚游客,活跃气氛。

任务二　其他特殊旅游团队的导游服务

技能实训

实训项目	其他特殊旅游团队的导游服务
实训要求	掌握如何为专业人士考察团、宗教旅游团、探险旅游团、高龄旅游团提供导游服务。
实训地点	导游模拟实训室
实训材料	1.标准旅游车、麦克风 2.导游旗
实训内容与步骤	一、实训准备 学生分成两组，一组扮演游客，一组扮演导游员。 二、实训开始 1.认真阅读旅游接待计划； 2.了解旅游接待对象，及旅游接待对象的特征； 3.做好上团前的心理、知识及语言上的准备； 4.根据接待对象的特点，有针对性地提供导游服务。 三、实训结束

实训考核

组别：__________　姓名：__________　时间：__________

项　　目	应　得　分	实际得分
导游规范	30	
导游内容	30	
语言表达能力	30	
仪容仪表	10	
合　　计	100	

考核时间：　　　年　　月　　日　　　考评师(签名)：__________

知识链接

一、专业人士考察团的导游服务

(一)专业人士考察团的主要特征

(1)有较多的相关专业知识；

(2)目的明确；

(3)观察细致。

(二)导游人员的服务

1.克服畏难情绪

许多导游都怕带专业团，因为在导游的专业学习中，只是学习与旅游有关的各类知识，并没有对某类知识研究得十分透彻，另外，导游词中间很多是传说、神话故事、奇闻轶事，这些东西受不了专业的考验。于是在这些专家、学者面前，因为怕讲解时说错了，本来能流利说好的也没有自信说好了。但是，专家也不是什么东西都懂，也不是在各个领域中都是专家，作为地陪，当然比专家更加了解本地，对于专家不熟悉的方面，我们也有发言权。

2.做好知识准备

(1)了解该专业(领域)；

(2)搜集有关资料，掌握背景知识；

(3)针对考察的具体对象做重点准备。

3.讲解注意事项

讲解的注意事项是：讲浅不讲深、讲外不讲内、讲个性不讲共性。

首先，在讲解的时候，不要求能讲多深刻，但是所讲的内容必须正确，不能不懂装懂。另外，针对专家所精通的内容，尽量避免讲解，而主要讲解专家专业以外的内容。例如带领研究古代建筑的专家参观岳麓书院的时候，就要避免讲解古代建筑的特点，而可以把讲解的重点放在书院的历史、制度、核心思想等方面。还有就是不要讲些大家都知道，特别是专家都知道的东西，而应该讲景点不同于其他景点的特点。

4.保证充足的游览时间

专家考察团一般都有自己的研究目的，并非一般游客走马观花，所以正常参观后还应该留出一定的时间自由活动。

二、宗教旅游团的导游服务

(一)宗教旅游团队的特征

宗教旅游是以宗教朝觐为主要动机的旅游活动。自古以来世界上三大宗教(佛教、基督教和伊斯兰教)的信徒都有朝圣的历史传统。其中麦加是所有宗教旅游中规模最大、朝觐人数最多的一处伊斯兰教圣地。

宗教朝圣一般具有目的明确、时间严格、禁忌较多、待人宽容等特点。

资料库:台湾宗教旅游团访问大陆

台湾法鼓山圣严法师10月初率由500名佛家弟子组成的2002年大陆佛教圣迹巡礼团,到湖南衡山进行了宗教文化交流。

这支宗教旅游团队的佛家弟子主要来自台湾地区和美国、澳大利亚、加拿大等国。他们是应中国佛教协会邀请,在来祖国大陆进行宗教界友好访问与佛学文化交流途中,专程访问南岳的。

当地旅游、宗教部门在衡山"天下南岳"牌坊为巡礼团举行了盛大的欢迎仪式。巡礼团一行前往南岳三大古寺祝圣寺、南台寺、福严寺参观访问,与南岳佛教协会会长释惟正进行了亲切交谈,并在磨镜台拜谒了佛教南禅七祖怀让和尚墓。

巡礼团一行为南岳衡山源远流长的宗教文化所折服,表示将进一步加强两岸佛教界的交流与合作,共同弘扬中华民族的佛教文化。

南岳是名扬海内外的宗教文化圣地,中国南方佛教宗派南禅宗在这里发扬光大,并由此衍生出多个流派分支,在日本和东南亚有着深远影响。

(二)导游人员的服务

1.提高政策意识,加强请示汇报

我国的宗教政策是自治、自养、自传。中国不干涉宗教界人士的民间友好往来,但不经我国宗教团体邀请和允许,外国人不得在我国境内布道、主持宗教活动和散发宗教宣传品。

导游员在必要的时候要向宗教旅游团讲清我国的宗教政策,及时向上级有关部门请示汇报,保证旅游的顺利进行。

2.认真落实有关活动日程

宗教旅游团的旅游目的大致可分为三类:

(1)以朝拜圣迹、举行或参与有关法事活动为主要目的的纯宗教旅游活动。

(2)以慈善捐赠的形式,或主动或应邀参加某个地方的剪彩揭幕、奠基启动等仪式。

(3)以专家、学者的身份参加有关宗教的学术交流研讨活动。

3.尊重宗教习惯

一忌称呼不当。对寺庙的僧人应尊称为"大师"、"法师",对道士应尊称为"道长",对住持僧人应尊称为"长老"、"方丈"、"禅师"。对喇嘛庙中的僧人应尊称"喇嘛",即"上师"之意。

二忌礼节失当。与僧人见面的行礼方式为双手合十,微微低头,或单手竖掌于胸前,头略低,忌用握手、拥抱、摸僧人头部等不当之礼节。

三忌谈吐不当。与僧人、道人交谈,不应提及杀戮之辞、婚配之事,以及食用腥荤之言,以免引起僧人反感。

四忌行为举止失当。游览寺庙时不可大声喧哗、指点议论、妄加嘲讽或随便乱走,不可乱动寺庙之物,尤忌乱摸乱刻神像。如遇佛事活动,应静立默视或悄然离开。同时也要照看好自己的孩子,以免因孩子无知而作出失礼的事。

4.组织好有关活动

案例·分析

寺院导游注意问题

四月的一个周日，××海外旅游公司地陪李小姐接了一个台湾团。该团刚从机场出口处出来，即引得众人纷纷围观，原因是他们每人胸前都挂着一个济公像，全为清一色的济公信徒。该团此番来杭州的目的是探寻南宋僧人济公的遗迹，主要游览点为与济公有关的飞来峰、灵隐寺、净慈寺、虎跑等地。游客上车后，便直奔济公生前出家地——灵隐，并欲在该寺举行一个多小时的朝拜济公仪式。可到了灵隐寺，当领队与李小姐为此事和寺庙有关负责人商量时，却遭到一口拒绝。原因是寺庙事先没有接到有关方面的通知，再加上灵隐寺游客众多，如许可将影响寺庙正常秩序。领队与李小姐跟寺庙负责人好说歹说，最后只是被允许把济公像摆上大雄宝殿释迦牟尼须弥座供香客朝拜。因为在旅游团计划上没有这方面的特殊要求，又因周日旅行社不上班，有关领导出差联系不上，地陪李小姐无法将这个情况向领导汇报，直到星期一游客离开杭州的那一天，朝拜仪式仍然没能如愿，游客们只好怏怏不乐地前往下一站。

提示分析：不同的国家、地区有不同的宗教信仰，其宗教仪式也各异。中国共产党和中国政府历来重视宗教问题，对宗教信仰的政策是宽松自由的，对境内与境外国家(地区)之间的宗教交流也十分支持。

举行宗教仪式只要不干涉人们的正常生活、影响社会秩序都是许可的。李小姐所带的旅游团，因人数较多、举行仪式时间较长，而灵隐寺场地也不太宽敞，又因刚好是周日，游客如云(据统计，灵隐寺旅游旺季节假日每天的游客都在两万以上)，所以寺庙有关方面没有同意举行仪式，是为了维护寺庙秩序。当然，如果该团的台湾组团社能事先同大陆旅行社通报情况，并要求大陆有关地方接待社与灵隐寺管理部门接洽、协商，相信及时举行宗教仪式是没有问题的。

那么，本案例中导致台湾游客没能在灵隐寺如愿举行济公朝拜仪式的原因是什么呢？首先，计划接待书上没有提及该旅游团的这一特殊要求，是台湾方面组团社或国内组团社的失误；其次，地陪李小姐在知道该团此行的主要目的是做宗教朝拜后，没有采取相应的措施，没有提供“超常规服务”，也导致了游客愿望的不能实现。

积极的做法是：当李小姐知道游客此行的主要目的，在积极做灵隐寺管理人员方面的工作依然无效后，应做以下三个方面的工作：

1.向游客宣传我国的宗教政策，并解释不能如愿的原因(当然解释时应考虑台湾方面组团社及大陆组团社的利益，对由他们而造成的过错只能避重就轻)。

2.艺术地与灵隐寺管理人员商量，如建议将仪式改在游客较少时和下午16:30以后举行。

3.如果这也行不通的话，李小姐应建议游客做一下变通，改在与济公关系密切的青林洞、虎跑等地举行仪式。

三、探险旅游团队的导游服务

(一)探险旅游团队的特证

探险旅游团队的特征有:

(1)目的的特殊性;(2)成员意志的坚定性;(3)配套装备较多;(4)专业性较强;(5)风险性较高。

探险旅游团最大的特点是喜欢多动多看,他们对旅游有一种特殊的偏爱,在旅途中也时常表现出激动、好奇和热闹。因此,导游员带领年轻人旅游团进行参观游览时,应根据年轻人的特点,在不违反旅游接待计划的基础上,尽量满足他们"合理而又可能的要求",使旅游活动顺利健康地开展下去。

(二)导游人员的服务

带领探险旅游团的关键是在于导游员本身要充满朝气活力。

首先,要善于了解游客的心理活动特点。一般来说,游客到达旅游景区后,往往又表现出与众不同的渴望和向往心理,追求那些闻所未闻的引人入胜的景色,驱使自己尽情地观赏和游览。为此,想多一点自由活动的时间,想多去一些别人没去过的地方,已经成为探险旅游团最大的需求。在这种情况下,先睹为快,先玩为快,然后再慢慢听导游员讲解已形成规律。所以,对于那些不分青红皂白、没有重点特点、没完没了讲解的导游员,他们是不欢迎的。

其次,随着旅游活动的进一步开展,游客之间得到了进一步的交流和了解,此时,他们会变得熟悉和亲热起来,旅游团队中懒散和求全心理也会出现,平时活泼的人会变得更加活跃,平时散漫的人更容易迟到,许多人还会丢三落四。他们还特别喜欢开玩笑,提出各种各样、名目繁多的奇异问题。这时候是导游员最难带团的阶段。因此,导游员的基本做法是:尊重游客、热情服务、讲有特点、做有规矩、履行合同、等距交往、有紧有松、导游结合。

导游员要控制好整个团队的旅游节奏,包括做好思想工作和组织工作,防止因满足不了个别人的需求而影响其他游客的情绪,造成对整个旅游接待计划不利的事情发生。因此要做好以下四个方面的工作:

(1)要有较强壮的身体和一定的专业知识;

(2)做好充分的物质准备;

(3)生活照料要周到;

(4)果断地处理问题。

四、高龄旅游团队的导游服务

(一)高龄旅游团队的特证

高龄旅游团队的特征有:(1)行程舒缓;(2)希望得到尊重;(3)对讲解要求较高。

老年人旅游团一般是由单位、社区组织的,也有自发组织和自愿参加旅游团的。老年人的特点是好思古怀旧、希望得到尊重。在旅游活动过程中,他们希望导游员与他们多沟通、多交流,最怕的是寂寞。为此,导游员在带领老年人旅游团进行参观游览时,应根据老

年人的特点，因人而异地做好讲解介绍工作。

（二）导游人员的服务

(1)合理安排行程，旅游行程的安排要劳逸结合、张弛有度，在时间和空间上始终让游客处于轻松的状态；

(2)提供耐心细致地服务，做到生活上关心、游览中留心、服务上耐心。

导游员在带领老年人旅游团进行参观游览时，其首要任务是安全问题。导和游的工作都要突出一个"稳"字，讲解介绍时速度要慢，声音要响亮，服务态度要亲切、热情和周到，确实做到走路不观景、观景不走路。碰到上山下坡、路滑不平时，更要提醒他们注意安全。整个旅程安排要宽松、劳逸适度，参观游览完了一个景点后要适当给他们一些自由活动的时间(包括上洗手间)。在导游服务的讲解技巧上要多运用含蓄幽默的方法(还有借用故事法以及虚实结合法等)使老年人"游中有乐，乐中有游"。同时，导游员讲解要生动、要有感情，使他们产生"一次旅游，终生难忘"的美好印象。

资料库："夕阳红"旅游团

目前全球老年人口已近10亿，全球进入人口老龄化的国家和地区已近百个；2000年至2018年，我国60岁及以上老年人口从1.26亿人增加到2.49亿人，老年人口占总人口的比重从10.2%上升至17.9%。按照国际通行的标准，我国已进入老龄社会。老年人口的增加，客观上要求社会能提供更多的满足老年人需要的旅游产品，近几年，我国各地普遍兴起的"夕阳红"就是其中之一。

任务作业

在春节期间，旅行社小陈接到了一个300人的旅游团队到漳州两天一夜游，假定你是小陈，请拟出详细的接待计划。

学习情境九

送团服务

学习目标

学会送团并能妥善处理一些遗留问题和善后事宜，使旅游行程获得圆满的结束，争取达到良好的工作效果。

技能实训

实训项目	送客服务
实训要求	1.掌握送客服务的工作内容 2.熟练掌握送客服务各项工作的流程
实训地点	模拟导游实训室
实训材料	场景模拟、相关资料、交通票据
实训内容与步骤	一、实训准备 学生分组扮演旅游团与导游。 二、实训内容 1.送行前的业务 (1)核实交通票据； (2)商定出行李时间； (3)商定集合、出发的时间； (4)商定叫早和早餐时间； (5)协助饭店结清与旅游者有关的账目； (6)及时归还证件； (7)请旅客填写《国内旅游游客意见表》。 2.离店服务 (1)集中交运行李； (2)办理退房手续； (3)集合登车。

续表

实训内容与步骤	3.送行服务 (1)致欢送辞。欢送辞的内容包括:回顾旅游活动,感谢大家的合作;表达友谊和惜别之情;诚恳征求旅游者对接待工作的意见和建议;若旅游活动中有不顺利或导游服务有不尽如人意之处,导游人员可借此机会再次向旅游者赔礼道歉;表达美好的祝愿。 (2)提前到达机场(车站、码头)必须留出充裕的时间,具体要求是:出境航班,提前2小时;乘国内线飞机提前90分钟;乘火车提前1小时。 三、实训结束

实训考核

组别:＿＿＿＿＿＿　姓名:＿＿＿＿＿＿　时间:＿＿＿＿＿＿

项　　目	应　得　分	实际得分
送行前的业务	25	
离店服务	25	
送行服务	25	
欢送辞	25	
合　　计	100	

考核时间:　　　年　　月　　日　　　考评教师(签名):

知识链接

送别(送站)是地陪与游客相处的最后一个工作环节。有的地陪认为该做的事已经基本做完了,可以放松一下了。这种想法大错特错。首先旅游者受到习惯心理的影响,此时的想法最为复杂,极易发生遗失、走失等事故;其次如果旅游接待过程中出现了失误,这是最后一个补救机会;再次从宏观上来看,这个环节如果安排不妥,很容易影响到旅游者的后续活动甚至出入境。所以地陪要做到善始善终,尽可能让旅游者“高高兴兴地来,平平安安地去”。

一、送团前的准备工作

(一)核实交通票据

在旅行团离开本地的前一天,地陪要检查旅游团离开本地所采用的交通方式是否定妥、票证是否齐全,要核对团号、代号、人数、全陪姓名、去向、在哪个机场(车站、码头)启程。确认无误后,地陪最重要是准确弄清楚旅游团离境交通的时间,做到“四核实”。

四核实就是:核实任务表时间、核实时刻表时间、核实票面时间(最重要)、核实问讯时间。

如系乘机离境，地陪还应提醒或协助领队或旅游者提前72小时确认机座。

(二)商定时间

1.商定出行李的时间

如果旅行社或者饭店安排了行李服务，地陪要提前与行李员取得联系，商定行李交接及运送时间；然后与领队全陪或旅游者商定交付行李的时间及方式；最后地陪要向游客讲清楚托运行李的具体规定和注意事项。

2.商定集合、出发时间

一般由地陪与司机商定出发时间(因司机比较了解路况)，但为了安排得更加合理，还要及时与领队、全陪商议，确定后应该及时通知旅游者。

3.商定叫早和早餐时间

地陪还应与领队、全陪商定叫早和用早餐时间，并通知饭店有关部门和旅游者。

(三)通知客人

(1)地陪应提醒、督促旅游者尽早与饭店结清与其有关的各种账目(如:洗衣费、长途电话费、饮料费等)；若旅游者损坏了客房设备，地陪应协助饭店妥善处理赔偿事宜。

(2)把集合、出发时间再三告知旅游者，以免出现误机事件。

(3)一般情况下，地陪不应该保管旅行团的旅行证件，用完后应立即归还旅游者或者领队。在离站前一天，地陪要提醒游客检查自己的证件、票据等；也要检查自己的物品，看是否保留有游客的证件。

(四)通知饭店

地陪、全陪、领队等商量好叫早时间后要及时通知饭店。另外，地陪也要协助饭店结清与游客的各种账目。

二、离店服务

(一)交接确认行李

离开饭店前，地陪要按商定好的时间与饭店行李员办好行李交接手续。旅游者的行李集中后，地陪应与领队、全陪共同确认托运行李的件数，检查行李是否上锁、捆扎是否牢固、有无破损等，然后交付行李员，填写行李运送卡。行李件数地陪一定要当着行李员的面点清，同时告知领队和全陪。

(二)办理退房

旅游团离开饭店前，若无特殊原因，地陪应在中午12:00以前办理退房手续(或通知相关人员办理)。

(三)集合登车

(1)出发前地陪应询问旅游者与饭店的账目是否结清，提醒旅游者有无遗落的物品，请旅游者将饭店房间钥匙交回服务台。

(2)集合旅游者上车。等旅游者放好随身行李入座后，地陪要仔细清点实际到达人数。全体到齐后，再次提醒旅游者检查自己随身所带的物品，如没有遗漏，经全陪同意后则请司机开车离开饭店。

三、送行服务

所谓送别游客,是指旅游团在本站的行程即将结束,导游员要送走游客的那一刻的工作。

本站行程即将结束,作为游客,内心是比较激动的,绝大多数游客都存在着归心似箭或想到下一站去旅游的心情。也就在此刻,导游员和游客都比较忙碌。但是,导游员要做到忙而不乱,不出现任何差错和问题,这是很重要的事情。

(一)致欢送辞

送别是导游接待工作的尾声,这时导游与游客已熟悉,有的还成了朋友。如果说"欢迎辞"给游客留下美好的第一印象是重要的,那么在送别时致好"欢送辞",给游客留下的最后的印象将是深刻的、持久的、终生难忘的!

经过几十年的总结归纳,中国导游认为,有水平、符合规范的"欢送辞",应有五个要素:

(1)回顾总结旅游活动:在去交通港的路上,如果有比较长的时间,应该要对团队的整个行程进行总结回顾,包括去过哪些景点、发生过什么事情,并回答遗留问题;

(2)感谢游客给予的合作与支持;

(3)诚恳征求游客对旅游活动的意见和建议;

(4)请游客谅解对旅游活动中不尽如人意的地方,并向其赔礼道歉;

(5)表达友谊与惜别之情,并忠心祝愿游客一路平安。

浓缩成20个字,就是:表示惜别,感谢合作,小结旅游,征求意见,期盼重逢。

所谓"表示惜别",是指欢送词中应含有对分别表示惋惜之情、留恋之意,讲此内容时,面部表情应深沉,不可嬉皮笑脸,要给客人留下"人走茶更热"之感。

"感谢合作",是指感谢在旅游中游客给予的支持、合作、帮助、谅解,没有这一切,就难保证旅游的成功。

"小结旅游",是指与游客一起回忆一下这段时间所游览的项目、参加的活动,给游客一种归纳、总结之感,将许多感官的认识上升到理性的认识,帮助游客提高。

"征求意见",是告诉游客,我们知有不足,经大家帮助,下一次接待会更好!"期盼重逢",是指要表达对游客的情谊和自己的热情,希望游客成为回头客。"欢送辞"除文采之外,更要讲"情深"、"意切",让游客终生难忘。

案例·启示

我国一位从事近40年导游的英文导游,在同游客告别时,为体现"期盼重逢"之情,他说:"中国有句古语,叫做两山不能相遇,两人总能相逢,我期盼着不久的将来,我们还会在中国,也可能在贵国相会,我期盼着,再见,各位!"也许这位老导游的话和他的热诚太感人了,时至今日,每年圣诞节、新年,贺年卡都会从世界各地向他飞来,有不少贺年卡甚至是他一二十年前接待的客人寄送的,上面工工整整地用英文手写着"Greetngs From

Another Mountain"(来自另一座山的问候)。

由此可见,一篇讲艺术的欢送辞,几句情深意切又有文采的话,会给游客留下多么深远的印象!

(二)提前到达交通港

地陪带团前往机场(车站)时,必须留出充裕的时间。提前足够的时间(出境航班提前180分钟,境内航班提前120分钟,火车和轮船提前60分钟)通知游客集合登车。提醒游客带好物品和证件,并再次清点人数。

(三)办理离站手续

到达机场、车站或码头之后,地陪再次提醒游客带好行李物品,帮助交接行李和协助全陪、领队办理机场税等。一般说来,地陪要等到交通工具启动之后才能离开,但海外团离境站的地陪可以在游客进入安全口后离开。

有经验的导游在话别游客之后,他们都会等"飞机上天,轮船离岸,火车出站,挥手告别",才离现场,"仓促挥手,扭头就走",会给游客留下"是职业导游,不是有感情的导游",是"人一走,茶就凉"的导游。

(四)与司机结账

与旅游车司机结账,包括路费、停车费、路桥费;签字,保留票据。

四、总结工作

(一)整理相关记录

总结工作是导游员日后提高工作效率和服务质量的重要手段,可以从中吸取经验教训,对完善自己有很大的帮助。

需要总结的内容有:

(1)团队基本情况:人数、客源地、线路;

(2)成员基本情况:背景、职业、爱好(从中可以总结出各地或各职业的人的喜好偏向,对以后接待类似团队有很大的帮助);

(3)团内重点人物的反映(抓住团内重点人物就是成功的一半);

(4)住宿、餐饮、交通、其他导游的情况;

(5)对于带团过程中突发事件的处理(没有任何一个团是绝对不出任何问题的,安全第一,预防为主,通过对已发生事件的分析,能更好地预防此类事件的再次发生);

(6)如果有重大事件发生,要详细进行记录和总结。

(二)做好带团总结

(1)按时间顺序,总结各时间段发生的事件、工作不到位的地方等;

(2)按吃、住、行、游、购、娱六要素总结各要素工作是否到位。

注意事项:(1)自己做得不足的地方;(2)对方导游值得学习的地方;(3)突发事件的处理。

(三)办好收尾事宜

在旅游团(者)离开本地后,地陪仍要继续进行一些善后工作。主要有:

(1)结账。

(2)处理遗留问题。如照料因伤病滞留的游客,办理游客委托的转告、转递、代购等事务等。

(3)总结工作。填写工作总结,就重大事故撰写书面报告等。

(4)售后服务。保持同游客的联系,随时提供本国(地)和本社的最新旅游信息等。

资料库:坐飞机的注意事项

一、去机场

准备好必须的物品(如身份证、护照等),带上行李出发。因为航空公司有规定航班起飞前多长时间不能办理登机手续,每个机场对于登机牌停办时间不一样,具体的可以上网查询,大致为起飞前1小时停止办理登机手续,所以一定要计划好时间,不要耽误登机。出发前先确认自己的航站楼是哪一个,有的地方有多个航站楼,一定要确定好不要去错,因为航站楼与航站楼之间距离比较远,去错容易误机。

二、到达机场

到达机场出发层,拿着身份证到自助机打登机牌,如果有需要托运的行李,再拿着身份证和登机牌到航空公司对应的柜台办理托运,不同的航司有不同的托运柜台,不知道可以问机场工作人员。不会用自助机可以直接去托运柜台,把身份证交给工作人员。如果到得早,还可以选座位,可以向工作人员提出自己的座位要求。

如果行李小,可以随身携带。中国民航《客规》规定:随身上飞机放在客舱的行李,单件体积不能超过20×40×55cm,所有手提行李的总重量不能超过5公斤。如果有大件行李(超过5公斤的),就在这里托运,一般总重不能超过20公斤,经济舱5公斤以内的行李是免费的。要注意托运的行李里不要夹带违禁物品(电池等)。工作人员会在你的登机牌上贴上你托运的行李票,这个要保管好,下飞机之后是提取行李出机场的时候机场工作人员会检查行李票和你拿的行李是否对应。

三、过安检

登机牌上写着相应的安检通道,根据机场的标识找到相应的安检通道。把机票的旅客联、登机牌、身份证交给安检员,安检员审核没问题会在登机牌上面盖章。然后过安检门,提前把身上的金属物品取下来放在随身的包里,自己从安检门过,随身带的所有物品要从安检门旁的X光安检机过,过完安检马上找到自己的物品,以免有人顺手牵羊。如果经过安检门时有报警,不要紧张,很多人都会响警报,安检员会用金属探测器对人进行再次检查,一般都没什么问题。过安检后再次确认登机牌和身份证已经收好,进入候机室。

四、候机

登机牌上有相应的登机口,找到登机口,在登机口旁边有休息区,看到登机口有屏幕显示在此登机口登机的航班及其时间。如果还没有开始登机,就在休息区等候,留意广播,要登机时会有广播通知(到时候大家就都聚集到登机口了,登机口的屏幕也会显示航班信息,挺明显的)。

五、登机

拿好登机牌,排队检票,一定要注意不要找错登机口,或者有没有临时改变登机口等。在登机口会有工作人员撕登机牌,把登机牌交给工作人员(国内航班不用看身份证、国际航班的要核对护照)，服务人员从登机牌上撕下一小块，其他部分(有行李托运票的那份)交回给你，拿着登机牌和随身行李跟着别人进登机通道就可以了。

六、找座位

登机牌上写的有座位号，如7A、26F……，数字是第几排，字母是每一排上的座位，座位按照A、B、C、D、E、F这样排列。座位上方放行李的柜子上会写代表第几排的数字和座位分布。如果不熟悉，可以询问飞机上的服务人员，工作人员会帮你。找到位子后，坐下来，系上安全带就可以了。

七、拿托运的行李

如果要拿托运的行李，出了飞机的通道后会有提示到哪里拿行李。在屏幕上找到自己所在航班要到哪里拿托运的行李。有时是几个航班在同一个地方拿行李，要留意自己的行李，以免拿错。拿到自己行李后就可以出机场了，一般出口处有安检员核对行李票的，要准备好你托运时贴在登机牌上的票。

备注：可以在手机上下载一个叫航旅纵横的软件，只要在上面绑定个人信息，每次乘飞机都可以在上面免费选择座位、免费查询航班信息。如果到机场发现忘记带身份证，或者身份证丢失还没补办的话，可以在机场出发大厅的警务工作区域办理临时身份证明。

附录1 《中华人民共和国旅游法》

(2013年4月25日第十二届全国人民代表大会常务委员会第二次会议通过　根据2016年11月7日第十二届全国人民代表大会常务委员会第二十四次会议《关于修改〈中华人民共和国对外贸易法〉等十二部法律的决定》第一次修正　根据2018年10月26日第十三届全国人民代表大会常务委员会第六次会议《关于修改〈中华人民共和国野生动物保护法〉等十五部法律的决定》第二次修正)

第一章　总　　则

第一条　为保障旅游者和旅游经营者的合法权益,规范旅游市场秩序,保护和合理利用旅游资源,促进旅游业持续健康发展,制定本法。

第二条　在中华人民共和国境内的和在中华人民共和国境内组织到境外的游览、度假、休闲等形式的旅游活动以及为旅游活动提供相关服务的经营活动,适用本法。

第三条　国家发展旅游事业,完善旅游公共服务,依法保护旅游者在旅游活动中的权利。

第四条　旅游业发展应当遵循社会效益、经济效益和生态效益相统一的原则。国家鼓励各类市场主体在有效保护旅游资源的前提下,依法合理利用旅游资源。利用公共资源建设的游览场所应当体现公益性质。

第五条　国家倡导健康、文明、环保的旅游方式,支持和鼓励各类社会机构开展旅游公益宣传,对促进旅游业发展做出突出贡献的单位和个人给予奖励。

第六条　国家建立健全旅游服务标准和市场规则,禁止行业垄断和地区垄断。旅游经营者应当诚信经营,公平竞争,承担社会责任,为旅游者提供安全、健康、卫生、方便的旅游服务。

第七条　国务院建立健全旅游综合协调机制,对旅游业发展进行综合协调。

县级以上地方人民政府应当加强对旅游工作的组织和领导,明确相关部门或者机构,对本行政区域的旅游业发展和监督管理进行统筹协调。

第八条　依法成立的旅游行业组织,实行自律管理。

第二章　旅游者

第九条　旅游者有权自主选择旅游产品和服务,有权拒绝旅游经营者的强制交易行为。

旅游者有权知悉其购买的旅游产品和服务的真实情况。

旅游者有权要求旅游经营者按照约定提供产品和服务。

第十条　旅游者的人格尊严、民族风俗习惯和宗教信仰应当得到尊重。

第十一条　残疾人、老年人、未成年人等旅游者在旅游活动中依照法律、法规和有关规定享受便利和优惠。

第十二条　旅游者在人身、财产安全遇有危险时，有请求救助和保护的权利。

旅游者人身、财产受到侵害的，有依法获得赔偿的权利。

第十三条　旅游者在旅游活动中应当遵守社会公共秩序和社会公德，尊重当地的风俗习惯、文化传统和宗教信仰，爱护旅游资源，保护生态环境，遵守旅游文明行为规范。

第十四条　旅游者在旅游活动中或者在解决纠纷时，不得损害当地居民的合法权益，不得干扰他人的旅游活动，不得损害旅游经营者和旅游从业人员的合法权益。

第十五条　旅游者购买、接受旅游服务时，应当向旅游经营者如实告知与旅游活动相关的个人健康信息，遵守旅游活动中的安全警示规定。

旅游者对国家应对重大突发事件暂时限制旅游活动的措施以及有关部门、机构或者旅游经营者采取的安全防范和应急处置措施，应当予以配合。

旅游者违反安全警示规定，或者对国家应对重大突发事件暂时限制旅游活动的措施、安全防范和应急处置措施不予配合的，依法承担相应责任。

第十六条　出境旅游者不得在境外非法滞留，随团出境的旅游者不得擅自分团、脱团。

入境旅游者不得在境内非法滞留，随团入境的旅游者不得擅自分团、脱团。

第三章　旅游规划和促进

第十七条　国务院和县级以上地方人民政府应当将旅游业发展纳入国民经济和社会发展规划。

国务院和省、自治区、直辖市人民政府以及旅游资源丰富的设区的市和县级人民政府，应当按照国民经济和社会发展规划的要求，组织编制旅游发展规划。对跨行政区域且适宜进行整体利用的旅游资源进行利用时，应当由上级人民政府组织编制或者由相关地方人民政府协商编制统一的旅游发展规划。

第十八条　旅游发展规划应当包括旅游业发展的总体要求和发展目标，旅游资源保护和利用的要求和措施，以及旅游产品开发、旅游服务质量提升、旅游文化建设、旅游形象推广、旅游基础设施和公共服务设施建设的要求和促进措施等内容。

根据旅游发展规划，县级以上地方人民政府可以编制重点旅游资源开发利用的专项规划，对特定区域内的旅游项目、设施和服务功能配套提出专门要求。

第十九条　旅游发展规划应当与土地利用总体规划、城乡规划、环境保护规划以及其他自然资源和文物等人文资源的保护和利用规划相衔接。

第二十条　各级人民政府编制土地利用总体规划、城乡规划，应当充分考虑相关旅游项目、设施的空间布局和建设用地要求。规划和建设交通、通信、供水、供电、环保等基础设施和公共服务设施，应当兼顾旅游业发展的需要。

第二十一条　对自然资源和文物等人文资源进行旅游利用，必须严格遵守有关法律、法规的规定，符合资源、生态保护和文物安全的要求，尊重和维护当地传统文化和习俗，维护资源的区域整体性、文化代表性和地域特殊性，并考虑军事设施保护的需要。有关主管部门应当加强对资源保护和旅游利用状况的监督检查。

第二十二条　各级人民政府应当组织对本级政府编制的旅游发展规划的执行情况进

行评估，并向社会公布。

第二十三条　国务院和县级以上地方人民政府应当制定并组织实施有利于旅游业持续健康发展的产业政策，推进旅游休闲体系建设，采取措施推动区域旅游合作，鼓励跨区域旅游线路和产品开发，促进旅游与工业、农业、商业、文化、卫生、体育、科教等领域的融合，扶持少数民族地区、革命老区、边远地区和贫困地区旅游业发展。

第二十四条　国务院和县级以上地方人民政府应当根据实际情况安排资金，加强旅游基础设施建设、旅游公共服务和旅游形象推广。

第二十五条　国家制定并实施旅游形象推广战略。国务院旅游主管部门统筹组织国家旅游形象的境外推广工作，建立旅游形象推广机构和网络，开展旅游国际合作与交流。

县级以上地方人民政府统筹组织本地的旅游形象推广工作。

第二十六条　国务院旅游主管部门和县级以上地方人民政府应当根据需要建立旅游公共信息和咨询平台，无偿向旅游者提供旅游景区、线路、交通、气象、住宿、安全、医疗急救等必要信息和咨询服务。设区的市和县级人民政府有关部门应当根据需要在交通枢纽、商业中心和旅游者集中场所设置旅游咨询中心，在景区和通往主要景区的道路设置旅游指示标识。

旅游资源丰富的设区的市和县级人民政府可以根据本地的实际情况，建立旅游客运专线或者游客中转站，为旅游者在城市及周边旅游提供服务。

第二十七条　国家鼓励和支持发展旅游职业教育和培训，提高旅游从业人员素质。

第四章　旅游经营

第二十八条　设立旅行社，招徕、组织、接待旅游者，为其提供旅游服务，应当具备下列条件，取得旅游主管部门的许可，依法办理工商登记：

(一)有固定的经营场所；

(二)有必要的营业设施；

(三)有符合规定的注册资本；

(四)有必要的经营管理人员和导游；

(五)法律、行政法规规定的其他条件。

第二十九条　旅行社可以经营下列业务：

(一)境内旅游；

(二)出境旅游；

(三)边境旅游；

(四)入境旅游；

(五)其他旅游业务。

旅行社经营前款第二项和第三项业务，应当取得相应的业务经营许可，具体条件由国务院规定。

第三十条　旅行社不得出租、出借旅行社业务经营许可证，或者以其他形式非法转让旅行社业务经营许可。

第三十一条　旅行社应当按照规定交纳旅游服务质量保证金，用于旅游者权益损害赔偿和垫付旅游者人身安全遇有危险时紧急救助的费用。

第三十二条　旅行社为招徕、组织旅游者发布信息，必须真实、准确，不得进行虚假宣传，误导旅游者。

第三十三条　旅行社及其从业人员组织、接待旅游者，不得安排参观或者参与违反我国法律、法规和社会公德的项目或者活动。

第三十四条　旅行社组织旅游活动应当向合格的供应商订购产品和服务。

第三十五条　旅行社不得以不合理的低价组织旅游活动，诱骗旅游者，并通过安排购物或者另行付费旅游项目获取回扣等不正当利益。

旅行社组织、接待旅游者，不得指定具体购物场所，不得安排另行付费旅游项目。但是，经双方协商一致或者旅游者要求，且不影响其他旅游者行程安排的除外。

发生违反前两款规定情形的，旅游者有权在旅游行程结束后三十日内，要求旅行社为其办理退货并先行垫付退货货款，或者退还另行付费旅游项目的费用。

第三十六条　旅行社组织团队出境旅游或者组织、接待团队入境旅游，应当按照规定安排领队或者导游全程陪同。

第三十七条　参加导游资格考试成绩合格，与旅行社订立劳动合同或者在相关旅游行业组织注册的人员，可以申请取得导游证。

第三十八条　旅行社应当与其聘用的导游依法订立劳动合同，支付劳动报酬，缴纳社会保险费用。

旅行社临时聘用导游为旅游者提供服务的，应当全额向导游支付本法第六十条第三款规定的导游服务费用。

旅行社安排导游为团队旅游提供服务的，不得要求导游垫付或者向导游收取任何费用。

第三十九条　从事领队业务，应当取得导游证，具有相应的学历、语言能力和旅游从业经历，并与委派其从事领队业务的取得出境旅游业务经营许可的旅行社订立劳动合同。

第四十条　导游和领队为旅游者提供服务必须接受旅行社委派，不得私自承揽导游和领队业务。

第四十一条　导游和领队从事业务活动，应当佩戴导游证，遵守职业道德，尊重旅游者的风俗习惯和宗教信仰，应当向旅游者告知和解释旅游文明行为规范，引导旅游者健康、文明旅游，劝阻旅游者违反社会公德的行为。

导游和领队应当严格执行旅游行程安排，不得擅自变更旅游行程或者中止服务活动，不得向旅游者索取小费，不得诱导、欺骗、强迫或者变相强迫旅游者购物或者参加另行付费旅游项目。

第四十二条　景区开放应当具备下列条件，并听取旅游主管部门的意见：

(一)有必要的旅游配套服务和辅助设施；

(二)有必要的安全设施及制度，经过安全风险评估，满足安全条件；

(三)有必要的环境保护设施和生态保护措施；

(四)法律、行政法规规定的其他条件。

第四十三条　利用公共资源建设的景区的门票以及景区内的游览场所、交通工具等另行收费项目，实行政府定价或者政府指导价，严格控制价格上涨。拟收费或者提高价格的，应当举行听证会，征求旅游者、经营者和有关方面的意见，论证其必要性、可行性。

利用公共资源建设的景区，不得通过增加另行收费项目等方式变相涨价；另行收费项目已收回投资成本的，应当相应降低价格或者取消收费。

公益性的城市公园、博物馆、纪念馆等，除重点文物保护单位和珍贵文物收藏单位外，应当逐步免费开放。

第四十四条　景区应当在醒目位置公示门票价格、另行收费项目的价格及团体收费价格。景区提高门票价格应当提前六个月公布。

将不同景区的门票或者同一景区内不同游览场所的门票合并出售的，合并后的价格不得高于各单项门票的价格之和，且旅游者有权选择购买其中的单项票。

景区内的核心游览项目因故暂停向旅游者开放或者停止提供服务的，应当公示并相应减少收费。

第四十五条　景区接待旅游者不得超过景区主管部门核定的最大承载量。景区应当公布景区主管部门核定的最大承载量，制定和实施旅游者流量控制方案，并可以采取门票预约等方式，对景区接待旅游者的数量进行控制。

旅游者数量可能达到最大承载量时，景区应当提前公告并同时向当地人民政府报告，景区和当地人民政府应当及时采取疏导、分流等措施。

第四十六条　城镇和乡村居民利用自有住宅或者其他条件依法从事旅游经营，其管理办法由省、自治区、直辖市制定。

第四十七条　经营高空、高速、水上、潜水、探险等高风险旅游项目，应当按照国家有关规定取得经营许可。

第四十八条　通过网络经营旅行社业务的，应当依法取得旅行社业务经营许可，并在其网站主页的显著位置标明其业务经营许可证信息。

发布旅游经营信息的网站，应当保证其信息真实、准确。

第四十九条　为旅游者提供交通、住宿、餐饮、娱乐等服务的经营者，应当符合法律、法规规定的要求，按照合同约定履行义务。

第五十条　旅游经营者应当保证其提供的商品和服务符合保障人身、财产安全的要求。

旅游经营者取得相关质量标准等级的，其设施和服务不得低于相应标准；未取得质量标准等级的，不得使用相关质量等级的称谓和标识。

第五十一条　旅游经营者销售、购买商品或者服务，不得给予或者收受贿赂。

第五十二条　旅游经营者对其在经营活动中知悉的旅游者个人信息，应当予以保密。

第五十三条　从事道路旅游客运的经营者应当遵守道路客运安全管理的各项制度，并在车辆显著位置明示道路旅游客运专用标识，在车厢内显著位置公示经营者和驾驶人信息、道路运输管理机构监督电话等事项。

第五十四条　景区、住宿经营者将其部分经营项目或者场地交由他人从事住宿、餐饮、购物、游览、娱乐、旅游交通等经营的，应当对实际经营者的经营行为给旅游者造成的损害承担连带责任。

第五十五条　旅游经营者组织、接待出入境旅游，发现旅游者从事违法活动或者有违反本法第十六条规定情形的，应当及时向公安机关、旅游主管部门或者我国驻外机构报告。

第五十六条　国家根据旅游活动的风险程度，对旅行社、住宿、旅游交通以及本法第四十七条规定的高风险旅游项目等经营者实施责任保险制度。

第五章　旅游服务合同

第五十七条　旅行社组织和安排旅游活动，应当与旅游者订立合同。

第五十八条　包价旅游合同应当采用书面形式，包括下列内容：

(一)旅行社、旅游者的基本信息；

(二)旅游行程安排；

(三)旅游团成团的最低人数；

(四)交通、住宿、餐饮等旅游服务安排和标准；

(五)游览、娱乐等项目的具体内容和时间；

(六)自由活动时间安排；

(七)旅游费用及其交纳的期限和方式；

(八)违约责任和解决纠纷的方式；

(九)法律、法规规定和双方约定的其他事项。

订立包价旅游合同时，旅行社应当向旅游者详细说明前款第二项至第八项所载内容。

第五十九条　旅行社应当在旅游行程开始前向旅游者提供旅游行程单。旅游行程单是包价旅游合同的组成部分。

第六十条　旅行社委托其他旅行社代理销售包价旅游产品并与旅游者订立包价旅游合同的，应当在包价旅游合同中载明委托社和代理社的基本信息。

旅行社依照本法规定将包价旅游合同中的接待业务委托给地接社履行的，应当在包价旅游合同中载明地接社的基本信息。

安排导游为旅游者提供服务的，应当在包价旅游合同中载明导游服务费用。

第六十一条　旅行社应当提示参加团队旅游的旅游者按照规定投保人身意外伤害保险。

第六十二条　订立包价旅游合同时，旅行社应当向旅游者告知下列事项：

(一)旅游者不适合参加旅游活动的情形；

(二)旅游活动中的安全注意事项；

(三)旅行社依法可以减免责任的信息；

(四)旅游者应当注意的旅游目的地相关法律、法规和风俗习惯、宗教禁忌，依照中国法律不宜参加的活动等；

(五)法律、法规规定的其他应当告知的事项。

在包价旅游合同履行中，遇有前款规定事项的，旅行社也应当告知旅游者。

第六十三条　旅行社招徕旅游者组团旅游，因未达到约定人数不能出团的，组团社可以解除合同。但是，境内旅游应当至少提前七日通知旅游者，出境旅游应当至少提前三十日通知旅游者。

因未达到约定人数不能出团的，组团社经征得旅游者书面同意，可以委托其他旅行社履行合同。组团社对旅游者承担责任，受委托的旅行社对组团社承担责任。旅游者不同意的，可以解除合同。

因未达到约定的成团人数解除合同的，组团社应当向旅游者退还已收取的全部费用。

第六十四条 旅游行程开始前，旅游者可以将包价旅游合同中自身的权利义务转让给第三人，旅行社没有正当理由的不得拒绝，因此增加的费用由旅游者和第三人承担。

第六十五条 旅游行程结束前，旅游者解除合同的，组团社应当在扣除必要的费用后，将余款退还旅游者。

第六十六条 旅游者有下列情形之一的，旅行社可以解除合同：

（一）患有传染病等疾病，可能危害其他旅游者健康和安全的；

（二）携带危害公共安全的物品且不同意交有关部门处理的；

（三）从事违法或者违反社会公德的活动的；

（四）从事严重影响其他旅游者权益的活动，且不听劝阻、不能制止的；

（五）法律规定的其他情形。

因前款规定情形解除合同的，组团社应当在扣除必要的费用后，将余款退还旅游者；给旅行社造成损失的，旅游者应当依法承担赔偿责任。

第六十七条 因不可抗力或者旅行社、履行辅助人已尽合理注意义务仍不能避免的事件，影响旅游行程的，按照下列情形处理：

（一）合同不能继续履行的，旅行社和旅游者均可以解除合同。合同不能完全履行的，旅行社经向旅游者作出说明，可以在合理范围内变更合同；旅游者不同意变更的，可以解除合同。

（二）合同解除的，组团社应当在扣除已向地接社或者履行辅助人支付且不可退还的费用后，将余款退还旅游者；合同变更的，因此增加的费用由旅游者承担，减少的费用退还旅游者。

（三）危及旅游者人身、财产安全的，旅行社应当采取相应的安全措施，因此支出的费用，由旅行社与旅游者分担。

（四）造成旅游者滞留的，旅行社应当采取相应的安置措施。因此增加的食宿费用，由旅游者承担；增加的返程费用，由旅行社与旅游者分担。

第六十八条 旅游行程中解除合同的，旅行社应当协助旅游者返回出发地或者旅游者指定的合理地点。由于旅行社或者履行辅助人的原因导致合同解除的，返程费用由旅行社承担。

第六十九条 旅行社应当按照包价旅游合同的约定履行义务，不得擅自变更旅游行程安排。

经旅游者同意，旅行社将包价旅游合同中的接待业务委托给其他具有相应资质的地接社履行的，应当与地接社订立书面委托合同，约定双方的权利和义务，向地接社提供与旅游者订立的包价旅游合同的副本，并向地接社支付不低于接待和服务成本的费用。地接社应当按照包价旅游合同和委托合同提供服务。

第七十条 旅行社不履行包价旅游合同义务或者履行合同义务不符合约定的，应当依法承担继续履行、采取补救措施或者赔偿损失等违约责任；造成旅游者人身损害、财产损失的，应当依法承担赔偿责任。旅行社具备履行条件，经旅游者要求仍拒绝履行合同，造成旅游者人身损害、滞留等严重后果的，旅游者还可以要求旅行社支付旅游费用一倍以上三倍以下的赔偿金。

由于旅游者自身原因导致包价旅游合同不能履行或者不能按照约定履行，或者造成旅游者人身损害、财产损失的，旅行社不承担责任。

在旅游者自行安排活动期间，旅行社未尽到安全提示、救助义务的，应当对旅游者的人身损害、财产损失承担相应责任。

第七十一条　由于地接社、履行辅助人的原因导致违约的，由组团社承担责任；组团社承担责任后可以向地接社、履行辅助人追偿。

由于地接社、履行辅助人的原因造成旅游者人身损害、财产损失的，旅游者可以要求地接社、履行辅助人承担赔偿责任，也可以要求组团社承担赔偿责任；组团社承担责任后可以向地接社、履行辅助人追偿。但是，由于公共交通经营者的原因造成旅游者人身损害、财产损失的，由公共交通经营者依法承担赔偿责任，旅行社应当协助旅游者向公共交通经营者索赔。

第七十二条　旅游者在旅游活动中或者在解决纠纷时，损害旅行社、履行辅助人、旅游从业人员或者其他旅游者的合法权益的，依法承担赔偿责任。

第七十三条　旅行社根据旅游者的具体要求安排旅游行程，与旅游者订立包价旅游合同的，旅游者请求变更旅游行程安排，因此增加的费用由旅游者承担，减少的费用退还旅游者。

第七十四条　旅行社接受旅游者的委托，为其代订交通、住宿、餐饮、游览、娱乐等旅游服务，收取代办费用的，应当亲自处理委托事务。因旅行社的过错给旅游者造成损失的，旅行社应当承担赔偿责任。

旅行社接受旅游者的委托，为其提供旅游行程设计、旅游信息咨询等服务的，应当保证设计合理、可行，信息及时、准确。

第七十五条　住宿经营者应当按照旅游服务合同的约定为团队旅游者提供住宿服务。住宿经营者未能按照旅游服务合同提供服务的，应当为旅游者提供不低于原定标准的住宿服务，因此增加的费用由住宿经营者承担；但由于不可抗力、政府因公共利益需要采取措施造成不能提供服务的，住宿经营者应当协助安排旅游者住宿。

第六章　旅游安全

第七十六条　县级以上人民政府统一负责旅游安全工作。县级以上人民政府有关部门依照法律、法规履行旅游安全监管职责。

第七十七条　国家建立旅游目的地安全风险提示制度。旅游目的地安全风险提示的级别划分和实施程序，由国务院旅游主管部门会同有关部门制定。

县级以上人民政府及其有关部门应当将旅游安全作为突发事件监测和评估的重要内容。

第七十八条　县级以上人民政府应当依法将旅游应急管理纳入政府应急管理体系，制定应急预案，建立旅游突发事件应对机制。

突发事件发生后，当地人民政府及其有关部门和机构应当采取措施开展救援，并协助旅游者返回出发地或者旅游者指定的合理地点。

第七十九条　旅游经营者应当严格执行安全生产管理和消防安全管理的法律、法规和国家标准、行业标准，具备相应的安全生产条件，制定旅游者安全保护制度和应急预案。

旅游经营者应当对直接为旅游者提供服务的从业人员开展经常性应急救助技能培训，对提供的产品和服务进行安全检验、监测和评估，采取必要措施防止危害发生。

旅游经营者组织、接待老年人、未成年人、残疾人等旅游者，应当采取相应的安全保障措施。

第八十条　旅游经营者应当就旅游活动中的下列事项，以明示的方式事先向旅游者作出说明或者警示：

（一）正确使用相关设施、设备的方法；

（二）必要的安全防范和应急措施；

（三）未向旅游者开放的经营、服务场所和设施、设备；

（四）不适宜参加相关活动的群体；

（五）可能危及旅游者人身、财产安全的其他情形。

第八十一条　突发事件或者旅游安全事故发生后，旅游经营者应当立即采取必要的救助和处置措施，依法履行报告义务，并对旅游者作出妥善安排。

第八十二条　旅游者在人身、财产安全遇有危险时，有权请求旅游经营者、当地政府和相关机构进行及时救助。

中国出境旅游者在境外陷于困境时，有权请求我国驻当地机构在其职责范围内给予协助和保护。

旅游者接受相关组织或者机构的救助后，应当支付应由个人承担的费用。

第七章　旅游监督管理

第八十三条　县级以上人民政府旅游主管部门和有关部门依照本法和有关法律、法规的规定，在各自职责范围内对旅游市场实施监督管理。

县级以上人民政府应当组织旅游主管部门、有关主管部门和市场监督管理、交通等执法部门对相关旅游经营行为实施监督检查。

第八十四条　旅游主管部门履行监督管理职责，不得违反法律、行政法规的规定向监督管理对象收取费用。

旅游主管部门及其工作人员不得参与任何形式的旅游经营活动。

第八十五条　县级以上人民政府旅游主管部门有权对下列事项实施监督检查：

（一）经营旅行社业务以及从事导游、领队服务是否取得经营、执业许可；

（二）旅行社的经营行为；

（三）导游和领队等旅游从业人员的服务行为；

（四）法律、法规规定的其他事项。

旅游主管部门依照前款规定实施监督检查，可以对涉嫌违法的合同、票据、账簿以及其他资料进行查阅、复制。

第八十六条　旅游主管部门和有关部门依法实施监督检查，其监督检查人员不得少于二人，并应当出示合法证件。监督检查人员少于二人或者未出示合法证件的，被检查单位和个人有权拒绝。

监督检查人员对在监督检查中知悉的被检查单位的商业秘密和个人信息应当依法保密。

第八十七条　对依法实施的监督检查，有关单位和个人应当配合，如实说明情况并提供文件、资料，不得拒绝、阻碍和隐瞒。

第八十八条　县级以上人民政府旅游主管部门和有关部门，在履行监督检查职责中或者在处理举报、投诉时，发现违反本法规定行为的，应当依法及时作出处理；对不属于本部门职责范围的事项，应当及时书面通知并移交有关部门查处。

第八十九条　县级以上地方人民政府建立旅游违法行为查处信息的共享机制，对需要跨部门、跨地区联合查处的违法行为，应当进行督办。

旅游主管部门和有关部门应当按照各自职责，及时向社会公布监督检查的情况。

第九十条　依法成立的旅游行业组织依照法律、行政法规和章程的规定，制定行业经营规范和服务标准，对其会员的经营行为和服务质量进行自律管理，组织开展职业道德教育和业务培训，提高从业人员素质。

第八章　旅游纠纷处理

第九十一条　县级以上人民政府应当指定或者设立统一的旅游投诉受理机构。受理机构接到投诉，应当及时进行处理或者移交有关部门处理，并告知投诉者。

第九十二条　旅游者与旅游经营者发生纠纷，可以通过下列途径解决：

(一)双方协商；

(二)向消费者协会、旅游投诉受理机构或者有关调解组织申请调解；

(三)根据与旅游经营者达成的仲裁协议提请仲裁机构仲裁；

(四)向人民法院提起诉讼。

第九十三条　消费者协会、旅游投诉受理机构和有关调解组织在双方自愿的基础上，依法对旅游者与旅游经营者之间的纠纷进行调解。

第九十四条　旅游者与旅游经营者发生纠纷，旅游者一方人数众多并有共同请求的，可以推选代表人参加协商、调解、仲裁、诉讼活动。

第九章　法律责任

第九十五条　违反本法规定，未经许可经营旅行社业务的，由旅游主管部门或者市场监督管理部门责令改正，没收违法所得，并处一万元以上十万元以下罚款；违法所得十万元以上的，并处违法所得一倍以上五倍以下罚款；对有关责任人员，处二千元以上二万元以下罚款。

旅行社违反本法规定，未经许可经营本法第二十九条第一款第二项、第三项业务，或者出租、出借旅行社业务经营许可证，或者以其他方式非法转让旅行社业务经营许可的，除依照前款规定处罚外，并责令停业整顿；情节严重的，吊销旅行社业务经营许可证；对直接负责的主管人员，处二千元以上二万元以下罚款。

第九十六条　旅行社违反本法规定，有下列行为之一的，由旅游主管部门责令改正，没收违法所得，并处五千元以上五万元以下罚款；情节严重的，责令停业整顿或者吊销旅行社业务经营许可证；对直接负责的主管人员和其他直接责任人员，处二千元以上二万元以下罚款：

(一)未按照规定为出境或者入境团队旅游安排领队或者导游全程陪同的；

(二)安排未取得导游证的人员提供导游服务或者安排不具备领队条件的人员提供领队服务的;

(三)未向临时聘用的导游支付导游服务费用的;

(四)要求导游垫付或者向导游收取费用的。

第九十七条　旅行社违反本法规定,有下列行为之一的,由旅游主管部门或者有关部门责令改正,没收违法所得,并处五千元以上五万元以下罚款;违法所得五万元以上的,并处违法所得一倍以上五倍以下罚款;情节严重的,责令停业整顿或者吊销旅行社业务经营许可证;对直接负责的主管人员和其他直接责任人员,处二千元以上二万元以下罚款:

(一)进行虚假宣传,误导旅游者的;

(二)向不合格的供应商订购产品和服务的;

(三)未按照规定投保旅行社责任保险的。

第九十八条　旅行社违反本法第三十五条规定的,由旅游主管部门责令改正,没收违法所得,责令停业整顿,并处三万元以上三十万元以下罚款;违法所得三十万元以上的,并处违法所得一倍以上五倍以下罚款;情节严重的,吊销旅行社业务经营许可证;对直接负责的主管人员和其他直接责任人员,没收违法所得,处二千元以上二万以下罚款,并暂扣或者吊销导游证。

第九十九条　旅行社未履行本法第五十五条规定的报告义务的,由旅游主管部门处五千元以上五万元以下罚款;情节严重的,责令停业整顿或者吊销旅行社业务经营许可证;对直接负责的主管人员和其他直接责任人员,处二千元以上二万元以下罚款,并暂扣或者吊销导游证。

第一百条　旅行社违反本法规定,有下列行为之一的,由旅游主管部门责令改正,处三万元以上三十万元以下罚款,并责令停业整顿;造成旅游者滞留等严重后果的,吊销旅行社业务经营许可证;对直接负责的主管人员和其他直接责任人员,处二千元以上二万元以下罚款,并暂扣或者吊销导游证:

(一)在旅游行程中擅自变更旅游行程安排,严重损害旅游者权益的;

(二)拒绝履行合同的;

(三)未征得旅游者书面同意,委托其他旅行社履行包价旅游合同的。

第一百零一条　旅行社违反本法规定,安排旅游者参观或者参与违反我国法律、法规和社会公德的项目或者活动的,由旅游主管部门责令改正,没收违法所得,责令停业整顿,并处二万元以上二十万元以下罚款;情节严重的,吊销旅行社业务经营许可证;对直接负责的主管人员和其他直接责任人员,处二千元以上二万元以下罚款,并暂扣或者吊销导游证。

第一百零二条　违反本法规定,未取得导游证或者不具备领队条件而从事导游、领队活动的,由旅游主管部门责令改正,没收违法所得,并处一千元以上一万元以下罚款,予以公告。

导游、领队违反本法规定,私自承揽业务的,由旅游主管部门责令改正,没收违法所得,处一千元以上一万元以下罚款,并暂扣或者吊销导游证。

导游、领队违反本法规定,向旅游者索取小费的,由旅游主管部门责令退还,处一千元以上一万元以下罚款;情节严重的,并暂扣或者吊销导游证。

第一百零三条　违反本法规定被吊销导游证的导游、领队和受到吊销旅行社业务经营许可证处罚的旅行社的有关管理人员，自处罚之日起未逾三年的，不得重新申请导游证或者从事旅行社业务。

第一百零四条　旅游经营者违反本法规定，给予或者收受贿赂的，由市场监督管理部门依照有关法律、法规的规定处罚；情节严重的，并由旅游主管部门吊销旅行社业务经营许可证。

第一百零五条　景区不符合本法规定的开放条件而接待旅游者的，由景区主管部门责令停业整顿直至符合开放条件，并处二万元以上二十万元以下罚款。

景区在旅游者数量可能达到最大承载量时，未依照本法规定公告或者未向当地人民政府报告，未及时采取疏导、分流等措施，或者超过最大承载量接待旅游者的，由景区主管部门责令改正，情节严重的，责令停业整顿一个月至六个月。

第一百零六条　景区违反本法规定，擅自提高门票或者另行收费项目的价格，或者有其他价格违法行为的，由有关主管部门依照有关法律、法规的规定处罚。

第一百零七条　旅游经营者违反有关安全生产管理和消防安全管理的法律、法规或者国家标准、行业标准的，由有关主管部门依照有关法律、法规的规定处罚。

第一百零八条　对违反本法规定的旅游经营者及其从业人员，旅游主管部门和有关部门应当记入信用档案，向社会公布。

第一百零九条　旅游主管部门和有关部门的工作人员在履行监督管理职责中，滥用职权、玩忽职守、徇私舞弊，尚不构成犯罪的，依法给予处分。

第一百一十条　违反本法规定，构成犯罪的，依法追究刑事责任。

第十章　附　　则

第一百一十一条　本法下列用语的含义：

（一）旅游经营者，是指旅行社、景区以及为旅游者提供交通、住宿、餐饮、购物、娱乐等服务的经营者。

（二）景区，是指为旅游者提供游览服务、有明确的管理界限的场所或者区域。

（三）包价旅游合同，是指旅行社预先安排行程，提供或者通过履行辅助人提供交通、住宿、餐饮、游览、导游或者领队等两项以上旅游服务，旅游者以总价支付旅游费用的合同。

（四）组团社，是指与旅游者订立包价旅游合同的旅行社。

（五）地接社，是指接受组团社委托，在目的地接待旅游者的旅行社。

（六）履行辅助人，是指与旅行社存在合同关系，协助其履行包价旅游合同义务，实际提供相关服务的法人或者自然人。

第一百一十二条　本法自2013年10月1日起施行。

附录 2 《旅游突发公共事件应急预案》(简本)

旅游突发公共事件应急预案(简本)(2006 年 7 月 6 日)

1　总则

1.1　目的和依据

1.1.1　为了迅速、有效地处置旅游者在旅游过程中所遇到的各种突发公共事件,尽可能地为旅游者提供救援和帮助,保护旅游者的生命安全,维护中国旅游形象,制定本预案。

1.1.2　制定依据

(1)《中华人民共和国安全生产法》

(2)《中华人民共和国传染病防治法》

(3)《突发公共卫生事件应急条例》

(4)《旅行社管理条例》

(5)《导游人员管理条例》

(6)《中国公民出国旅游管理办法》

(7)《旅游安全管理暂行办法》

(8)《旅游安全管理暂行办法实施细则》

1.2　适用范围

1.2.1　本预案适用于国家及各地方处置旅游者因自然灾害、事故灾难、突发公共卫生事件和突发社会安全事件而发生的重大游客伤亡事件。

1.2.2　突发公共事件的范围

(1)自然灾害、事故灾难导致的重大游客伤亡事件,包括:水旱等气象灾害,山体滑坡和泥石流等地质灾害,民航、铁路、公路、水运等重大交通运输事故,其他各类重大安全事故等。

(2)突发公共卫生事件造成的重大游客伤亡事件,包括:突发性重大传染性疾病疫情、群体性不明原因疾病、重大食物中毒,以及其他严重影响公众健康的事件等。

(3)突发社会安全事件特指发生重大涉外旅游突发事件和大型旅游节庆活动事故。包括:发生港澳台和外国游客死亡事件,在大型旅游节庆活动中由于人群过度拥挤、火灾、建筑物倒塌等造成人员伤亡的突发事件。

1.3　基本原则

(1)以人为本,救援第一。在处理旅游突发公共事件中以保障旅游者生命安全为根本目的,尽一切可能为旅游者提供救援、救助。

(2)属地救护,就近处置。在本地区政府领导下,由本地区旅游行政管理部门负责相关的应急救援工作,运用一切力量,力争在最短时间内将危害和损失降到最低程度。

(3)及时报告,信息畅通。各级旅游行政管理部门在接到有关事件的救援报告时,要在第一时间内，立即向上级部门及相关单位报告，或边救援边报告，并及时处理和做好有关的善后工作。

2　组织领导和工作职责

2.1　组织机构

(1)国家旅游局设立旅游突发事件应急协调领导小组，下设领导小组办公室负责具体工作。

(2)市级以上旅游行政管理部门设立旅游突发事件应急领导小组。领导小组下设办公室，具体负责本地区旅游突发事件的应急指挥和相关的协调处理工作。

2.2　工作职责

(1)国家旅游局旅游突发事件应急协调领导小组，负责协调指导涉及全国性、跨省区发生的重大旅游突发事件的相关处置工作，以及涉及国务院有关部委参加的重大旅游突发事件的处置、调查工作；有权决定本预案的启动和终止；对各类信息进行汇总分析，并上报国务院。领导小组办公室主要负责有关突发事件应急信息的收集、核实、传递、通报，执行和实施领导小组的决策，承办日常工作。

(2)各级领导小组及其办公室负责监督所属地区旅游经营单位落实有关旅游突发事件的预防措施；及时收集整理本地区有关危及旅游者安全的信息，适时向旅游企业和旅游者发出旅游警告或警示；本地区发生突发事件时，在本级政府领导下，积极协助相关部门为旅游者提供各种救援；及时向上级部门和有关单位报告有关救援信息；处理其他相关事项。

3　预警发布

3.1　建立健全旅游行业警告、警示通报机制。各级旅游行政管理部门应根据有关部门提供的重大突发事件的预告信息，以及本地区有关涉及旅游安全的实际情况，适时发布本地区相关旅游警告、警示，并及时将情况逐级上报。

3.2　国家旅游局根据有关部门提供的情况和地方旅游行政管理部门提供的资料，经报国务院批准，适时向全国发出相关的旅游警告或者禁止令。

4　救援机制

4.1　突发公共事件等级及响应

4.1.1　突发公共事件按旅游者伤亡程度分为重大(Ⅰ级)、较大(Ⅱ级)、一般(Ⅲ级)三级。

(1)重大(Ⅰ级)指一次突发事件造成旅游者10人以上重伤或5人以上死亡的，或一次造成50人以上严重食物中毒或造成5人以上中毒死亡的。

(2)较大(Ⅱ级)指一次突发事件造成旅游者5至9人重伤或1至4人死亡，或一次造成20至49人严重食物中毒且有1至4人死亡的。

(3)一般(Ⅲ级)指一次突发事件造成旅游者1至4人重伤，或一次造成1至19人严重食物中毒的。

4.1.2　分级响应

(1)当发生重大(Ⅰ级)突发事件时，国家旅游局启动应急预案，事发所在地省级旅游行政管理部门启动相应应急预案，在省级人民政府领导下，进行具体响应。

(2)发生较大(Ⅱ级)以下突发事件由省级旅游行政管理部门决定启动相应的旅游应

急预案，在省级人民政府（或相应的地方政府）领导下，参与和协调相关部门和单位及时采取应急处置措施。

4.2 突发自然灾害和事故灾难事件的应急救援处置程序

4.2.1 当自然灾害和事故灾难影响到旅游团队的人身安全时，随团导游人员在与当地有关部门取得联系争取救援的同时，应立即向当地旅游行政管理部门报告情况。

4.2.2 当地旅游行政管理部门在接到旅游团队、旅游区（点）等发生突发自然灾害和事故灾难报告后，应积极协助有关部门为旅游团队提供紧急救援，并立即将情况报告上一级旅游行政管理部门。同时，及时向组团旅行社所在地旅游行政管理部门通报情况，配合处理有关事宜。

4.2.3 国家旅游局在接到相关报告后，应协调相关地区和部门做好应急救援工作。

4.3 突发公共卫生事件的应急救援处置程序

4.3.1 突发重大传染病疫情应急救援处置程序

（1）旅游团队在行程中发现疑似重大传染病疫情时，随团导游人员应立即向当地卫生防疫部门报告，服从卫生防疫部门作出的安排。同时向当地旅游行政管理部门报告，并提供团队的详细情况。

（2）旅游团队所在地旅游行政管理部门接到疫情报告后，要积极主动配合当地卫生防疫部门做好旅游团队住宿的旅游饭店的消毒防疫工作，以及游客的安抚、宣传工作。如果卫生防疫部门作出就地隔离观察的决定后，旅游团队所在地旅游行政管理部门要积极安排好旅游者的食宿等后勤保障工作；同时向上一级旅游行政管理部门报告情况，并及时将有关情况通报组团社所在地旅游行政管理部门。

（3）经卫生防疫部门正式确诊为传染病病例后，旅游团队所在地旅游行政管理部门要积极配合卫生防疫部门做好消毒防疫工作，并监督相关旅游经营单位按照国家有关规定采取消毒防疫措施；同时向团队需经过地区旅游行政管理部门通报有关情况，以便及时采取相应防疫措施。

（4）发生疫情所在地旅游行政管理部门接到疫情确诊报告后，要立即向上一级旅游行政管理部门报告。省级旅游行政管理部门接到报告后，应按照团队的行程路线，在本省范围内督促该团队所经过地区的旅游行政管理部门做好相关的消毒防疫工作。同时，应及时上报国家旅游局。国家旅游局应协调相关地区和部门做好应急救援工作。

4.3.2 重大食物中毒事件应急救援处置程序

（1）旅游团队在行程中发生重大食物中毒事件时，随团导游人员应立即与卫生医疗部门取得联系争取救助，同时向所在地旅游行政管理部门报告。

（2）事发地旅游行政管理部门接到报告后，应立即协助卫生、检验检疫等部门认真检查团队用餐场所，找出毒源，采取相应措施。

（3）事发地旅游行政管理部门在向上级旅游行政管理部门报告的同时，应向组团旅行社所在地旅游行政管理部门通报有关情况，并积极协助处理有关事宜。国家旅游局在接到相关报告后，应及时协调相关地区和部门做好应急救援工作。

4.4 突发社会安全事件的应急救援处置程序

4.4.1 当发生港澳台和外国旅游者伤亡事件时，除积极采取救援外，要注意核查伤亡人员的团队名称、国籍、性别、护照号码以及在国内外的保险情况，由省级旅游行政管理部门或通过有关渠道，及时通知港澳台地区的急救组织相关或有关国家的急救组织，请求配合处理有关救援事项。

4.4.2　在大型旅游节庆活动中发生突发事件时，由活动主办部门按照活动应急预案，统一指挥协调有关部门维持现场秩序，疏导人群，提供救援，当地旅游行政管理部门要积极配合，做好有关工作，并按有关规定及时上报事件有关情况。

4.5　国（境）外发生突发事件的应急救援处置程序

在组织中国公民出国（境）旅游中发生突发事件时，旅行社领队要及时向所属旅行社报告，同时报告我国驻所在国或地区使（领）馆或有关机构，并通过所在国家或地区的接待社或旅游机构等相关组织进行救援，要接受我国驻所在国或地区使（领）馆或有关机构的领导和帮助，力争将损失降到最低程度。

4.6　分级制订应急预案

各级旅游行政管理部门，根据本地区实际，在当地党委、政府的领导下，制订旅游突发公共事件救援预案，或与有关部门联合制定统一应急救援预案，建立联动机制，形成完整、健全的旅游救援体系，并进行必要的实际演练。要总结经验教训，不断修改完善本级应急救援预案，努力提高其科学性、实用性。

4.7　公布应急救援联络方式

各级旅游行政管理部门，应通过媒体向社会公布旅游救援电话，或共享有关部门的救援电话，并保证24小时畅通。

4.8　新闻发布

对旅游突发公共事件的新闻报道工作实行审核制。

5　信息报告

5.1　突发事件发生后，现场有关人员应立即向本单位和当地旅游行政管理部门报告，并区分事件等级逐级及时上报。

5.2　对于发生的食物中毒事故，省级旅游行政管理部门接到报告后除按规定上报外，同时应督促全省各地旅游行政管理部门会同当地卫生防疫部门做好旅游团队餐饮场所的检查，以避免类似事故的再次发生。

6　应急保障和演练

各级旅游行政管理部门要围绕旅游突发事件应急救援工作加强对工作人员的培训和演习，做到熟悉相关应急预案和程序，了解有关应急支援力量、医疗救治、工程抢险等相关知识，保持信息畅通，保证各级响应的相互衔接与协调。要主动做好公众旅游安全知识、救助知识的宣传教育，不断提高旅游全行业与广大旅游者预防和处置旅游突发事件的能力。

国家旅游局

二〇〇五年七月

附录3 《福建省旅游突发公共事件应急预案》

1.总则

1.1 目的

为进一步健全福建省旅游突发公共事件应急管理工作机制，提高旅游行业的应急能力和整体防范水平；迅速、有效地处置各类旅游突发公共事件，尽可能地提供救援和帮助，最大限度地保障旅游团队和旅游经营者的生命财产安全；维护福建省旅游形象，促进全省旅游业安全、健康、可持续发展，制订本预案。

1.2 编制依据

本预案根据《中华人民共和国突发事件应对法》、《中华人民共和国安全生产法》、《中华人民共和国传染病防治法》、《突发公共卫生事件应急条例》、《旅行社条例》、《导游人员管理条例》、《中国公民出国旅游管理办法》、《旅游安全管理暂行办法》、《旅游安全管理暂行办法实施细则》、《生产安全事故应急救援预案管理方法》、《生产经营单位安全生产事故应急预案编制导则》、《国家突发事件总体应急预案》、《国家旅游局旅游突发事件应急预案》、《福建省旅游条例》和《福建省突发公共事件总体应急预案》等制订。

1.3 适用范围

防范和处置福建省区域内因自然灾害、事故灾难、突发公共卫生事件和突发社会安全事件导致旅行社组织的旅游团队人员、入住客人在星级饭店内发生伤亡或中毒事件，适用本预案。

旅行社组团在省外或境外发生突发公共事件，参照本预案。

本预案指导全省的旅游突发公共事件应对工作。

1.4 旅游突发公共事件分类

1.4.1 自然灾害导致的游客伤亡及财产损失事件，包括：气象灾害、地震灾害、地质灾害、水旱灾害、海洋灾害及次生灾害等。

1.4.2 事故灾难导致的游客伤亡及财产损失事件，包括：火灾事故、交通客运事故、公共设施设备事故、环境污染和生态破坏事件等。

1.4.3 公共卫生事件导致的游客伤亡事件，包括：传染病疫情、群体性不明原因疾病、重大食物中毒以及其他严重影响旅游者健康和生命安全的事件等。

1.4.4 社会安全事件导致的游客伤亡事件。包括：重大涉外旅游突发事件，港澳台和外国游客伤亡事件，旅游节庆活动中由于人群过度拥挤、火灾、建筑物倒塌等造成的人员伤亡事件等。

1.4.5 上述突发事件导致的游客滞留时间过长、投诉或上访人数过多、影响较大的其他事件。

1.5 旅游突发公共事件分级

各类旅游突发公共事件按照其性质、严重程度、可控性和影响范围等因素分为特别重大(Ⅰ级)、重大(Ⅱ级)、较大(Ⅲ级)、一般(Ⅳ级)四级。

1.5.1 特别重大(Ⅰ级)指一次突发事件造成旅游者30人以上死亡的,或一次造成100人以上严重食物中毒或30人以上中毒死亡的。

1.5.2 重大(Ⅱ级)指一次突发事件造成旅游者10人以上、30人以下死亡,或一次造成50人以上、100人以下严重食物中毒或10人以上、30人以下中毒死亡的。

1.5.3 较大(Ⅲ级)指一次突发事件造成旅游者3人以上、10人以下死亡,或一次造成30人以上、50人以下严重食物中毒或3人以上、10人以下中毒死亡的。

1.5.4 一般(Ⅳ级)指一次突发事件造成旅游者3人以下死亡,或一次造成20人以下食物中毒的。

分级标准划分:"以上"含本数,"以下"不含本数。

1.6 应急预案体系

1.6.1 福建省旅游突发公共事件应急预案。省旅游局根据《福建省人民政府突发公共事件总体应急预案》、《国家旅游局旅游突发事件应急预案》和本单位工作职责制定。

1.6.2 各设区市、县(市、区)旅游突发公共事件应急预案。各级旅游局根据本地区实际,在当地党委、政府的领导下,制订旅游突发公共事件救援预案,或与有关部门联合制订统一应急救援预案,建立联动机制,形成完整、健全的旅游救援体系,并进行必要的培训、演练与总结,不断修改完善本级应急救援预案,努力提高其科学性、实用性。

1.6.3 生产经营单位旅游突发公共事件应急预案。由福建省旅游行业生产经营单位根据有关法律、法规和工作要求制定,报省旅游局备案。

1.6.4 旅游节庆活动安全单项应急预案。按照"谁主办、谁负责"的原则,由承办单位负责制定。

1.7 工作原则

1.7.1 以人为本,救援第一。在处置旅游突发公共事件中以保障人员生命安全为根本目的,尽一切可能为旅游者提供救援、救助。

1.7.2 属地救护,就近处置。在省委、省政府的领导下,迅速采取有效措施,组织、协调相关的应急救援机构,依靠事发地救援与救治力量,运用一切社会资源,力争在最短时间内将危害和损失降到最低程度。

1.7.3 分级责任,属地管理。实行分级管理,分级响应和启动应急预案,落实责任主体和责任。

1.7.4 及时报告,信息畅通。各级旅游行政管理部门在接到有关事件的救援报告时,要在第一时间内,立即向上级部门及相关单位报告,或边救援边报告,并及时处理和做好有关的善后工作。

2.组织机构和工作职责

2.1 组织机构

2.1.1 省旅游局设立旅游突发公共事件应急协调领导小组,局长为组长,副局长、党组成员为副组长,局机关相关处室主要领导为小组成员。省旅游突发公共事件应急协调领导小组下设办公室,挂靠在省旅游局行业管理处。

2.1.2 各设区市、县(市、区)旅游局设立旅游突发公共事件应急协调领导小组,由局主要负责人任组长,领导小组下设办公室。

2.1.3 各旅游行业生产经营单位(旅行社和星级饭店等)也应设立以主要负责人为组长的旅游突发公共事件应急协调领导小组和办事机构。

2.2 工作职责

2.2.1 福建省旅游局旅游突发公共事件应急协调领导小组主要职责:负责协调指导涉及全省或跨地区发生的重大旅游突发公共事件的相关处置工作;决定应急预案的启动和终止;通过设区市旅游局适时向旅游企事业单位和旅游者发出旅游警告或警示;在省政府领导下,协助相关部门为旅游者提供各种救援;对各类信息进行汇总分析,及时向上级部门和有关单位报告有关救援信息;处理其他相关事项。

旅游突发公共事件应急协调领导小组办公室主要职责:负责本省有关突发公共事件应急信息的收集、核实、传递、通报,执行和实施领导小组的决策,承办日常工作。

局办公室:负责联系并协调有关部门,了解相关部门的救援计划和行动,安排车辆救援和物资等相关工作,必要时代表省旅游局向上级汇报有关情况,向有关单位请求支援,并负责机关内部的应急事宜。

计财处:参与救援工作,并负责救援过程的资金保障工作。

法规处:参与救援工作及事后的调查评估处置工作。

市场处:参与救援工作,联系新闻媒体,宣传应急知识,组织新闻发布及有关报道。

港澳台处:负责协调港澳台地区善后相关处置工作。

人教处、机关党委、监察室:参与救援和善后处置事宜。

质监所:参与救援与事后调查评估工作。

省假日旅游协调领导小组办公室(简称假日办):主要负责“黄金周”期间全省旅游突发公共事件信息的收集、核实、传递、通报,执行和实施领导小组的决策,参与突发公共事件的处置工作,了解各相关单位的救援工作情况,协调各相关单位救援处置工作。

2.2.2 设区市旅游突发公共事件应急协调领导小组主要职责:负责协调指导本行政区域内较大(含)以下旅游突发事件的相关处置工作;通过有关渠道适时向旅游企事业单位和旅游者发出旅游警告或警示;在本级政府领导下,积极协助相关部门为旅游者提供各种救援;对各类信息进行汇总分析,及时向上级部门和有关单位报告有关救援信息;处理其他相关事项。

领导小组办公室主要负责:本地区有关突发公共事件应急信息的收集、核实、传递、通报,执行和实施领导小组的决策,承办日常工作。

2.2.3 旅行社和星级饭店为旅游突发事件第一责任单位。旅行社接到旅游团的报告后,应立即向所在旅游局报告,同时派出领导及时赶赴事发地配合当地政府抢救受伤旅游者,并做好旅游者及家属安抚工作。星级饭店在其店内发生突发公共事件时,应立即向当地旅游局及相关单位报告,同时采取适当措施对饭店的客人开展救援工作。

2.2.4 各接待旅游团队的旅游企业,在突发公共事件发生时,应按有关规定操作,控制危险源,第一时间组织力量全力以赴开展救援,同时向有关部门报告,在当地政府领导下,有效地开展抢救。

3.预防与预警

3.1 预警行动

建立健全旅游行业警告、警示通报机制。县(市、区)以上各级旅游局应根据交通、气象、地震、国土资源、林业、卫生等有关部门提供的重大突发公共事件的预告信息，以及本地区有关涉及旅游安全的实际情况，适时发布本地区相关旅游警告、警示，并及时将情况逐级上报。

福建省旅游局根据省交通、气象、地震、国土资源、林业、卫生等有关部门提供的情况和下属各级旅游局提供的资料，适时向全省发出相关的旅游预警信息；启动和终止应急预案。

3.1.1　预警分级

根据旅游突发公共事件可能造成的危害程度、发展情况和紧迫性等因素，由低到高划分为四个预警级别，即一般、较重、严重和特别严重，并依次采用蓝色（提供相关信息）、黄色（提示注意事项）、橙色（劝告不要前往）和红色（警告不要前往）加以表示。法律、法规对其他突发公共事件的预警级别另有规定的，从其规定。

福建省旅游局根据有关规定，对旅游突发事件预警级别进行研判，在进行研判的过程中应征求有关专家的意见，并且参考国内外以往旅游危机预警及处理案例，力求进行准确的预警。福建省旅游局会同市、县、区各级旅游危机预警工作机构及时、持续地跟踪旅游危机的发展和演变，及时做好对旅游预警工作得失的记录和备案，不断摸索和改进旅游危机识别模式、预警机制和预警手段。

3.1.2　预警发布

突发公共事件预警发布的内容包括旅游突发事件的类别、预警级别、区域或场所、时间、影响范围及应对措施等。主要发布途径有电视台、广播、报纸、短消息、各类公共显示屏等公共媒体；对特殊人群、特殊场所应当采取针对性的告知方式，必要时，旅行社、旅游景区、宾馆饭店等旅游企事业单位要对本单位接待的相关游客进行告知。

3.2　信息报告与处置

突发公共事件预警信息发布后，有关旅游局执行 24 小时值班和领导带班制度，并及时通知所属区域的相关旅游企事业单位，保持联络畅通，密切关注事态发展。同时，积极协助有关部门做好各项应急救援准备工作。必要时，停止旅游团队在自然灾害或突发重大传染病、突发社会安全事件等发生地区及影响地区的旅游活动，将旅游团队转移到安全区域，并积极协助有关部门，尽一切可能，疏散安排好游客和相关旅游企业的职工，将灾害造成的损失降到最低程度。（福建省旅游局旅游突发公共事件应急协调领导小组办公室值班电话：0591－87672379、13675011215，突发公共事件应急救援相关单位电话：匪警 110、火警 119、急救中心 120、交通事故 122）。

3.2.1　突发公共事件发生后，导游及有关人员应立即向本单位和当地旅游局报告。

3.2.2　事发地旅游局在接到一般（Ⅳ级）以上突发公共事件报告后，要立即向当地人民政府和上级旅游行政管理部门报告。

3.2.3　省旅游局接到重大（Ⅱ级）以上旅游突发公共事件报告后，在 1 小时内将有关情况报告省委、省政府和国家旅游局，并在事件处理完毕后，及时编写书面报告。

3.2.4　接到食物中毒事件报告后，各级旅游局除按规定上报外，应协助所在地卫生防疫部门做好旅游团活动和餐饮场所的检查，以避免类似事故的再次发生。

3.2.5　涉及入境游客人伤亡（中毒）事件，旅游团所属旅行社应在第一时间报告所在地旅游局，并同时报告所在地台办、外办、侨办和省旅游局。

3.2.6　旅游团在省外发生重大突发事件，其所属旅行社在第一时间报告省旅游局。

4.应急响应

4.1　响应分级

在实施应急响应时，按照自下而上的原则，各级旅游应急机构、各旅游企事业单位根据各类旅游突发事件的性质、严重程度、影响范围等因素决定是否启动相应级别的分级响应，启动应急响应的同时，应向上一级报告。

4.1.1　当确认旅游突发公共事件即将发生或已经发生并造成人员伤亡时，事发地旅游局及旅游企事业单位应立即启动相关应急机制，作出应急响应，开展先期处置工作。

4.1.2　一般（Ⅳ级）突发公共事件发生后，设区市旅游突发公共事件应急协调领导小组在本级政府领导下，配合相关部门开展应急处置工作。

4.1.3　较大（Ⅲ级）突发公共事件发生后，省旅游突发公共事件应急协调领导小组及时指导事发地旅游局处置，并视情启动本预案。

4.1.4　重大（Ⅱ级）以上突发公共事件发生后，省旅游突发公共事件应急协调领导小组及时启动本预案，在省政府领导下，参与和协调相关单位及时采取应急处置措施。

4.2　响应程序

4.2.1　突发自然灾害（包括台风、冰雪灾、地震等）和事故灾难的应急救援处置程序

（1）突发公共事件危及旅游团或星级饭店内入住客人的人身安全时，带团导游应立即向事发地旅游局和本旅行社报告情况，星级饭店应立即向当地旅游局和相关部门报告有关情况。并积极争取当地有关部门救援。

（2）事发地旅游局接到导游、旅游者、旅游区（点）、星级饭店的报告后，应积极协调有关部门提供紧急救援，并立即将情况报告上一级旅游局和通报组团旅行社所在地旅游局。

（3）组团旅行社所在地旅游局在接到报告后，应主动了解、核实有关信息，及时上报省旅游局，并协调组团旅行社和事发地政府做好应急救援和旅游者亲属安抚工作。

（4）省旅游局接到报告后，根据突发事件级别，及时报送省委、省政府和国家旅游局，按工作职责协调相关地区和部门做好应急救援工作。

4.2.2　突发公共卫生事件的应急救援处置程序

（1）突发重大传染性疫情应急救援处置程序

a.旅游团或星级饭店发现疑似重大传染性疫情时，导游应及时向当地卫生防疫部门报告，服从卫生防疫部门安排，同时向当地旅游局和本旅行社报告，并提供旅游团的详细情况，组团旅行社应立即向本社所在地旅游局报告。星级饭店应立即向当地旅游局和卫生防疫部门报告，服从卫生部门的安排。

b.旅游团所在地旅游局接到疫情报告后，要积极主动配合当地卫生防疫部门做好旅游团住宿的旅游饭店的消毒防疫工作，以及旅游者的安抚、宣传工作。如果卫生防疫部门作出就地隔离观察的决定，旅游团所在地旅游局要积极协助旅游团安排好旅游者的食宿并做好后勤保障工作，同时向上一级旅游局报告，并及时将有关情况通报组团旅行社所在地旅游局。

c.卫生防疫部门正式确诊为传染病病例后，旅游团所在地旅游局要积极配合卫生防疫部门做好消毒防疫工作，同时向旅游团途经地区的旅游局通报有关情况，以便配合有关部门及时采取相应防疫措施。

d.疫情发生地旅游局接到疫情确诊报告后，立即向上一级旅游局报告，同时报告省旅游局。省旅游局接到报告后，按照旅游团的途经路线，在本省范围内督促该旅游团途经地区的旅游局配合有关单位做好相关的消毒防疫工作，并及时上报省委、省政府和国家旅游局。

(2)重大食物中毒事件应急救援处置程序

a.旅游团和星级饭店发生重大食物中毒事件时，导游应立即与当地卫生医疗部门取得联系争取救助，同时向所在地旅游局和本旅行社报告；星级饭店应立即向当地旅游局和卫生医疗部门报告，同时采取适当的救援措施。

b.事发地旅游局接到报告后，立即协助卫生、检验检疫等部门检查旅游团活动和用餐场所、星级饭店内的相关场所，查明毒源，采取相应救援措施。

c.事发地旅游局在报告上级旅游局的同时，应报告省旅游局和通报组团旅行社所在地旅游局。

d.组团旅行社所在地旅游局接报后，应及时协助组团旅行社和事发地政府做好旅游者亲属的安抚工作。

4.2.3　突发社会安全事件的应急救援处置程序

(1)发生突发社会安全事件时，为了保护旅游者的人身、财产安全，导游人员应立即向当地公安部门报警并积极协助做好应急救援工作。将旅游团队转移到安全地点，采取必要措施稳定旅游者的情绪。如有旅游者受伤，应立即配合相关部门组织抢救。同时向组团旅行社报告。

(2)港澳台和外国旅游者发生伤亡事件，组团社和地接社或相关星级饭店除积极采取救援外，注意核查伤亡人员的旅游团名称、国籍、性别、护照号码以及在境内外的保险情况，通过有关渠道，及时通知港澳台地区或有关国家的急救组织，请求配合处理有关救援和安抚事项。

(3)在大型旅游节庆活动中发生突发事件，旅游团应服从事发地政府的统一指挥，疏导旅游者，配合做好有关工作，并按规定及时上报事件有关情况。

(4)随团导游、领队和旅行社其他工作人员应当协助有关方面安排好滞留人员食宿，及时将事件处理的最新情况告知滞留人员；协助有关方面维持现场秩序，安抚滞留人员情绪，避免因滞留影响交通枢纽等公共场所的正常运营，以及因矛盾激化引发社会安全事件。

4.2.4　省外突发事件的应急救援处置程序

省内组织的旅游团在省外发生突发事件时，导游要及时向本旅行社报告，同时报告事发地旅游局和相关部门，争取救助。旅行社接报后应报告所在地旅游局。有关旅游局应积极配合事发地有关部门开展工作，并向省旅游局报告。较大突发事件，设区市旅游局派人赶赴事发地协助救援工作；重大以上突发事件，省旅游局派人赶赴事发地协助救援工作。

4.2.5　境外突发事件的应急救援处置程序

组织中国公民出境旅游(包括赴台、金、马、澎旅游)发生突发事件时，旅行社领队应及时向中国驻所在国或地区使(领)馆或有关机构和本旅行社报告。接受中国驻所在国或地区使(领)馆或有关机构的领导和帮助，将损失降到最低程度。

4.3　应急结束

根据旅游突发公共事件的发展和处置情况，当旅游突发公共事件已经得到有效控制，受伤人员基本得到救治时，福建省旅游突发公共事件应急协调领导小组依照权限，适时宣布应急结束。

4.3.1　应急处置结束后，事故单位必须写出书面报告，向所在地旅游局报告事件情况。内容包括：

(1)事件发生时间、地点、涉及单位、死伤人数(包括伤亡人员姓名、性别、年龄、国籍或地区、团名、护照号码或身份证)和持续危害程度；

(2)事件简要经过和事件原因的分析；

(3)事件救援、处置进展情况及有关方面的反映和要求；

(4)报告单位、报告人、联系人和联系方式。

4.3.2　应急处置结束后，各级旅游突发公共事件应急协调领导小组协同相关部门对旅游突发公共事件进行调查，并将调查报告报当地人民政府。属于安全生产责任的旅游突发事件由当地安全生产监督管理局依据《生产安全事故报告和调查处理条例》的相关规定进行调查处理。事件调查报告应包括以下内容：

(1)突发事件的基本情况；

(2)事件原因分析及主要依据；

(3)事件结论；

(4)经验、教训和安全改进建议；

(5)必要的附件。

4.3.3　应急处置结束后，事发单位和参与救援的有关部门应对应急救援工作进行总结。分析总结应急救援工作，提出改进应急救援工作的意见和建议，报省旅游突发公共事件应急协调领导小组办公室。内容包括：

(1)事件的鉴定结论；

(2)对事件的原因分析和防范建议；

(3)对应急救援工作的总结和评价。

5.信息发布

旅游突发公共事件信息发布实行审核制。遵循实事求是、及时准确的原则。福建省旅游突发公共事件应急协调领导小组办公室会同省人民政府新闻办等相关部门，按照《福建省突发公共事件总体应急预案》和有关规定，做好信息发布工作。

6.后期处置

6.1　善后处置

省旅游突发公共事件应急协调领导小组办公室根据旅游突发事件的危害程度及造成的损失，提出善后处置意见，并报省人民政府。事发地县级以上人民政府组织协调善后处置工作，尽快恢复正常秩序，确保社会稳定。

事发地旅游局配合相关部门做好善后处置工作，包括滞留人员安置、补偿，征用物资补偿，污染物收集、清理与处理等事项，消除影响，妥善安置伤亡人员，尽快恢复正常秩序，确保社会稳定。

事发单位负责遇难人员的身份确认和遗体处置、家属接待以及赔偿、抚慰、抚恤、理赔等工作;涉外、港澳及涉台伤亡人员及家属的联络、抚恤、赔偿工作。

6.2　调查与评估

较大突发事件由设区市旅游局对突发公共事件的起因、性质、影响、责任等进行调查评估,总结经验教训,并提出改进措施和建议。重大以上突发事件由省旅游局办公室组织本局行业管理处、法规处、质监所进行评估。

7.保障措施

7.1　通信与信息保障

7.1.1　各级旅游局应配备24小时值班的手机,向社会公布并向省旅游局报告值班手机号码。导游在带团期间,其手机应24小时开机保持通信畅通,旅行社和星级饭店的总经理手机应保持24小时开机。

7.1.2　省旅游局信息中心开通视频网络,在突发事件发生后,各级旅游局应保持视频网络畅通。

7.2　应急队伍保障

各级旅游局要建立应急救援制度,督促旅游行业生产经营单位成立应急救援小组,并向所在地旅游局报备应急救援小组人员名单,确保能及时赶赴现场参与应急救援。

7.3　经费保障

各级旅游行业生产经营单位应制定应急资金保障措施、使用办法和管理、监督制度,在统筹兼顾各项支出时,应优先保证应急经费的支出。并按照国家有关保险规定,为单位、全体员工和旅游者办理相关投保手续。各级旅游局要对旅游行业生产经营单位应急资金的使用和效果进行监管和评估。

7.4　其他保障

各级旅游行业生产经营单位要做好应急救援车辆及相关救援物资的准备,救援时,应优先保障救援人员的使用。各级旅游局做好相关救援车辆及相应物资的协调工作。

8.宣传、培训和演练

8.1　宣传教育

各级旅游局要充分利用新闻媒体(含互联网)等广泛开展各种形式旅游突发公共事件的预防、预警、避险、自救、互救等常识的宣传教育,导游在带团期间要加强对旅游者的应急预防常识教育和提示,提高广大旅游者的自我保护意识和应急处置能力,并公布应急救援电话号码。

8.2　培训及演练

各级旅游局和旅游经营者要主动做好公众旅游安全知识、救助知识的宣传教育工作,不断提高全省旅游行业及旅游者预防、处置旅游突发公共事件的能力。各级旅游局要建立健全突发公共事件应急法律、法规和应急管理知识培训制度,围绕旅游突发事件应急预案,每年对负有处置突发公共事件职责的人员进行培训;加强对应急救援队伍的应急演练,以及应急救援人员上岗前应急预防、避险、自救、互救、防灾、减灾等基本知识培训,使其做到熟悉相关应急预案和程序,了解有关应急救援力量,保持信息畅通,保证各级响应的相互衔接与协调。各旅游行业生产经营单位要结合本单位实际,定期开展安全风险评估,不断完善应急预案并抓好应急预案的演练,使所属人员反应快、程序清、职责明、处置快,切实提高本单位处置旅游突发事件的能力。

9.奖惩

突发公共事件应急处置工作实行领导负责制和责任追究制。对工作突出、作出重要贡献的单位和个人予以表彰和奖励,对玩忽职守造成损失的单位和个人给予相应处罚并追究。

10.附则

10.1 术语和定义

旅游突发公共事件:造成或可能造成旅游旅游团队人身伤亡和财产损失的自然灾害、事故灾难、公共卫生事件和社会安全事件。

旅游者:本预案所称的旅游者,是指由具有相关资质并经有关部门许可、登记成立的旅行社所组织、接待的国内外游客。

应急预案:针对可能发生的事故,为迅速、有序地开展应急行动而预先制订的行动方案。

应急响应:事故发生后,有关组织或人员采取的应急行动。

应急救援:在应急响应过程中,为消除、减少事故危害,防止事故扩大或恶化,最大限度地降低事故造成的损失或危害而采取的救援措施或行动。

10.2 应急预案备案

本预案由省旅游局报省人民政府备案。各级设区市、县(市、区)旅游突发公共事件应急预案,报同级人民政府和上一级旅游局备案。各旅行社和星级饭店的旅游突发公共事件应急预案,报所在地同级旅游局备案。

10.3 维护和更新

省旅游局根据旅游形势发展需要和实际情况变化,及时对预案进行修订和完善。

10.4 制订与解释

本预案由省旅游局制订和解释。各级旅游局根据本预案,修订完善本地区旅游突发公共事件应急预案。各旅行社和星级饭店参照本预案制订企业旅游突发公共事件应急预案。

10.5 应急预案实施

本预案自发布之日起实施。原《福建省旅游突发公共事件应急预案(2009 版)》停止执行。

福建省旅游局办公室 2011 年 9 月 20 日印发

附录4 国家旅游局《出境旅游突发事件应急预案》(简本)

国家旅游局于2006年04月26日发布出境旅游突发事件应急预案简本)
《中国公民出境旅游突发事件应急预案》(简本)

1 总则

1.1 编制目的

建立健全国家处置中国公民出境旅游突发事件应急机制,规范出境旅游突发事件应急工作,维护国家利益,保障中国游客的生命财产安全及其合法权益。

1.2 编制依据

《中国公民出国旅游管理办法》等国家有关法律法规;《国家突发公共事件总体应急预案》和《国家涉外突发事件应急预案》以及《旅游突发公共事件应急预案》等有关部门应急预案。

1.3 适用范围

本预案适用于中国公民出境旅游过程中生命财产受到损害或严重威胁的重大和较大突发事件的应急处置工作。

1.4 工作原则

本预案遵循《国家突发公共事件总体应急预案》和《国家涉外突发事件应急预案》明确的基本原则。同时,结合旅游应急救助工作实际,坚持如下原则:

(1)以人为本,救助第一。以保障出境旅游的中国公民生命财产安全为准则,履行政府公共服务职能,尽力提供事前、事中和事后的必要应急救助。

(2)迅速反应,减少损失。事件发生后做到在第一时间、第一现场实施救助和报告。根据需要,迅速动员和协调国内外应急救援力量,力争在最短的时间内将危害和损失降到最低程度。

(3)依法规范,协调配合。遵守国家法律法规和国际条约,参照事发国(地区)法律法规的相关规定。各部门要认真履行职责,主动配合协调,保证信息畅通,确保应急措施到位。

(4)顾全大局,服从指挥。各相关部门和涉事单位要认真贯彻党中央、国务院有关处理突发事件的要求,认真履行职责,树立大局意识,服从应急指挥机构的统一领导,保证完成各项处置工作。

2 组织指挥体系和职责

中国公民出境旅游突发事件发生后,根据需要启动不同级别的应急响应机制。处理重大和较大突发事件,启用以下组织指挥系统。

2.1 部际联席会议

中国公民出境旅游重大和较大突发事件发生后，根据需要启动境外中国公民和机构安全保护工作部际联席会议，统一组织、协调、指挥应急处置工作。

2.2 应急领导小组

中国公民出境旅游重大和较大突发事件发生后，启动外交部和国家旅游局成立的应急领导小组，负责统一组织、协调、指挥应急处置工作。必要时，国务院其他有关部门和相关省级人民政府参与组织协调。

2.3 部门职责

外交部和国家旅游局按照各自职责，负责指导和协调现场救助、收集和发布有关信息、履行报告制度、组织和协调善后处理等应急工作。各有关部门和地方积极参与，提供相应的支持和保障。

3 预警机制

3.1 预警机制建立

建立和完善中国公民出境旅游安全预警信息收集、评估和发布制度。

3.2 预警信息收集

国家有关部门要加强相关信息的收集和分析，及时掌握和通报有关情况。

3.3 预警信息分级

提示——提示中国公民前往某国(地区)旅游应注意的事项。

劝告——劝告中国公民不要前往某国(地区)旅游。

警告——警告中国公民一定时期内在任何情况下都不要前往某国(地区)旅游。

3.4 预警信息评估

组织开展对预警建议的评估，并履行报批程序。

3.5 预警信息发布

经授权，国家旅游局或其他部门向社会发布旅游预警信息。

4 应急响应

根据事发地点、性质、规模和影响，中国公民出境旅游突发事件分为特别重大(Ⅰ级)、重大(Ⅱ级)、较大(Ⅲ级)和一般(Ⅳ)四级响应。

4.1 Ⅰ级响应

国务院成立涉外突发事件应急总指挥部处置。

4.2 Ⅱ级响应

根据需要启动部际联席会议或由外交部和国家旅游局成立应急领导小组，负责统一组织、协调、指挥应急处置工作。

4.3 Ⅲ级响应

参照Ⅱ级响应。

4.4 Ⅳ级响应

启动国家旅游局《旅游突发公共事件应急预案》处置。

5 Ⅱ级和Ⅲ级响应处置程序

5.1 先期处置

(1)事发后，当事人立即向事发地有关部门报警求助，并组织必要的自救。同时，迅速向我驻当地外交机构和国内组团单位报告。

(2)我驻外外交机构接到事发报告后，采取必要措施，努力控制事态，并迅速将事发情况向外交部和国家旅游局报告。

5.2　处置措施

(1)我境外有关部门协助开展医疗急救、财产保护、安置安抚和游客转移等工作。对救助及善后处理提出建议，随时向国内报告。

(2)旅游机构及时了解核实涉事旅游团队及游客情况，及时准确向有关部门提供信息。

(3)迅速通知涉事保险机构及国际救援机构提供紧急救援。督促国内组团单位履行合同承诺，采取措施保证及时救助。

(4)组织协调国内组团单位负责人和当事游客家属尽快赴事发国(地区)参与和协助处理有关事宜。根据需要，派遣有关部门和地方政府组成的工作组。

(5)与事发国(地区)有关部门交涉，寻求必要的合作与支持。

(6)组织协调有关部门和地方政府协助做好应急处置相关工作。

5.3　后期处置

(1)做好旅游团队回国后的善后工作。

(2)提交事件处理报告。

6　信息报告和发布

6.1　信息报告

事发后，当事人在第一时间向我驻外和国内有关部门报告。接报部门在2小时内应向上级部门报告，同时通报有关单位和地区。应急处置过程中，及时续报有关情况。

6.2　信息发布

根据需要，外交部和国家旅游局设立热线电话；在政府网站及时发布有关信息；通过提供新闻稿、组织报道、接受记者采访、举行新闻发布会等形式发布信息。

7　应急保障和培训演练

7.1　相关保障

各有关部门和地方政府按照职责分工和突发事件处置需要，及时做好应对突发事件的各种保障工作。

7.2　培训演练

旅游机构要组织中国公民出境旅游的安全保护和保险意识的教育，开展对部门、企业和从业人员的应急业务培训和演练。要面向广大游客做好出境前的安全教育，加强安全防范意识，提供有关境外目的国(地区)的驻外外交机构和电话、旅游救援电话、报警电话等应急救援信息。

8　附则

8.1　解释与修订

本预案由外交部和国家旅游局负责解释，根据形势发展，及时修订。

8.2　发布与实施

本预案自发布之日起实施。

附录5　《中国民用航空旅客、行李国内运输规则》

中国民用航空旅客、行李国内运输规则

第一章　总　则

第一条　为了加强对旅客、行李国内航空运输的管理，保护承运人和旅客的合法权益，维护正常的航空运输秩序，根据《中华人民共和国民用航空法》制定本规则。

第二条　本规则适用于以民用航空器运送旅客、行李而收取报酬的国内航空运输及经承运人同意而办理的免费国内航空运输。

本规则所称"国内航空运输"，是指根据旅客运输合同，其出发地、约定经停地和目的地均在中华人民共和国境内的航空运输。

第三条　本规则中下列用语，除具体条款中有其他要求或另有明确规定外，含义如下：

(一)"承运人"指包括填开客票的航空承运人和承运或约定承运该客票所列旅客及其行李的所有航空承运人。

(二)"销售代理人"指从事民用航空运输销售代理业的企业。

(三)"地面服务代理人"指从事民用航空运输地面服务代理业务的企业。

(四)"旅客"指经承运人同意在民用航空器上载运除机组成员以外的任何人。

(五)"团体旅客"指统一组织的人数在10人以上(含10人)，航程、乘机日期和航班相同的旅客。

(六)"儿童"指年龄满两周岁但不满十二周岁的人。

(七)"婴儿"指年龄不满两周岁的人。

(八)"订座"指对旅客预定的座位、舱位等级或对行李的重量、体积的预留。

(九)"合同单位"指与承运人签订定座、购票合同的单位。

(十)"航班"指飞机按规定的航线、日期、时刻的定期飞行。

(十一)"旅客订座单"指旅客购票前必须填写的供承运人或其销售代理人据以办理定座和填开客票的业务单据。

(十二)"有效身份证件"指旅客购票和乘机时必须出示的由政府主管部门规定的证明其身份的证件。如：居民身份证、按规定可使用的有效护照、军官证、警官证、士兵证、文职干部或离退休干部证明，16周岁以下未成年人的学生证、户口簿等证件。

(十三)"客票"指由承运人或代表承运人所填开的被称为"客票及行李票"的凭证，包括运输合同条件、声明、通知以及乘机联和旅客联等内容。

(十四)"联程客票"指列明有两个(含)以上航班的客票。

(十五)"来回程客票"指从出发地至目的地并按原航程返回原出发地的客票。

(十六)“定期客票”指列明航班、乘机日期和订妥座位的客票。

(十七)“不定期客票”指未列明航班、乘机日期和未订妥座位的客票。

(十八)“乘机联”指客票中标明“适用于运输”的部分,表示该乘机联适用于指定的两个地点之间的运输。

(十九)“旅客联”指客票中标明“旅客联”的部分,始终由旅客持有。

(二十)“误机”指旅客未按规定时间办妥乘机手续或因旅行证件不符合规定而未能乘机。

(二十一)“漏乘”指旅客在航班始发站办理乘机手续后或在经停站过站时未搭乘上指定的航班。

(二十二)“错乘”指旅客乘坐了不是客票上列明的航班。

(二十三)“行李”指旅客在旅行中为了穿着、使用、舒适或方便的需要而携带的物品和其他个人财物。除另有规定者外,包括旅客的托运行李和自理行李。

(二十四)“托运行李”指旅客交由承运人负责照管和运输并填开行李票的行李。

(二十五)“自理行李”指经承运人同意由旅客自行负责照管的行李。

(二十六)“随身携带物品”指经承运人同意由旅客自行携带乘机的零星小件物品。

(二十七)“行李牌”指识别行李的标志和旅客领取托运行李的凭证。

(二十八)“离站时间”指航班旅客登机后,关机门的时间。

第四条　承运人的航班班期时刻应在实施前对外公布。承运人的航班班期时刻不得任意变更。但承运人为保证飞行安全、急救等特殊需要,可依照规定的程序进行调整。

第二章　定　　座

第五条　旅客在订妥座位后,凭该订妥座位的客票乘机。

承运人可规定航班开始和截止接受订座的时限,必要时可暂停接受某一航班的订座。

不定期客票应在向承运人订妥座位后才能使用。

合同单位应按合同的约定订座。

第六条　已经订妥的座位,旅客应在承运人规定或预先约定的时限内购买客票,承运人对所订座位在规定或预先约定的时限内应予以保留。

承运人应按旅客已经订妥的航班和舱位等级提供座位。

第七条　旅客持有订妥座位的联程或来回程客票,如在该联程或回程地点停留 72 小时以上,须在联程或回程航班离站前两天中午 12 点以前,办理座位再证实手续,否则原订座位不予保留。如旅客到达联程或回程地点的时间离航班离站时间不超过 72 小时,则不需办理座位再证实手续。

第三章　客　票

第八条　客票为记名式,只限客票上所列姓名的旅客本人使用,不得转让和涂改,否则客票无效,票款不退。

客票应当至少包括下列内容:

(一)承运人名称;

(二)出票人名称、时间和地点;

(三)旅客姓名；

(四)航班始发地点、经停地点和目的地点；

(五)航班号、舱位等级、日期和离站时间；

(六)票价和付款方式；

(七)票号；

(八)运输说明事项。

第九条　旅客应在客票有效期内，完成客票上列明的全部航程。

旅客使用客票时，应交验有效客票，包括乘机航段的乘机联和全部未使用并保留在客票上的其他乘机联和旅客联，缺少上述任何一联，客票即为无效。

国际和国内联程客票，其国内联程段的乘机联可在国内联程航段使用，不需换开成国内客票；旅客在我国境外购买的用国际客票填开的国内航空运输客票，应换开成我国国内客票后才能使用。

承运人及其销售代理人不得在我国境外使用国内航空运输客票进行销售。

定期客票只适用于客票上列明的乘机日期和航班。

第十条　客票的有效期为：

(一)客票自旅行开始之日起，一年内运输有效。如果客票全部未使用，则从填开客票之日起，一年内运输有效。

(二)有效期的计算，从旅行开始或填开客票之日的次日零时起至有效期满之日的次日零时为止。

第十一条　承运人及其代理人售票时应该认真负责。

由于承运人的原因，造成旅客未能在客票有效期内旅行，其客票有效期将延长到承运人能够安排旅客乘机为止。

第四章　票　价

第十二条　客票价指旅客由出发地机场至目的地机场的航空运输价格，不包括机场与市区之间的地面运输费用。

客票价为旅客开始乘机之日适用的票价。客票出售后，如票价调整，票款不作变动。

运价表中公布的票价，适用于直达航班运输。如旅客要求经停或转乘其他航班时，应按实际航段分段相加计算票价。

第十三条　旅客应按国家规定的货币和付款方式交付票款，除承运人与旅客另有协议外，票款一律现付。

第五章　购　　票

第十四条　旅客应在承运人或其销售代理人的售票处购票。

旅客购票凭本人有效身份证件或公安机关出具的其他身份证件，并填写《旅客订座单》。

购买儿童票、婴儿票，应提供儿童、婴儿出生年月的有效证明。

重病旅客购票，应持有医疗单位出具的适于乘机的证明，经承运人同意后方可购票。

每一旅客均应单独填开一本客票。

第十五条　革命残废军人凭《革命残废军人抚恤证》，按适用票价的80%购票。

儿童按适用成人票价的50%购买儿童票，提供座位。

婴儿按适用成人票价的10%购买婴儿票，不提供座位；如需要单独占用座位时，应购买儿童票。

每一成人旅客携带婴儿超过一名时，超过的人数应购儿童票。

第十六条　承运人或其销售代理人应根据旅客的要求，出售联程、来回程客票。

第十七条　售票场所应设置班期时刻表、航线图、航空运价表和旅客须知等必备资料。

第六章　客票变更

第十八条　旅客购票后，如要求改变航班、日期、舱位等级，承运人及其销售代理人应根据实际可能积极办理。

第十九条　航班取消、提前、延误、航程改变或不能提供原定座位时，承运人应优先安排旅客乘坐后续航班或签转其他承运人的航班。

因承运人的原因，旅客的舱位等级变更时，票款的差额多退少不补。

第二十条　旅客要求改变承运人，应征得原承运人或出票人的同意，并在新的承运人航班座位允许的条件下予以签转。

本规则第十九条第一款所列情况要求旅客变更承运人时，应征得旅客及被签转承运人的同意后，方可签转。

第七章　退　票

第二十一条　由于承运人或旅客原因，旅客不能在客票有效期内完成部分或全部航程，可以在客票有效期内要求退票。

旅客要求退票，应凭客票或客票未使用部分的"乘机联"和"旅客联"办理。

退票只限在出票地、航班始发地、终止旅行地的承运人或其销售代理人售票处办理。

票款只能退给客票上列明的旅客本人或客票的付款人。

第二十二条　旅客自愿退票，除凭有效客票外，还应提供旅客本人的有效身份证件，分别按下列条款办理：

（一）旅客在航班规定离站时间24小时以内、两小时以前要求退票，收取客票价10%的退票费；在航班规定离站时间前两小时以内要求退票，收取客票价20%的退票费；在航班规定离站时间后要求退票，按误机处理。

（二）持联程、来回程客票的旅客要求退票，按本条第一款规定办理。

（三）革命残废军人要求退票，免收退票费。

（四）持婴儿客票的旅客要求退票，免收退票费。

（五）持不定期客票的旅客要求退票，应在客票的有效期内到原购票地点办理退票手续。

（六）旅客在航班的经停地自动终止旅行，该航班未使用航段的票款不退。

第二十三条　航班取消、提前、延误、航程改变或承运人不能提供原定座位时，旅客要求退票，始发站应退还全部票款，经停地应退还未使用航段的全部票款，均不收取退票费。

第二十四条　旅客因病要求退票，需提供医疗单位的证明，始发地应退还全部票款，经停地应退还未使用航段的全部票款，均不收取退票费。

患病旅客的陪伴人员要求退票，按本条第一款规定办理。

第八章　客票遗失

第二十五条　旅客遗失客票，应以书面形式向承运人或其销售代理人申请挂失。

在旅客申请挂失前，客票如已被冒用或冒退，承运人不承担责任。

第二十六条　定期客票遗失，旅客应在所乘航班规定离站时间一小时前向承运人提供证明后，承运人可以补发原定航班的新客票。补开的客票不能办理退票。

第二十七条　不定期客票遗失，旅客应及时向原购票的售票地点提供证明后申请挂失，该售票点应及时通告各有关承运人。经查证客票未被冒用、冒退，待客票有效期满后的 30 天内，办理退款手续。

第九章　团体旅客

第二十八条　团体旅客订妥座位后，应在规定或预先约定的时限内购票，否则，所定座位不予保留。

第二十九条　团体旅客购票后自愿退票，按下列规定收取退票费：

（一）团体旅客在航班规定离站时间 72 小时以前要求退票，收取客票价 10%的退票费。

（二）团体旅客在航班规定离站时间 72 小时以内至规定离站时间前一天中午 12 点前要求退票，收取客票价 30%的退票费。

（三）团体旅客在航班规定离站时间前一天中午 12 点以后至航班离站前要求退票，收取客票价 50%的退票费。

（四）持联程、来回程客票的团体旅客要求退票，分别按本条第（一）、（二）、（三）项的规定办理。

（五）团体旅客误机，客票作废，票款不退。

第三十条　团体旅客中部分成员要求退票，按照本规则第二十九条的规定收取该部分成员的退票费。

第三十一条　团体旅客非自愿或团体旅客中部分成员因病要求变更或退票，分别按照本规则第十九条、第二十三条或第二十四条的规定办理。

第十章　乘 机

第三十二条　旅客应当在承运人规定的时限内到达机场，凭客票及本人有效身份证件按时办理客票查验、托运行李、领取登机牌等乘机手续。

承运人规定的停止办理乘机手续的时间，应以适当方式告知旅客。

承运人应按时开放值机柜台，按规定接受旅客出具的客票，快速、准确地办理值机手续。

第三十三条　乘机前，旅客及其行李必须经过安全检查。

第三十四条　无成人陪伴儿童、病残旅客、孕妇、盲人、聋人或犯人等特殊旅客，只有在符合承运人规定的条件下经承运人预先同意并在必要时作出安排后方予载运。

传染病患者、精神病患者或健康情况可能危及自身或影响其他旅客安全的旅客，承运人不予承运。

根据国家有关规定不能乘机的旅客，承运人有权拒绝其乘机，已购客票按自愿退票处理。

第三十五条　旅客误机按下列规定处理：

（一）旅客如发生误机，应到乘机机场或原购票地点办理改乘航班、退票手续。

（二）旅客误机后，如要求改乘后续航班，在后续航班有空余座位的情况下，承运人应积极予以安排，不收误机费。

（三）旅客误机后，如要求退票，承运人可以收取适当的误机费。

旅客漏乘按下列规定处理：

（一）由于旅客原因发生漏乘，旅客要求退票，按本条第一款的有关规定办理。

（二）由于承运人原因旅客漏乘，承运人应尽早安排旅客乘坐后续航班成行。如旅客要求退票，按本规则第二十三条规定办理。

旅客错乘按下列规定处理：

（一）旅客错乘飞机，承运人应安排错乘旅客搭乘最早的航班飞往旅客客票上的目的地，票款不补不退。

（二）由于承运人原因旅客错乘，承运人应尽早安排旅客乘坐后续航班成行。如旅客要求退票，按本规则第二十三条规定办理。

第十一章　行李运输

第三十六条　承运人承运的行李，只限于符合本规则第三条第二十三项定义范围内的物品。

承运人承运的行李，按照运输责任分为托运行李、自理行李和随身携带物品。

重要文件和资料、外交信袋、证券、货币、汇票、贵重物品、易碎易腐物品，以及其他需要专人照管的物品，不得夹入行李内托运。承运人对托运行李内夹带上述物品的遗失或损坏按一般托运行李承担赔偿责任。

国家规定的禁运物品、限制运输物品、危险物品，以及具有异味或容易污损飞机的其他物品，不能作为行李或夹入行李内托运。承运人在收运行李前或在运输过程中，发现行李中装有不得作为行李或夹入行李内运输的任何物品，可以拒绝收运或随时终止运输。

旅客不得携带管制刀具乘机。管制刀具以外的利器或钝器应随托运行李托运，不能随身携带。

第三十七条　托运行李必须包装完善、锁扣完好、捆扎牢固，能承受一定的压力，能够在正常的操作条件下安全装卸和运输，并应符合下列条件，否则承运人可以拒绝收运：

（一）旅行箱、旅行袋和手提包等必须加锁；

（二）两件以上的包件，不能捆为一件；

（三）行李上不能附插其他物品；

（四）竹篮、网兜、草绳、草袋等不能作为行李的外包装物；

（五）行李上应写明旅客的姓名、详细地址、电话号码。

托运行李的重量每件不能超过 50 公斤，体积不能超过 40×60×100 厘米，超过上述规定的行李，须事先征得承运人的同意才能托运。

自理行李的重量不能超过 10 公斤，体积每件不超过 20×40×55 厘米。

随身携带物品的重量，每位旅客以 5 公斤为限。持头等舱客票的旅客，每人可随身携带两件物品；持公务舱或经济舱客票的旅客，每人只能随身携带一件物品。每件随身携带物品的体积均不得超过 20×40×55 厘米。超过上述重量、件数或体积限制的随身携带物品，应作为托运行李托运。

第三十八条　每位旅客的免费行李额（包括托运和自理行李）：持成人或儿童票的头等舱旅客为 40 公斤，公务舱旅客为 30 公斤，经济舱旅客为 20 公斤。持婴儿票的旅客，无免费行李额。

搭乘同一航班前往同一目的地的两个以上的同行旅客，如在同一时间、同一地点办理行李托运手续，其免费行李额可以按照各自的客票价等级标准合并计算。

构成国际运输的国内航段，每位旅客的免费行李额按适用的国际航线免费行李额计算。

第三十九条　旅客必须凭有效客票托运行李。承运人应在客票及行李票上注明托运行李的件数和重量。

承运人一般应在航班离站当日办理乘机手续时收运行李；如团体旅客的行李过多，或因其他原因需要提前托运时，可与旅客约定时间、地点收运。

承运人对旅客托运的每件行李应拴挂行李牌，并将其中的识别联交给旅客。经承运人同意的自理行李应与托运行李合并计重后，交由旅客带入客舱自行照管，并在行李上拴挂自理行李牌。

不属于行李的物品应按货物托运，不能作为行李托运。

第四十条　旅客的逾重行李在其所乘飞机载量允许的情况下，应与旅客同机运送。旅客应对逾重行李付逾重行李费，逾重行李费率以每公斤按经济舱票价的 1.5%计算，金额以元为单位。

第四十一条　承运人为了运输安全，可以会同旅客对其行李进行检查；必要时，可会同有关部门进行检查。如果旅客拒绝接受检查，承运人对该行李有权拒绝运输。

第四十二条　旅客的托运行李，应与旅客同机运送，特殊情况下不能同机运送时，承运人应向旅客说明，并优先安排在后续的航班上运送。

第四十三条　旅客的托运行李，每公斤价值超过人民币 50 元时，可办理行李的声明价值。

承运人应按旅客声明的价值中超过本条第一款规定限额部分的价值的 5‰收取声明价值附加费。金额以元为单位。

托运行李的声明价值不能超过行李本身的实际价值。每一旅客的行李声明价值最高限额为人民币 8 000 元。如承运人对声明价值有异议而旅客又拒绝接受检查时，承运人有权拒绝收运。

第四十四条　小动物是指家庭饲养的猫、狗或其他小动物。小动物运输，应按下列规定办理：

旅客必须在订座或购票时提出，并提供动物检疫证明，经承运人同意后方可托运。

旅客应在乘机的当日，按承运人指定的时间，将小动物自行运到机场办理托运手续。

装运小动物的容器应符合下列要求：

（一）能防止小动物破坏、逃逸和伸出容器以外损伤旅客、行李或货物。

（二）保证空气流通，不致使小动物窒息。

（三）能防止粪便渗溢，以免污染飞机、机上设备及其他物品。

旅客携带的小动物，除经承运人特许外，一律不能放在客舱内运输。

小动物及其容器的重量应按逾重行李费的标准单独收费。

第四十五条　外交信袋应当由外交信使随身携带，自行照管。根据外交信使的要求，承运人也可以按照托运行李办理，但承运人只承担一般托运行李的责任。

外交信使携带的外交信袋和行李，可以合并计重或计件，超过免费行李额部分，按照逾重行李的规定办理。

外交信袋运输需要占用座位时，必须在定座时提出，并经承运人同意。

外交信袋占用每一座位的重量限额不得超过75公斤，每件体积和重量的限制与行李相同。占用座位的外交信袋没有免费行李额，运费按下列两种办法计算，取其高者：

（一）根据占用座位的外交信袋实际重量，按照逾重行李费率计算运费；

（二）根据占用座位的外交信袋占用的座位数，按照运输起讫地点之间，与该外交信使所持客票票价级别相同的票价计算运费。

第四十六条　旅客的托运行李、自理行李和随身携带物品中，凡夹带国家规定的禁运物品、限制携带物品或危险物品等，其整件行李称为违章行李。对违章行李的处理规定如下：

（一）在始发地发现违章行李，应拒绝收运；如已承运，应取消运输，或将违章夹带物品取出后运输，已收逾重行李费不退。

（二）在经停地发现违章行李，应立即停运，已收逾重行李费不退。

（三）对违章行李中夹带的国家规定的禁运物品、限制携带物品或危险物品，交有关部门处理。

第四十七条　由于承运人的原因，需要安排旅客改乘其他航班，行李运输应随旅客作相应的变更，已收逾重行李费多退少不补，已交付的声明价值附加费不退。

行李的退运按如下规定办理：

（一）旅客在始发地要求退运行李，必须在行李装机前提出。如旅客退票，已托运的行李也必须同时退运。以上退运，均应退还已收逾重行李费。

（二）旅客在经停地退运行李，该航班未使用航段的已收逾重行李费不退。

（三）办理声明价值的行李退运时，在始发地退还已交付的声明价值附加费，在经停地不退已交付的声明价值附加费。

第四十八条　旅客应在航班到达后立即在机场凭行李牌的识别联领取行李。必要时，应交验客票。

承运人凭行李牌的识别联交付行李，对于领取行李的人是否确系旅客本人，以及由此造成的损失及费用，不承担责任。

旅客行李延误到达后，承运人应立即通知旅客领取，也可直接送达旅客。

旅客在领取行李时，如果没有提出异议，即为托运行李已经完好交付。

旅客遗失行李牌的识别联，应立即向承运人挂失。旅客如要求领取行李，应向承运人提供足够的证明，并在领取行李时出具收据。如在声明挂失前行李已被冒领，承运人不承担责任。

第四十九条 无法交付的行李，自行李到达的次日起，超过90天仍无人领取，承运人可按照无法交付行李的有关规定处理。

第五十条 行李运输发生延误、丢失或损坏，该航班经停地或目的地的承运人或其代理人应会同旅客填写《行李运输事故记录》，尽快查明情况和原因，并将调查结果答复旅客和有关单位。如发生行李赔偿，在经停地或目的地办理。

因承运人原因使旅客的托运行李未能与旅客同机到达，造成旅客旅途生活的不便，在经停地或目的地应给予旅客适当的临时生活用品补偿费。

第五十一条 旅客的托运行李全部或部分损坏、丢失，赔偿金额每公斤不超过人民币50元。如行李的价值每公斤低于50元时，按实际价值赔偿。已收逾重行李费退还。

旅客丢失行李的重量按实际托运行李的重量计算，无法确定重量时，每一旅客的丢失行李最多只能按该旅客享受的免费行李额赔偿。

旅客的丢失行李如已办理行李声明价值，应按声明的价值赔偿，声明价值附加费不退。行李的声明价值高于实际价值时，应按实际价值赔偿。

行李损坏时，按照行李降低的价值赔偿或负担修理费用。

由于发生在上、下航空器期间或航空器上的事件造成旅客的自理行李和随身携带物品灭失，承运人承担的最高赔偿金额每位旅客不超过人民币2 000元。

构成国际运输的国内航段，行李赔偿按适用的国际运输行李赔偿规定办理。

已赔偿的旅客丢失行李找到后，承运人应迅速通知旅客领取，旅客应将自己的行李领回，退回全部赔款。临时生活用品补偿费不退。发现旅客有明显的欺诈行为，承运人有权追回全部赔款。

第五十二条 旅客的托运行李丢失或损坏，应按法定时限向承运人或其代理人提出赔偿要求，并随附客票（或影印件）、行李牌的识别联、《行李运输事故记录》、证明行李内容和价格的凭证以及其他有关的证明。

第十二章 旅客服务

第一节 一般服务

第五十三条 承运人应当以保证飞行安全和航班正常，提供良好服务为准则，以文明礼貌、热情周到的服务态度，认真做好空中和地面的旅客运输的各项服务工作。

第五十四条 从事航空运输旅客服务的人员应当经过相应的培训，取得上岗合格证书。未取得上岗合格证书的人员不得从事航空运输旅客服务工作。

第五十五条 在航空运输过程中，旅客发生疾病时，承运人应积极采取措施，尽力救护。

第五十六条 空中飞行过程中，承运人应根据飞行时间向旅客提供饮料或餐食。

第二节 不正常航班的服务

第五十七条 由于机务维护、航班调配、商务、机组等原因，造成航班在始发地延误或取消，承运人应当向旅客提供餐食或住宿等服务。

第五十八条 由于天气、突发事件、空中交通管制、安检以及旅客等非承运人原因，造成航班在始发地延误或取消，承运人应协助旅客安排餐食和住宿，费用可由旅客自理。

第五十九条　航班在经停地延误或取消，无论何种原因，承运人均应负责向经停旅客提供膳宿服务。

第六十条　航班延误或取消时，承运人应迅速及时将航班延误或取消等信息通知旅客，做好解释工作。

第六十一条　承运人和其他各保障部门应相互配合，各司其职，认真负责，共同保障航班正常，避免不必要的航班延误。

第六十二条　航班延误或取消时，承运人应根据旅客的要求，按本规则第十九条、第二十三条的规定认真做好后续航班安排或退票工作。

第十三章　附　则

第六十三条　本规则自 1996 年 3 月 1 日起施行。中国民用航空局 1985 年 1 月 1 日制定施行的《旅客、行李国内运输规则》同时废止。

附录 6 《关于禁止旅客随身携带液态物品乘坐国内航班的公告》

为维护旅客生命财产安全，中国民用航空总局决定调整旅客随身携带液态物品乘坐国内航班的相关措施，现公告如下：

一、乘坐国内航班的旅客一律禁止随身携带液态物品，但可办理交运，其包装应符合民航运输有关规定。

二、旅客携带少量旅行自用的化妆品，每种化妆品限带一件，其容器容积不得超过100毫升，并应置于独立袋内，接受开瓶检查。

三、来自境外需在中国境内机场转乘国内航班的旅客，其携带入境的免税液态物品应置于袋体完好无损且封口的透明塑料袋内，并需出示购物凭证，经安全检查确认无疑后方可携带。

四、有婴儿随行的旅客，购票时可向航空公司申请，由航空公司在机上免费提供液态乳制品；糖尿病患者或其他患者携带必需的液态药品，经安全检查确认无疑后，交由机组保管。

五、乘坐国际、地区航班的旅客，其携带的液态物品仍执行中国民用航空总局2007年3月17日发布的《关于限制携带液态物品乘坐民航飞机的公告》中有关规定。

六、旅客因违反上述规定造成误机等后果的，责任自负。

本公告自公布之日起施行。

二〇〇八年三月十四日

中国民航局

附录 7 《中华人民共和国海关关于进出境旅客通关的规定》

《中华人民共和国海关关于进出境旅客通关的规定》

(1995 年 12 月 25 日海关总署令第 55 号发布 自 1996 年 1 月 1 日起实施)

第一条　根据《中华人民共和国海关法》和其他有关法规、规定,制定本规定。

第二条　本规定所称“通关”系指进出境旅客向海关申报,海关依法查验行李物品并办理进出境物品征税或免税验放手续,或其他有关监管手续之总称。

本规定所称“申报”,系指进出境旅客为履行中华人民共和国海关法规规定的义务,对其携运进出境的行李物品实际情况依法向海关所作的书面申明。

第三条　按规定向海关办理申报手续的进出境旅客通关时,应首先在申报台前向海关递交《中华人民共和国海关进出境旅客行李物品申报单》或海关规定的其他申报单证,如实申报其所携运进出境的行李物品。

进出境旅客对其携运的行李物品以上述以外的其他任何方式或在其他任何时间、地点所作出的申明,海关均不视为申报。

第四条　申报手续应由旅客本人填写申报单证向海关办理,如委托他人办理,应由本人在申报单证上签字。接受委托办理申报手续的代理人应当遵守本规定对其委托人的各项规定,并承担相应的法律责任。

第五条　旅客向海关申报时,应主动出示本人的有效进出境旅行证件和身份证件,并交验中华人民共和国有关主管部门签发的准许有关物品进出境的证明、商业单证及其他必备文件。

第六条　经海关办理手续并签章交由旅客收执的申报单副本或专用申报单证,在有效期内或在海关监管时限内,旅客应妥善保存,并在申请提取分离运输行李物品或购买征、免税外汇商品或办理其他有关手续时,主动向海关出示。

第七条　在海关监管场所,海关在通道内设置专用申报台供旅客办理有关进出境物品的申报手续。

经中华人民共和国海关总署批准实施双通道制的海关监管场所,海关设置“申报”通道(又称“红色通道”)和“无申报”通道(又称“绿色通道”)供进出境旅客依本规定选择。

第八条　下列进境旅客应向海关申报,并将申报单证交由海关办理物品进境手续;

携带需经海关征税或限量免税的《旅客进出境行李物品分类表》第二、三、四类物品(不含免税限量内的烟酒)者;

非居民旅客及持有前往国家(地区)再入境签证的居民旅客携带途中必需的旅行自用物品超出照相机、便携式收录音机、小型摄影机、手提式摄录机、手提式文字处理机每种一件范围者;

携带人民币现钞 6 000 元以上，或金银及其制品 50 克以上者；

非居民旅客携带外币现钞折合 5 000 美元以上者；

居民旅客携带外币现钞折合 1 000 美元以上者；

携带货物、货样以及携带物品超出旅客个人自用行李物品范围者；

携带中国检疫法规规定管制的动、植物及其产品以及其他须办理验放手续的物品者。

第九条　下列出境旅客应向海关申报，并将申报单证交由海关办理物品出境手续：

携带需复带进境的照相机、便携式收录音机、小型摄影机、手提式摄录机、手提式文字处理机等旅行自用物品者；

未将应复带出境物品原物带出或携带进境的暂时免税物品未办结海关手续者；

携带外币、金银及其制品未取得有关出境许可证是或超出本次进境申报数额者；

携带人民币现钞 6 000 元以上者；

携带文物者；

携带货物、货样者；

携带出境物品超出海关规定的限值、限量或其他限制规定范围的；

携带中国检疫法规规定管制的动、植物及其产品以及其他须办理验放手续的物品者。

第十条　在实施双通道制的海关监管场所，本规定第八条、第九条所列旅客应当选择“申报”通道通关。

第十一条　不明海关规定或不知如何选择通道的旅客，应选择“申报”通道，向海关办理申报手续。

第十二条　本规定第八条、第九条、第十一条所列旅客以外的其他旅客可不向海关办理申报手续。在海关实施双通道制的监管场所，可选择“无申报”通道进境或出境。

第十三条　持有中华人民共和国政府主管部门给予外交、礼遇签证的进出境非居民旅客和海关给予免验礼遇的其他旅客，通关时应主动向海关出示本人护照（或其他有效进出境证件）和身份证件。

第十四条　旅客进出境时，应遵守本规定和中华人民共和国海关总署授权有关海关为实施本规定所制定并公布的其他补充规定。

第十五条　旅客携带物品、货物进出境未按规定向海关申报的，以及本规定第八条、第九条、第十一条所列旅客未按规定选择通道通关的，海关依据《中华人民共和国海关法》及《中华人民共和国行政处罚实施细则》的有关规定处理。

附录 8　导游服务质量(GB/T 15971－1995)国家标准

前　言

本标准对导游服务质量提出了要求,并规定了涉及导游服务过程中的若干问题的处理原则,其目的是为了保障和提高导游服务的质量,促进中国旅游事业的发展。

本标准的技术要求借鉴了旅游行业导游服务几十年实践工作经验、国家和部分企业的有关规章制度与导游工作规范,并参照了国外的相关资料。

本标准的附录 A 是标准的附录。

本标准由国家旅游局提出。

本标准由全国旅游标准化技术委员会归口并负责解释。

本标准起草单位:中国国际旅行社总社。

本标准主要起草人:张蓬昆、梁杰、范巨灵、朱彬、关莉。

中华人民共和国国家标准 GB/T 15971－1995

导游服务质量 Quality of tour－guide service

1 范围

本标准规定了导游服务的质量要求,提出了导游服务过程中若干问题的处理原则。

本标准适用于各类旅行社的接待旅游者过程中提供的导游服务。

2 定义

本标准采用下列定义。

2.1 旅行社 travel service

依法设立并具有法人资格,从事招徕、接待旅行者,组织旅游活动,实行独立核算的企业。

2.2 组团旅行社(简称组团社) domestic tour wholesaler

接受旅游团(者)或海外旅行社预定,制定和下达接待计划,并可提供全程陪同导游服务的旅行社。

2.3 接待旅行社(简称接待社) domestic land operator

接受组团社的委托,按照接待计划委派地方陪同导游人员,负责组织安排旅游团(者)在当地参观游览等活动的旅行社。

2.4 领队 tour escort

受海外旅行社委派,全权代表该旅行社带领旅游团从事旅游活动的工作人员。

2.5 导游人员 tour guide

持有中华人民共和国导游资格证书、受旅行社委派、按照接待计划,从事陪同旅游团(者)参观、游览等工作的人员。导游人员包括全程陪同导游人员和地方陪同导游人员。

2.5.1 地方陪同导游人员(简称地陪) local guide

受接待旅行社委派,代表接待社,实施接待计划,为旅游团(者)提供当地旅游活动安排、讲解、翻译等服务的导游人员。

2.5.2 全程陪同导游人员(简称全陪) national guide

受组团旅行社委派,作为组团社的代表,在领队和地方陪同导游人员的配合下实施接待计划,为旅游团(者)提供全旅程陪同服务的导游人员。

3 全陪服务

全陪服务是保证旅游团(者)的各项旅游活动按计划实施,旅行顺畅、安全的重要因素之一。

全陪作为组团社的代表,应自始至终参与旅游团(者)全旅程的活动,负责旅游团(者)移动中各环节的衔接,监督接待计划的实施,协调领队、地陪、司机等旅游接待人员的协作关系。

全陪应严格按照服务规范提供各项服务。

3.1 准备工作要求

准备工作是全陪服务的重要环节之一。

3.1.1 熟悉接待计划

上团前,全陪要认真查阅接待计划及相关资料,了解旅游团(者)的全面情况,注意掌握其重点和特点。

3.1.2 做好物质准备

上团前,全陪要做好必要的物质准备,携带必备的证件和有关材料。

3.1.3 与接待社联络

根据需要,接团的前一天,全陪应同接待社取得联系,互通情况,妥善安排好有关事宜。

3.2 首站(入境站)接团服务要求

首站接团服务要使旅游团(者)抵达后能立即得到热情友好的接待,旅游者有宾至如归的感觉。

(1)接团前,全陪应向接待社了解本站接待工作的详细安排情况;

(2)全陪应提前半小时到接站地点迎候旅游团(者);

(3)接到旅游团(者)后,全陪应与领队核实有关情况;

(4)全陪应协助领队向地陪交接行李;

(5)全陪应代表组团社和个人向旅游团(者)致欢迎辞。欢迎辞应包括表示欢迎、自我介绍、表示提供服务的真诚愿望、预祝旅行顺利愉快等内容。

3.3 进住饭店服务要求

进住饭店服务应使旅游团(者)进入饭店后尽快完成住宿登记手续、进住客房、取得行李。为此,全陪应积极主动地协助领队办理旅游团的住店手续,并热情地引导旅游者进入房间,还应协助有关人员随时处理旅游者进店过程中可能出现的问题。

3.4 核对商定日程

全陪应认真与领队核对、商定日程。如遇难以解决的问题,应及时反馈给组团社,并使领队得到及时的答复。

3.5 各站服务要求

全陪各站服务,应使接待计划得以全面顺利实施,各站之间有机衔接,各项服务适时、到位，保护好旅游者人身及财产安全，突发事件得到及时有效处理，为此：

(1)全陪应向地陪通报旅游团的情况，并积极协助地陪工作；

(2)监督各地服务质量，酌情提出改进意见和建议；

(3)出现突发事件按附录 A(标准的附录)的有关原则执行。

3.6 离站服务要求

全陪应提前提醒地陪落实离站的交通票据及准确时间，协助领队和地陪妥善办理离店事宜，认真做好旅游团(者)搭乘交通工具的服务。

3.7 途中服务要求

在向异地移动途中，无论乘坐何种交通工具，全陪应提醒旅游者注意人身和物品的安全；组织好娱乐活动，协助安排好饮食和休息，努力使旅游团(者)旅行充实、轻松、愉快。

3.8 末站(离境站)服务要求

末站(离境站)的服务是全陪服务中最后的接待环节，要使旅游团(者)顺利离开末站(离境站)，并留下良好的印象。

在当次旅行结束时，全陪应提醒旅游者带好自己的物品和证件，征求旅游者对接待工作的意见和建议，对旅途中的合作表示感谢，并欢迎再次光临。

3.9 处理好遗留问题

下团后，全陪应认真处理好旅游团(者)的遗留问题。

全陪应认真、按时填写《全陪日志》或其他旅游行政管理部门(或组团社)所要求的资料。

4. 地陪服务

地陪服务是确保旅游团(者)在当地参观游览活动的顺利，并充分了解和感受参观游览对象的重要因素之一。

地陪应按时做好旅游团(者)在本站的迎送工作；严格按照接待计划，做好旅游团(者)参观游览过程中的导游讲解工作和计划内的食宿、购物、文娱等活动的安排；妥善处理各方面的关系和出现的问题。

地陪应严格按照服务规范提供各项服务。

4.1 准备工作要求

做好准备工作，是地陪提供良好服务的重要前提。

4.1.1 熟悉接待计划

地陪应在旅游团(者)抵达之前认真阅读接待计划和有关资料，详细、准确地了解该旅游团(者)的服务项目和要求，重要事宜做好记录。

4.1.2 落实接待事宜

地陪在旅游团(者)抵达的前一天，应与各有关部门或人员落实、核查旅游团(者)的交通、食宿、行李运输等事宜。

4.1.3 做好物质准备

上团前，地陪应做好必要的物质准备，带好接待计划、导游证、胸卡、导游旗、接站牌、结算凭证等物品。

4.2 接站服务要求

在接站过程中，地陪服务应使旅游团(者)在接站地点得到及时、热情、友好的接待，了解在当地参观游览活动的概况。

4.2.1 旅游团(者)抵达前的服务安排

地陪应在接站出发前确认旅游团(者)所乘交通工具的准确抵达间。

地陪应提前半小时抵达接站地点,并再次核实旅游团(者)抵达的准确时间。

地陪应在旅游团(者)出站前与行李员取得联络,通知行李员行李送往的地点。

地陪应与司机商定车辆停放的位置。

地陪应在旅游团(者)出站前持接站标志,站立在出站口的醒目位置热情迎接旅游者。

4.2.2 旅游团(者)抵达后的服务

旅游团(者)出站后,如旅游团中有领队或全陪,地陪应及时与领队、全陪接洽。

地陪应协助旅游者将行李放在指定位置,与领队、全陪核对行李件数无误后,移交给行李员。

地陪应及时引导旅游者前往乘车处。旅游者上车时,地陪应恭候车门旁。上车后,应协助旅游者就座,礼貌地清点人数。

行车过程中,地陪应向旅游团(者)致欢迎辞并介绍本地概况。欢迎辞内容应包括:

(1)代表所在接待社、本人及司机欢迎旅游者光临本地;

(2)介绍自己姓名及所属单位;

(3)介绍司机;

(4)表示提供服务的诚挚愿望;

(5)预祝旅游愉快顺利。

4.3 入店服务要求

地陪服务应使旅游者抵达饭店后尽快办理好入店手续,进住房间,取到行李,及时了解饭店的基本情况和住店注意事项,熟悉当天或第二天的活动安排,为此地陪应在抵饭店的途中向旅游者简单介绍饭店情况及入店、住店的有关注意事项,内容应包括:

(1)饭店名称和位置;

(2)入店手续;

(3)饭店的设施和设备的使用方法;

(4)集合地点及停车地点。

旅游团(者)抵饭店后,地陪应引导旅游者到指定地点办理入店手续。

旅游者进入房间之前,地陪应向旅游者介绍饭店内就餐形式、地点、时间,并告知有关活动的时间安排。

地陪应等待行李送达饭店,负责核对行李,督促行李员及时将行李送至旅游者房间。

地陪在结束当天活动离开饭店之前,应安排好叫早服务。

4.4 核对、商定节目安排

旅游团(者)开始参观游览之前,地陪应与领队、全陪核对、商定本地节目安排,并及时通知到每一位旅游者。

4.5 参观游览过程中的导游、讲解服务要求

参观游览过程中的地陪服务,应努力使旅游团(者)参观游览全过程安全、顺利。应使旅游者详细了解参观游览对象的特色、历史背景等及其他感兴趣的问题。

4.5.1 出发前的服务

出发前，地陪应提前十分钟到达集合地点，并督促司机做好出发前的各项准备工作。

地陪应请旅游者及时上车。上车后，地陪应清点人数，向旅游者报告当日重要新闻、天气情况及当日活动安排，包括午、晚餐的时间、地点。

4.5.2 抵景点途中的讲解

在前往景点的途中，地陪应相机向旅游者介绍本地的风土人情、自然景观，回答旅游者提出的问题。

抵达景点前，地陪应向旅游者介绍该景点的简要情况，尤其是景点的历史价值和特色。抵达景点时，地陪应告知在景点停留的时间，以及参观游览结束后集合的时间和地点。地陪还应向旅游者讲明游览过程中的有关注意事项。

4.5.3 景点导游、讲解

抵达景点后，地陪应对景点进行讲解。讲解内容应繁简适度，应包括该景点的历史背景、特色、地位、价值等方面的内容。讲解的语言应生动，富有表达力。

在景点导游的过程中，地陪应保证在计划的时间与费用内，旅游者能充分地游览、观赏，做到讲解与引导游览相结合，适当集中与分散相结合，劳逸适度，并应特别关照老弱病残的旅游者。

在景点导游的过程中，地陪应注意旅游者的安全，要自始至终与旅游者在一起活动，并随时清点人数，以防旅游者走失。

4.6 旅游团(者)就餐时对地陪的服务要求

旅游团(者)就餐时，地陪的服务应包括：

(1)简单介绍餐馆及其菜肴的特色；

(2)引导旅游者到餐厅入座，并介绍餐馆的有关设施；

(3)向旅游者说明酒水的类别；

(4)解答旅游者在用餐过程中的提问，解决出现的问题。

4.7 旅游团(者)购物时对地陪的服务要求

旅游团(者)购物时，地陪应：

(1)向旅游团(者)介绍本地商品的特色；

(2)随时提供旅游者在购物过程中所需要的服务，如翻译、介绍托运手续等。

4.8 旅游团(者)观看文娱节目时对地陪的服务要求

旅游团(者)观看计划内的文娱节目时，地陪的服务应包括：

(1)简单介绍节目内容及其特点；

(2)引导旅游者入座。

在旅游团(者)观看节目过程中，地陪应自始至终坚守岗位。

4.9 结束当日活动时的服务要求

旅游团(者)在结束当日活动时，地陪应询问其对当日活动安排的反映，并宣布次日的活动日程、出发时间及其他有关事项。

4.10 送站服务要求

旅游团(者)结束本地参观游览活动后，地陪服务应使旅游者顺利、安全离站，遗留问题得到及时妥善的处理。

(1)旅游团(者)离站的前一天，地陪应确认交通票据及离站时间，通知旅游者移交行李和与饭店结账的时间；

(2)离饭店前，地陪应与饭店行李员办好行李交接手续；

(3)地陪应诚恳征求旅游者对接待工作的意见和建议，并祝旅游者旅途愉快；

(4)地陪应将交通和行李票证移交给全陪、领队或旅游者；

(5)地陪应在旅游团(者)所乘交通工具启动后方可离开；

(6)如系旅游团(者)离境，地陪应向其介绍办理出境手续的程序。如系乘机离境，地陪还应提醒或协助领队或旅游者提前72小时确认机座。

4.11 处理好遗留问题

下团后，地陪应认真处理好旅游团(者)的遗留问题。

5.导游人员的基本素质

为保证导游服务质量，导游人员应具备以下基本素质。

5.1 爱国主义意识

导游人员应具有爱国主义意识，在为旅游者提供热情有效服务的同时，要维护国家的利益和民族的自尊。

5.2 法规意识和职业道德

5.2.1 遵纪守法

导游人员应认真学习并模范遵守有关法律及规章制度。

5.2.2 遵守公德

导游人员应讲文明，模范遵守社会公德。

5.2.3 尽职敬业

导游人员应热爱本职工作，不断检查和改进自己的工作，努力提高服务水平。

5.2.4 维护旅游者的合法权益

导游人员应有较高的职业道德，认真完成旅游接待计划所规定的各项任务，维护旅游者的合法权益。对旅游者所提出的计划外的合理要求，经主管部门同意，在条件允许的情况下应尽力予以满足。

5.3 业务水平

5.3.1 能力

导游人员应具备较强的组织、协调、应变等办事能力。

无论是外语、普通话、地方语还是少数民族语言导游人员，都应做到语言准确、生动、形象、富有表达力，同时注意使用礼貌用语。

5.3.2 知识

导游人员应有较广泛的基本知识，尤其是政治、经济、历史、地理以及国情、风土习俗等方面的知识。

5.4 仪容仪表

导游人员应穿工作服或指定的服装，服装要整洁、得体。

导游人员应举止大方、端庄、稳重，表情自然、诚恳、和蔼，努力克服不合礼仪的生活习惯。

6 导游服务质量的监督与检查

各旅行社应建立健全导游服务质量的检查机构，依据本标准对导游服务进行监督检查。

旅游行政管理部门依据本标准检查导游服务质量，受理旅游者对导游服务质量的投诉。

附录 A （标准的附录）

若干问题处理原则

A1 路线或日程变更

A1.1 旅游团（者）要求变更计划行程

旅游过程中，旅游团（者）提出变更路线或日程的要求时，导游人员原则上应按合同执行，特殊情况报组团社。

A1.2 客观原因需要变更计划行程

旅游过程中，因客观原因需要变更路线或日程时，导游人员应向旅游团（者）作好解释工作，及时将旅游团（者）的意见反馈给组团社和接待社，并根据组团社或接待社的安排做好工作。

A2 丢失证件或物品

当旅游者丢失证件或物品时，导游人员应详细了解丢失情况，尽力协助寻找，同时报告组团社或接待社，根据组团社或接待社的安排协助旅游者向有关部门报案，补办必要的手续。

A3 丢失或损坏行李

当旅游者的行李丢失或损坏时，导游人员应详细了解丢失或损坏情况，积极协助查找责任者。当难以找出责任者时，导游人员应尽量协助当事人开具有关证明，以便向投保公司索赔，并视情况向有关部门报告。

A4 旅游者伤病、病危或死亡

A4.1 旅游者伤病

旅游者意外受伤或患病时，导游人员应及时探视，如有需要，导游人员应陪同患者前往医院就诊。严禁导游人员擅自给患者用药。

A4.2 旅游者病危

旅游者病危时，导游人员应立即协同领队或亲友送病人去急救中心或医院抢救，或请医生前来抢救。患者如系某国际急救组织的投保者，导游人员还应提醒领队及时与该组织的代理机构联系。

在抢救过程中，导游人员应要求旅游团的领队或患者亲友在场，并详细地记录患者患病前后的症状及治疗情况。

在抢救过程中，导游人员应随时向当地接待社反映情况；还应提醒领队及时通知患者亲属，如患者系外籍人士，导游人员应提醒领队通知患者所在国驻华使（领）馆；同时妥善安排好旅游团其他旅游者的活动。全陪应继续随团旅行。

A4.3 旅游者死亡

出现旅游者死亡的情况时，导游人员应立即向当地接待社报告，由当地接待社按照国家有关规定做好善后工作，同时导游人员应稳定其他旅游者的情绪，并继续做好旅游团的接待工作。

如系非正常死亡，导游人员应注意保护现场，并及时报告当地有关部门。

A5 其他

如遇上述之外的其他问题，导游人员应在合理与可能的前提下，积极协助有关人员予以妥善处理。

附录 9 《导游人员管理条例》

(1999 年 5 月 14 日中华人民共和国国务院令第 263 号发布
根据 2017 年 10 月 7 日《国务院关于修改部分行政法规的决定》修订)

第一条　为了规范导游活动,保障旅游者和导游人员的合法权益,促进旅游业的健康发展,制定本条例。

第二条　本条例所称导游人员,是指依照本条例的规定取得导游证,接受旅行社委派,为旅游者提供向导、讲解及相关旅游服务的人员。

第三条　国家实行全国统一的导游人员资格考试制度。

具有高级中学、中等专业学校或者以上学历,身体健康,具有适应导游需要的基本知识和语言表达能力的中华人民共和国公民,可以参加导游人员资格考试;经考试合格的,由国务院旅游行政部门或者国务院旅游行政部门委托省、自治区、直辖市人民政府旅游行政部门颁发导游人员资格证书。

第四条　在中华人民共和国境内从事导游活动,必须取得导游证。

取得导游人员资格证书的,经与旅行社订立劳动合同或者在相关旅游行业组织注册,方可持所订立的劳动合同或者登记证明材料,向省、自治区、直辖市人民政府旅游行政部门申请领取导游证。

导游证的样式规格,由国务院旅游行政部门规定。

第五条　有下列情形之一的,不得颁发导游证:

(一)无民事行为能力或者限制民事行为能力的;

(二)患有传染性疾病的;

(三)受过刑事处罚的,过失犯罪的除外;

(四)被吊销导游证的。

第六条　省、自治区、直辖市人民政府旅游行政部门应当自收到申请领取导游证之日起 15 日内,颁发导游证;发现有本条例第五条规定情形,不予颁发导游证的,应当书面通知申请人。

第七条　导游人员应当不断提高自身业务素质和职业技能。

国家对导游人员实行等级考核制度。导游人员等级考核标准和考核办法,由国务院旅游行政部门制定。

第八条　导游人员进行导游活动时,应当佩戴导游证。

导游证的有效期限为 3 年。导游证持有人需要在有效期满后继续从事导游活动的,应当在有效期限届满 3 个月前,向省、自治区、直辖市人民政府旅游行政部门申请办理换发导游证手续。

第九条　导游人员进行导游活动，必须经旅行社委派。

导游人员不得私自承揽或者以其他任何方式直接承揽导游业务，进行导游活动。

第十条　导游人员进行导游活动时，其人格尊严应当受到尊重，其人身安全不受侵犯。

导游人员有权拒绝旅游者提出的侮辱其人格尊严或者违反其职业道德的不合理要求。

第十一条　导游人员进行导游活动时，应当自觉维护国家利益和民族尊严，不得有损害国家利益和民族尊严的言行。

第十二条　导游人员进行导游活动时，应当遵守职业道德，着装整洁，礼貌待人，尊重旅游者的宗教信仰、民族风俗和生活习惯。

导游人员进行导游活动时，应当向旅游者讲解旅游地点的人文和自然情况，介绍风土人情和习俗；但是，不得迎合个别旅游者的低级趣味，在讲解、介绍中掺杂庸俗下流的内容。

第十三条　导游人员应当严格按照旅行社确定的接待计划，安排旅游者的旅行、游览活动，不得擅自增加、减少旅游项目或者中止导游活动。

导游人员在引导旅游者旅行、游览过程中，遇有可能危及旅游者人身安全的紧急情形时，经征得多数旅游者的同意，可以调整或者变更接待计划，但是应当立即报告旅行社。

第十四条　导游人员在引导旅游者旅行、游览过程中，应当就可能发生危及旅游者人身、财物安全的情况，向旅游者作出真实说明和明确警示，并按照旅行社的要求采取防止危害发生的措施。

第十五条　导游人员进行导游活动，不得向旅游者兜售物品或者购买旅游者的物品，不得以明示或者暗示的方式向旅游者索要小费。

第十六条　导游人员进行导游活动，不得欺骗、胁迫旅游者消费或者与经营者串通欺骗、胁迫旅游者消费。

第十七条　旅游者对导游人员违反本条例规定的行为，有权向旅游行政部门投诉。

第十八条　无导游证进行导游活动的，由旅游行政部门责令改正并予以公告，处1000元以上3万元以下的罚款；有违法所得的，并处没收违法所得。

第十九条　导游人员未经旅行社委派，私自承揽或者以其他任何方式直接承揽导游业务，进行导游活动的，由旅游行政部门责令改正，处1000元以上3万元以下的罚款；有违法所得的，并处没收违法所得；情节严重的，由省、自治区、直辖市人民政府旅游行政部门吊销导游证并予以公告。

第二十条　导游人员进行导游活动时，有损害国家利益和民族尊严的言行的，由旅游行政部门责令改正；情节严重的，由省、自治区、直辖市人民政府旅游行政部门吊销导游证并予以公告；对该导游人员所在的旅行社给予警告直至责令停业整顿。

第二十一条　导游人员进行导游活动时未佩戴导游证的，由旅游行政部门责令改正；拒不改正的，处500元以下的罚款。

第二十二条　导游人员有下列情形之一的，由旅游行政部门责令改正，暂扣导游证3至6个月；情节严重的，由省、自治区、直辖市人民政府旅游行政部门吊销导游证并予以公告：

（一）擅自增加或者减少旅游项目的；

（二）擅自变更接待计划的；

（三）擅自中止导游活动的。

第二十三条　导游人员进行导游活动，向旅游者兜售物品或者购买旅游者的物品的，或者以明示或者暗示的方式向旅游者索要小费的，由旅游行政部门责令改正，处1000元以上3万元以下的罚款；有违法所得的，并处没收违法所得；情节严重的，由省、自治区、直辖市人民政府旅游行政部门吊销导游证并予以公告；对委派该导游人员的旅行社给予警告直至责令停业整顿。

第二十四条　导游人员进行导游活动，欺骗、胁迫旅游者消费或者与经营者串通欺骗、胁迫旅游者消费的，由旅游行政部门责令改正，处1000元以上3万元以下的罚款；有违法所得的，并处没收违法所得；情节严重的，由省、自治区、直辖市人民政府旅游行政部门吊销导游证并予以公告；对委派该导游人员的旅行社给予警告直至责令停业整顿；构成犯罪的，依法追究刑事责任。

第二十五条　旅游行政部门工作人员玩忽职守、滥用职权、徇私舞弊，构成犯罪的，依法追究刑事责任；尚不构成犯罪的，依法给予行政处分。

第二十六条　景点景区的导游人员管理办法，由省、自治区、直辖市人民政府参照本条例制定。

第二十七条　本条例自1999年10月1日起施行。1987年11月14日国务院批准、1987年12月1日国家旅游局发布的《导游人员管理暂行规定》同时废止。

附录 10 《中国公民出境旅游文明行为指南》、《中国公民国内旅游文明行为公约》

为提高公民文明素质,塑造中国公民的良好国际形象,中央文明办、国家旅游局于 2006 年 10 月 2 日联合颁布《中国公民出境旅游文明行为指南》、《中国公民国内旅游文明行为公约》。

《中国公民出境旅游文明行为指南》

中国公民,出境旅游;注重礼仪,保持尊严。
讲究卫生,爱护环境;衣着得体,请勿喧哗。
尊老爱幼,助人为乐;女士优先,礼貌谦让。
出行办事,遵守时间;排队有序,不越黄线。
文明住宿,不损用品;安静用餐,请勿浪费。
健康娱乐,有益身心;赌博色情,坚决拒绝。
参观游览,遵守规定;习俗禁忌,切勿冒犯。
遇有疑难,咨询领馆;文明出行,一路平安。

《中国公民国内旅游文明行为公约》

营造文明、和谐的旅游环境,关系到每位游客的切身利益,做文明游客是我们大家的义务,请遵守以下公约:

1.维护环境卫生。不随地吐痰和口香糖,不乱扔废弃物,不在禁烟场所吸烟。

2.遵守公共秩序。不喧哗吵闹,排队遵守秩序,不并行挡道,不在公众场所高声交谈。

3.保护生态环境。不踩踏绿地,不摘折花木和果实,不追赶、投打、乱喂动物。

4.保护文物古迹。不在文物古迹上涂刻,不攀爬触摸文物,拍照摄像遵守规定。

5.爱惜公共设施。不污损客房用品,不损坏公用设施,不贪占小便宜,节约用水用电,用餐不浪费。

6.尊重别人权利。不强行和外宾合影,不对着别人打喷嚏,不长期占用公共设施,尊重服务人员的劳动,尊重各民族宗教习俗。

7.讲究以礼待人。衣着整洁得体,不在公共场所袒胸赤膊;礼让老幼病残,礼让女士;不讲粗话。

8.提倡健康娱乐。抵制封建迷信活动,拒绝黄、赌、毒。

参考文献

1. 北京市旅游局.导游业[M].北京:北京燕山出版社,2006.
2. 北京市旅游局.北京主要景点[M].北京:北京燕山出版社,2006.
3. 张践.导游艺术[M].北京:旅游教育出版社,1999.
4. 吴正平.旅游心理学教程[M].北京:旅游教育出版社,1994.
5. 张文俊.旅游工作者的礼貌修养[M].北京:中国商业出版社,1993.
6. 蒋炳辉.景点导游教程[M].北京:中国旅游出版社,2006.
7. 蒋炳辉.导游带团艺术[M].北京:中国旅游出版社,2001.
8. 韩荔华.导游语言概论[M].北京:旅游教育出版社,2000.
9. 韩荔华.实用导游语言技巧[M].北京:旅游教育出版社,2002.
10. 王连义.幽默导游词[M].北京:中国旅游出版社,2003.
11. 王连义.导游技巧与艺术[M].北京:旅游教育出版社,2002.
12. 王连义.怎样做好导游工作[M].北京:中国旅游出版社,1995.
13. 徐堃耿.导游概论[M].北京:旅游教育出版社,1995.
14. 朱玉槐.旅游学词典[M].西安:陕西人民出版社,1989.
15. 乔修业.旅游美学[M].天津:南开大学出版社,1990.
16. 甘朝有,齐善鸿.旅游心理学[M].天津:南开大学出版社,1995.
17. 国家旅游局.走遍中国:综合篇[M] 北京:中国旅游出版社,2000.
18. 国家旅游局.走遍中国:山水风光篇[M].北京:中国旅游出版社,2001.
19. 国家旅游局.走遍中国:文物古迹篇[M].北京:中国旅游出版社,2001.
20. 国家旅游局.走遍中国:民俗风情篇[M].北京:中国旅游出版社,2001.
21. 国家旅游局.走遍中国:爱国史迹篇[M].北京:中国旅游出版社,2000.
22. 国家旅游局.走遍中国:中国优秀导游词精选[M].北京:中国旅游出版社,1998.
23. 杨时进等.导游概论[M].上海:同济大学出版社,1990.
24. 旅行家杂志.旅游工作指南[M].北京:青年出版社,1986.
25. 丁海秀.故宫[M].北京:旅游教育出版社,2002.
26. 北京市旅游局导.游员手册:资料篇[M].北京:旅游教育出版社,2002.
27. 北京市旅游局导.游员手册:掌故篇[M].北京:旅游教育出版社,2003.
28. 张晓娟,程伟.导游服务实训教程[M].北京:机械工业出版社,2008.
29. 李兴荣.导游实训教程[M].成都:西南财经大学出版社,2009.
30. 李兴荣.模拟现场导游[M].成都:西南财经大学出版社,2008.
31. 陈志学.导游业务知识与技能[M].北京:中国旅游出版社,1994.
32. 徐鸿裕.现代应用文写作[M].成都:电子科技大学出版社,2008.
33. 杨玉山.旅行社接待经验点滴 [M]北京:东方出版社,1993.

34. 陆永庆.旅游接待手册[M].南昌:江西人民出版社,1987.
35. 马树生,许萍.模拟导游[M].北京:旅游教育出版社,2007.
36. 蒋文忠.导游部操作实务[M].北京:旅游教育出版社,2006.